マネジメント
検定試験
公式テキスト

II級

マネジメント実践
1

 一般社団法人 日本経営協会【編】

中央経済社

公式テキストの刊行にあたって

　マネジメント検定試験（旧称：経営学検定試験，以下略）は，経営に関する基礎的・専門的知識やその応用能力としての経営管理能力や問題解決能力が一定水準に達していることを，全国レベルで資格認定する検定試験としてスタートしました。この試験は，社会教育の推進を図るために設立された特定非営利活動法人経営能力開発センターが，日本マネジメント学会（旧称：日本経営教育学会）や全国主要大学の経営学関係の教員で構成する経営学検定試験協議会等の協力を得て，2003年に開発されました。その後，2011年より一般社団法人日本経営協会が実施・運営を引き継ぎ，企業・団体での次世代を担うコア人材の育成や昇進・昇格要件として，大学においては経営学を学ぶ学生の教材として，各方面の期待に応えるかたちで，検定試験制度やテキスト・教材内容を見直しつづけた結果，現在まで，多くの皆様に利用されつづけています。

　マネジメント検定試験の内容を学び試験に合格することは，経営学を学ぶ学生の皆様にとって，在学時に経営学を学んだことの一つの証となり，企業における経営資源の考え方や企業活動のしくみ等の理解につながるでしょう。企業や官公庁などで働くビジネスパーソンにとっては，マネジメントに関する各分野の専門的知識や経営管理手法などを体系的に学び直し，それらが一定水準にあることを確認することで，自らのキャリアアップを後押しするものになるでしょう。また，イントレプレナー（組織内起業家）にとっては，その準備段階もしくはスタートアップ段階においての予備知識を得られ，経営者として求められるマネジメント能力や課題解決能力を高めることにもつながるでしょう。

　こうしたご期待により一層応えるべく，2023年より試験制度ならびに内容を大幅に改定し，正式名称を「経営学検定試験」から「マネジメント検定試験」に改称しました。今回（2023年）の試験制度改定により，これまでよりも実践的で高い学習効果が期待される内容をめざし，体系的に理解しやすくなるよう構成しています。また，継続的な学習を促進するため，上位級の試験制度も見直し，「リカレント教育（recurrent education）」や「リスキニング（reskilling）」を支援するツールとしても活用いただける検定試験となりました。

（検定試験の詳細は巻末の試験ガイドをご覧ください）。

　本書がマネジメント検定試験の受験者だけでなく，経営学・マネジメント系学群を学ぶ学生，現代ビジネスの第一線で活躍するすべてのビジネスパーソンに貢献する指標として，幅広く皆様に活用いただけることを切に願っています。

　なお，本公式テキストの改訂は，下記のテキスト編集委員会の協力を得て一般社団法人日本経営協会が監修を行っています。

　編集委員　委員長：小椋康宏（東洋大学名誉教授），松本芳男（元中央学院
　　　　　　大学大学院特任教授），中村公一（駒澤大学経営学部教授），木下
　　　　　　潔（経営コンサルタント，東洋大学大学院特任教授）

2023年1月
　　　　　　　　　　　　　　　　　　　　　一般社団法人日本経営協会

まえがき

　本書は，マネジメント検定試験Ⅱ級を受験しようとする人のための公式なテキストであると同時に，マネジメントに関する知識を体系的・網羅的に学びたいという社会人や学生の方々を対象とする基本書である。

　経済社会やビジネスの変化に対応して，これまで数次の改訂を行ってきたが，今回，さらに大きな改訂を行うこととなった。今回の改訂では，マネジメント分野の網羅性を確保するために4分冊となっていたものを，内容を厳選してコンパクトに2冊にまとめた。その際，全体の構成も見直し，より現代的で実務に即した内容を盛り込むこととした。さらに，読者の学びやすさを高めるために，図表の点数を増やす，文章中のキーワード表記を行うなど，編集上の工夫をすると同時に，構成のわかりやすさや文章の読みやすさに配慮した。

　本書の特徴は以下の点にある。

①マネジメントに直結する重要なテーマに関して，経営学のアカデミックな理論に裏づけられた知識を紹介しながら，実際の企業経営やマネジメントに役立つ実用性を重視した。

②特定の主義・主張に偏向することなく，できるだけオーソドックスな知見を取り上げ，実務に携わる社会人や経営について学びたい学生が理解できるように，平易な説明を行っている。

③全体の構成は，マネジメント検定試験Ⅱ級の出題分野に対応している。また，すでにマネジメント検定試験Ⅲ級を合格されている方々にとっても，質と量の両面でさらに実務的な知識を深めることが可能な内容とした。

④各部のはじめに学習内容の体系を説明し，各章のはじめには「ポイント」や「キーワード」を掲載することで，学習の指針となるようにした。

　本書は，大きく「マネジメント」と「人的資源管理」という2部構成となっている。また，本書の姉妹書といえる『マネジメント実践2』は，「マーケティング」と「会計・ファイナンス」という2部で構成されており，これら2冊の内容を合わせると，企業経営や組織運営における実務的なマネジメントに

役立つ知識の体系を網羅している。

マネジメント知識体系の前編ともいえる本書の内容は，ビジョンや経営理念，レゾンデートル（存在意義）などを頂点として，それらを達成するための経営戦略に関する理論や知見を支柱としている（第1部）。経営戦略は全社戦略，事業戦略，機能別戦略という階層性をもつが，全社戦略の策定において最も重要なテーマは外部環境や内部資源の分析と成長戦略，経営資源の配分である。また，多くの企業では事業ごとに顧客や競合が異なるため，事業戦略は競争戦略とほぼ同じ意味である。さらに，機能別戦略は，研究開発戦略，生産戦略，情報化戦略，マーケティング戦略，財務戦略などで構成されている。このような戦略を実行する主体は組織や組織で働く個人であり，組織やヒトのマネジメントのあり方として人的資源管理が存在する（第2部）。

現在，企業をめぐる環境は，不安定さや複雑性に満ちている。モノや資金，情報の移動がグローバル化する中で，ある国で起こったパンデミックや紛争が世界の多くの地域における経済や消費者の動向，そして，ビジネスのあり方に直接的な影響を及ぼす。不確実性が増すと，企業がせっかく立案した経営計画にそって事業が進まない。一方で，価値観は多元化しており，自ら起業するという選択肢を含めて働き方が多様化していることは，自己実現をめざす個人にとってはおもしろい時代になっている。

このような時代だからこそ，これまでに積み重ねられてきたマネジメントの知見を身につけ，戦略的に思考することや組織のマネジメントを行うことが求められている。本書の内容が，多くの実務家や学生の方々を動機づけ，キャリア形成やマネジメント能力の向上に役立つことを願っている。

2023年1月

一般社団法人日本経営協会

主筆　木下潔（テキスト編集委員）

目次

第1部 マネジメント

第 1 部

マネジメント

　企業や公的機関，NPO など現代の経済社会を実質的に動かしているのはさまざまな組織である。そして，組織がその目的を果たすにはマネジメントや戦略的な思考が欠かせない。

　この第1部では，第1章（マネジメントの基本）においてマネジメントという考え方やその重要性について考える。

　つづく第2章（経営戦略）において，経営戦略の体系や策定プロセスについて学び，実践でよく用いられる成長戦略や競争戦略，経営資源配分のフレームワークを詳しく知っていく。

　さらに第3章（機能別戦略）では，機能別戦略の要素のうち，研究開発戦略，生産戦略，情報化戦略について詳しく学ぶ。

　そして，第4章（組織のマネジメント）では，実際に企業組織にはどのような形態があり，どのようなアプローチでデザインされているか，さらに組織が生み出す組織文化について理解を深める。

第 1 章

マネジメントの基本

ポイント

● VUCA と称されるように，経営環境が変動性，不確実性，複雑性，曖昧(あいまい)さに象徴される現在，組織のリーダーにはマネジメント力を発揮することが求められている。

● マネジメントを担う経営者や管理者には，高い倫理観と価値観，優れた判断力や勇気ある決断力，構想力・先見性・感性，適応力が求められるが，マネジメント機能と並んでリーダーシップ機能を備える必要がある。

● 経営者や管理者には，問題解決力が求められており，問題解決に関する手法やツールも身につけていることが望ましい。

| キーワード |

マネジメント，SDGs，VUCA，ステークホルダー，
リーダーシップ，マネジメントの階層性，PDCA サイクル，
経営計画，コンセプチュアル・スキル，
ブレイン・ストーミング，KJ 法，MECE，
シックス・シンキング・ハット，ガント・チャート

1 マネジメントとは

（1）経営環境の変化とマネジメント

　現代社会は「組織社会」であり，主要な経済的・社会的活動のほとんどが組織を通じて遂行されている。つまり，**マネジメント**の重要性を説いた**ドラッカー**（Drucker, P. F.）によれば，「組織こそ現代社会の命運を握っている」とされ，現代社会が直面する多くの課題が組織の手に委ねられているといえる。そして，この組織がうまく機能するためには，マネジメントが成果を上げなければならない。

　21世紀に入り，日本の企業や組織を取り巻く環境は大きく変容した。その1つは，経済や経営のグローバル化の急速な進展である。このグローバル化は，企業規模の大小を問わず，国境を越えた発想や経営活動が必要となったことを意味している。とくに，今日の金融システムは，膨大なカネが国境を越えて自由に移動することを可能としている。金融・資本市場のグローバル化は，たとえば，2008年に米国から発したサブプライムローン問題のように，一国内の金融破綻が瞬時に世界経済や日本経済に影響を与える結果を生んでいる。その他にも，気候変動やエネルギーの問題，食糧問題などにかかわる**SDGs**（sustainable development goals）と呼ばれるさまざまな目標を達成するには，グローバルな視点が欠かせなくなっている。

　また，インターネットの世界的な普及は個人の価値観や消費行動に大きな変化をもたらしている。とくにSNS（ソーシャル・ネットワーク・サービス）は，正しい情報であれ，誤った情報であれ，個人が発信した情報がまったく別の国にいる個人の思考や行動に影響する状況を生み出している。個人が世界中の情報を入手しやすくなった反面，自分の嗜好にあった情報だけを選別して受け取ることから，社会の分断化が危惧されている。

　20世紀の段階では，日本企業の多くは，米国において生成し発展してきたマ

ネジメントの理論や手法を模範として，自らの経営環境にあわせて取り入れて
きた。従来，「日本的経営」と呼ばれてきた年功序列制，終身雇用，メイン・
バンク制，株式持ち合い，ボトムアップ型の意思決定，漸進的な改善活動，協
調を重視する組織風土などは，大きな転換期にある。

　現在は，**VUCA**（volatility・uncertainty・complexity・ambiguity）と称さ
れるように，変動性，不確実性，複雑性，曖昧さが経営環境を不透明なものに
している。こうした，これまで経験したことのない経営環境のもとで，多くの
日本企業は，手本とすべきモデルもない状態で，成長を持続的なものとするマ
ネジメントとはいかなるものか，という課題に直面している。

（2）マネジメントの定義

　「マネジメント」は，さまざまに定義されており，訳語としても「経営」「管
理」あるいは「経営管理」などが用いられている。「管理」というと，日本語
では「統制」に近い意味を持つことから，マネジメントを敢えて邦訳せず，そ
のままカタカナ言葉として用いる場合も多い。

　一般に，マネジメントは「人々を通じて物事をなさしめること」と理解され
ており，企業だけでなく，あらゆる種類の組織の運営に不可欠な機能である。
より具体的には，マネジメントは「個人が単独ではできない結果を達成するた
めに，他人の活動を調整する1人ないしそれ以上の人々のとる活動である」と
か，「求める目的に向かって効率的に働くために，資源を統合し，調整するこ
とである」とされている。

　ここで注目したいのは，マネジメントが組織の存在を前提としている点であ
る。近代的な経営組織論を始めたとされるバーナード（Barnard, C. I.）は，組
織を「人間が個人として達成できないことを他の人々との協働によって達成す
るしくみ」であるととらえた。そして，異質な人々の努力を組織の効率的な目
標達成に向けて調整するときに，日常的な作業活動とは別の，独立したマネジ
メント（管理活動）が生み出されるとした。

　管理や組織についての理論は，多くの研究者によって発展を遂げてきた（第
2部第4章参照）。その中で，マネジメントについての研究アプローチには，
大きく2つの流れがある。1つは，組織の目標達成に役立つマネジメントの原

則を経験から抽出しようとするアプローチであり，一般的には古典的管理論と呼ばれる。もう１つのアプローチは，マネジメントに携わる管理者が何をしているかを記述するところから始めようとするもので，その代表的なものが管理過程論である。管理過程論の考え方は，PDCAサイクルに代表されるマネジメント・プロセスとして，現在でも企業経営や組織運営に活かされている。

2　マネジャーの果たす役割

（1）マネジャーの仕事

マネジャーとは，組織において他の人々に働きかけ，自分が担当する組織単位の目的や業務を確実かつ効率的に遂行するマネジメントの機能を担う人々である。

ここで「マネジャーが遂行するマネジメントの機能」は，伝統的には，ファヨール（Fayol, J. H.）が20世紀初頭に示したような，計画を策定し，計画を遂行する組織を編成し，人員を配置し，指揮命令や動機づけを行い，計画の進捗状況をチェックし，必要に応じて是正措置を講ずるなどのマネジメント・プロセスを意味していた（ファヨールらの管理過程論については，第２部第４章を参照）。

このような伝統的な管理過程論的アプローチに対して，**ミンツバーグ**（Mintzberg, H.）は，マネジャーが行う現実の行動を観察したうえで，マネジャーの仕事を次のように対人関係，情報関連，意思決定関連という３つのカテゴリーに分け，全部で10の項目に整理している。

管理過程論的アプローチが示すようなマネジメント・プロセスは，マネジメントという機能を遂行するために従うべきプロセスという規範的意味合いを持っている。これに対して，ミンツバーグが指摘しているのは，現実にマネジャーが果たしている役割や行動を意味している。

a）対人関係の役割

①フィギュアヘッド：組織の象徴的な長としての儀式的性質を帯びた役割

②リーダー：部下の配置や訓練・動機づけ

③リエゾン：所属集団外部の人々との接触・連絡

b）情報関連の役割

④モニター：さまざまな情報の探索

⑤情報伝達役：入手した情報の共有化

⑥スポークスマン：外部の人々に対する情報発信

c）意思決定関連の役割

⑦企業家：環境適応や開発プロジェクト創始

⑧障害対応：重要で予期せざる困難に対する是正措置

⑨資源配分者：時間を含めた組織資源の配分

⑩交渉者：労働組合，取引先その他多様な相手との交渉

（2）マネジャーに求められる資質

　先に挙げたような役割を果たすマネジャーには，どのような資質が求められるであろうか。

　経営実務家の集まりである社団法人経済同友会（以下，経済同友会）では，プロフェッショナル経営者に求められる資質として，2007年に以下a）～e）のような5つの要件を示している（図表1－1）。

a）高い倫理観と価値観

　経営者には，高い倫理観と価値観が求められる。経営者は企業の社会的な関係を無視して経営を行うことはできない。

　「企業活動は，株主，顧客，従業員，地域社会などのさまざまな**ステークホルダー**からの信認の上に成り立っており，その信頼を裏切ることは企業の存続を危うくする。ステークホルダーからの信認を得るためには，単なる法の遵守という企業活動における最低限のルールを守るだけでは不十分である。経営者が常に高い倫理観に基づいた公正で誠実な意思決定を行い，もって『企業価値の持続的向上』を実現していくことによってのみ，企業の利益が社会の利益と一致してステークホルダーの信認を得ることが可能となる。」

【図表1－1】 経営者に求められる資質

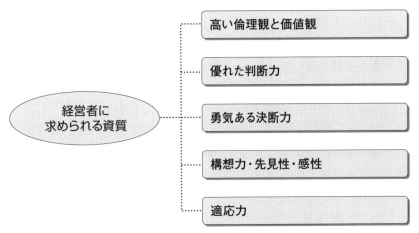

（出所） 経済同友会「経営者のあるべき姿とは」2007年，6‐8頁をもとに一部修正。

　ここで，ステークホルダー（stakeholder）とは，企業に対する関与（stake）を持つ者を表しており，広い意味では株主，投資家，顧客，従業員，取引企業，自治体，地域社会などを含む。

b）優れた判断力

　経営者には優れた判断力が求められる。そして，経営環境の変化に対して，経営資源をいかに適応させていくか，についての意思決定力が求められる。

　「ここでいう優れた判断力とは，財務諸表や各種経営指標を判断する力に加えて，経営者自らが蓄積した，社会，経済に対する理解や歴史観などのさまざまなファクターを総動員して，現状と将来を多面的に分析し，最適解を見つけていく能力である。」

c）勇気ある決断力

　「経営とは，答えのない問題に挑み続けることであり，岐路に立ったときに正しい決断をすることは，経営者の仕事の基本である。過去の事例や従来の延長線から最適解を導くことが困難な現在の経営環境においては，決断することにはさまざまなリスクが伴う。しかし，いかに困難な決断であっても決して逃げることなく自ら決断し，結果についても責任を取ることが今日の経営者に求

められている。」

d）構想力・先見性・感性

「先が見えない環境の中では，あるべき姿を見据え，他に先んじて具体的な
ビジネスプランを描く構想力と，それを可能にする先見性と感性がなければ，
激しい競争を勝ち抜いていくことは困難である。多種多様な経験や幅広い知
識・教養が経営者としての勘を磨き，先の読みにくい環境の中にあっても明確
なビジョンとその実現の道筋をわかりやすく示すことを可能にする。」

ここでは，一般に日本の経営者に欠けている面があるといわれる構想力・先
見性・感性が問われている。とくに，経営者が明確なビジョンを提起すること
の重要性が強調されている。

e）適応力

「生物の進化の歴史が証明しているように，必ずしも強い者や賢い者が生き
残った訳ではない。多くの場合，変化に最も賢明に対応した者が生き残ったの
である。経営の場にあっても，同様のセオリーは概ね当てはまる。すなわち，
企業もそれを率いる経営者も時代や環境の変化を先取りし，それに相応しい姿
に自己変革していく能力が求められるのである。成功すればするほど自らの成
功体験に拘泥し，結果として変化についていけなくなりがちであることを，常
に戒めとして念頭に置いておくことである。」（経済同友会，2007年，7〜8頁）

ここでは，経営者の適応力が求められている。しかし，単純な適応力ではな
く，経営環境の変化に対応する経営活動の柔軟性が問われていると考えられる。

3 マネジメントとリーダーシップ

（1）マネジメント機能とリーダーシップ機能

現在は，経営環境の変化が激しく，組織の内外において，漸進的なものとい
うよりは変革的な対応が強く望まれている。こうした時代に企業を変革するマ

【図表1−2】 マネジメント機能とリーダーシップ機能のちがい

マネジメント機能	リーダーシップ機能
①計画立案と予算作成	①ビジョンの設計
②組織化と人材配置	②組織メンバーの心の統合と権限委譲
③管理と問題解決	③動機づけと啓発
④既存システムの運営	④組織の変容
⑤複雑な環境への対応	⑤変革をなし遂げる力量
⑥合理的な管理	⑥心と組織文化へのアピール

（出所） 鈴木秀一『入門経営組織』新世社，2002年をもとに一部修正。

ネジャーには，マネジメントの機能だけでなく，**リーダーシップ**機能が求められる，としたのは**コッター**（Kotter, J. P.）である。

　ここで，マネジメント機能とは，マネジメント・プロセスにそって，計画の立案や予算作成を行い，経営資源の配分や組織化を進め，統制による管理を行うことである。その目的は，現状の企業活動を効率的に遂行することであり，公式的な指揮命令系統を通じて実行される。

　一方，コッターの考えるリーダーシップ機能とは，ビジョンを明確に示し，組織メンバーの心をまとめあげて動機づけや啓発をしていくことである。その目的は，企業の将来的な発展に資する変革をなし遂げることであり，非公式的な人間関係を通じて発揮されるものである（図表1−2）。

　しばしば，「物事を適切に実行する」（do things right）のがマネジャーであり，「適切なことを実行する」（do right things）のがリーダーであるといわれる。また，与えられた目的を効率的に実行するのがマネジャーで，新たな目的を掲げて変革するのがリーダーであるともいわれる。ボイエットら（Boyett, J. & Boyett, J.）は，リーダーシップに関するさまざまな研究成果を踏まえて，マネジャーとリーダーの特徴を整理している（図表1−3）。

　マネジャーとしての機能とリーダーとしての機能を両方発揮できる人や，マネジャーでなくてもリーダーシップを発揮できる人がいる反面，マネジャーでありながらリーダーシップを発揮できない人もいるのが現実である。

【図表1-3】マネジャーとリーダーの行動様式のちがい

マネジャー（管理者）	リーダー（指導者）
物事を適切にこなす	適切なことをやる
能率に関心がある	効果に関心がある
管理する	革新する
現状維持	発展
システムと機構に注目する	人に注目する
統制依存型	信頼重視型
組織機構を作り人員を配置する	方向性を示して人々の足並みをそろえる
戦術，機構，システムを重視	哲学，基本価値，共通の目標を重視
目先のことしか見えない	長期的な展望がある
「いかに」と「いつ」を問う	「何を」と「なぜ」を問う
現状に甘んじる	現状でよいのかどうか疑問視する
現在に焦点を合わせる	未来に焦点を合わせる
収益を見る	遥かなたを見る
細かい段取りやスケジュールを組む	ビジョンや戦略を練る
予測不可能なことを嫌い，秩序を求める	変化を求める
人を基準に合わせる	リスクを冒す
（上の者から下の者へ）地位を使って人を動かす	個人的な影響力で人を動かす
従うよう人に求める	ついていきたいと人に思わせる
会社の規制，規律，方針，手順に従って動く	会社の規制，規律，方針，手順を超えて動く
職位を与えられている	率先して人をリードする

（出所）J. ボイエット & J. ボイエット著，金井壽宏監訳・大川修二訳『経営革命大全』日本経済新聞社，1999年，17頁。

（2）マネジメントの階層性

　マネジメント機能を担当する人は「経営者」「管理者」「監督者」「マネジャー」などと呼ばれ，組織階層に応じて，トップ・マネジメント，ミドル・マネジメント，ロワー・マネジメントという3つの階層に区分することができる（図表1-4）。

❶トップ・マネジメントの役割

　トップ・マネジメントとは経営者層のことであり，長期的・全体的な視点から組織を方向づける戦略的意思決定を行い，さまざまなステークホルダー（利

【図表1−4】企業組織とマネジメントの階層性

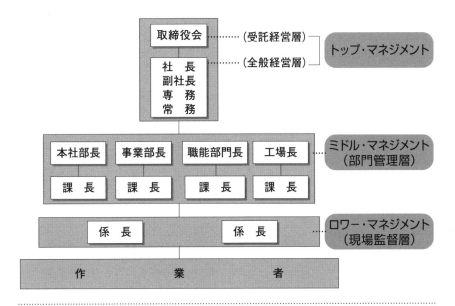

害関係者）との関係の構築や維持，部門間の調整などを担う。

　株式会社におけるトップ・マネジメントは，受託経営層（trusteeship management）と全般経営層（general management）から成っている。受託経営層は取締役会に相当し，株主からの信託にもとづいて，株主利益の保護，会社資産の保護と効果的運用，企業戦略や基本方針の決定，ステークホルダーとの利害調整，執行責任者の選出，総合的業績評価などを担う。一方，全般管理層は，取締役会が決定した基本方針にそって，取締役会から与えられた権限の範囲内で企業全体にわたる業務執行方針を決定し，業務を執行する責任を負う。社長や副社長，専務，常務などが全般経営層にあたる。

　米国や英国では，取締役と経営執行陣は明確に分離しているが，日本では指名委員会等設置会社を除くと，取締役が経営執行機能を兼務していることが多い。

❷ミドル・マネジメントの役割

部門管理層であるミドル・マネジメントは，トップ・マネジメントが決定した全般的な方針や計画にもとづいて，現場監督層であるロワー・マネジメントを指揮・指導しながら担当する部門の業務を遂行する。

ミドル・マネジメントの特徴は，トップとロワーの連結部に位置していることであり，トップが示すビジョンや方針を受け止め下位に伝えるとともに，現場からの情報や意見を吸い上げ，業務を執行するという中核的な役割を果たす。こうした部門管理機能は，部長，課長，所長など企業によって役職名の異なるマネジャーが担っている。

❸ロワー・マネジメントの役割

現場監督層であるロワー・マネジメントは，ミドル・マネジメントの指揮・管理を受けながら，実際に業務執行にあたる従業員を直接指揮・管理する。企業におけるポジションとしては，係長，職長，主任など企業によって役職名の異なる層が担っている。

4 PDCA サイクル

（1）PDCA サイクル

❶PDCA サイクルとは

PDCA サイクルとは，計画（plan），実行（do），評価（check），改善（act）というマネジメント・プロセスを順に実行し，改善をさらに次の計画に結びつけ，これらをサイクルとして繰り返しながら，品質の維持・向上や継続的な業務改善活動などを推進するものである（図表1−5）。1950年代に，品質管理の父といわれるデミング（Deming, W. E.）が考案した手法であることから，デミング・サイクルとも呼ばれる。

【図表1−5】PDCA サイクル

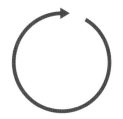

plan（計画）
目標を設定して，それを
実現するためのプロセス
を設計，計画する

do（実行）
計画を実施し，そのパフ
ォーマンスを測定する

check（評価）
測定結果を評価し，結果
を目標と比較するなどの
分析を行う

act（改善）
プロセスの改善・向上に
必要となる変更点を明ら
かにする

a）P（plan：計画）

plan（計画）とは，目標を設定して，それを実現するためのプロセスを設計・計画化することをさす。

b）D（do：実行）

do（実行）とは，計画を実施し，そのパフォーマンスを測定することである。

c）C（check：評価）

check（評価）とは，測定結果を評価し，結果を目標と比較するなどの分析を行うことである。

d）A（act：改善）

act（改善）とは，プロセスの改善・向上に必要となる変更点を明らかにすることである。

❷PDCA サイクルの汎用性

PDCA サイクルの考え方は，製造現場における品質向上だけでなく，さま

ざまな部門における業務改善に広く用いられており，ISO 9000や ISO 14000などのマネジメント・システムにも取り入れられている。

また，PDCA サイクルには，現場で製造や総務などに携わる従業員の作業単位という小さいサイクルから，企業組織の全体にわたる大きなサイクルまでさまざまな規模感がある。

現場における小さな PDCA サイクルとは，作業開始時に，その日の目標や作業の優先度などを計画化し（plan），計画に従って業務を行い（do），結果や成果を当初の目標と比較して評価し（check），なぜ目標に到達できなかったかという原因分析を行ったうえで翌日や今後の業務に向けて改善を行う（act），ということである。一方，企業全体レベルの大きな PDCA サイクルとは，経営陣が決定した方針に従って計画化を行い（plan），これをもとに事業活動を行い（do），目標と計画にずれがないかを監視し（check），問題があれば原因分析や改善活動を行ったり目標を再設定する（act），ということである。

実務ではよく「PDCA サイクルを回す」と言うが，現場の小さなサイクルであれ，企業全体レベルの大きなサイクルであれ，繰り返し，循環的に行うことで品質や業務，経営全般の改善が可能になる。

なお，PDCA サイクルと似たようなマネジメント・プロセスによる管理手法で，業務分析を行う際に使われる **PADSC 区分**というものもある。PADSCとは，plan（計画），arrange（改善），do（実施・実行），see（実行状況把握），control（管理）を意味し，業務機能を区分する際に用いられる。

（2）マネジメント・プロセスの重要性

PDCA サイクルに代表されるような**マネジメント・プロセス**が必要となる理由は，企業や個人が一定の目標を達成しようとしているからである。

目標とは，将来のある状態を予想し，達成度合いの基準を定めたものである。この目標を達成するには，あらかじめどのような行動や手順をとるか，決めておく必要があるが，この行動や手順が「計画」となる。このような計画を持たずに場当たり的に対応していたのでは，目標を達成することはできない。

その一方で，現在のように経営環境の変化が激しいときには，計画をしっかりと作ったからといって，それが高い成果に結びつくとは限らない。計画どこ

ろか，目標自体も経営環境の変化に応じて変えていかなくてはならないことも多い。1960年代〜70年代に分析型戦略論が主流であった時代には（第2章第5節参照），「詳細で精緻な計画を立案することが高い成果を生む」と考えられ，経営環境の分析と戦略策定，つまり，計画化のプロセスに多くのスタッフやコストなどの経営資源を割いていた。しかし，組織の実行能力の欠如が指摘され，「分析麻痺症候群」として批判されてきた経緯がある。

　そこで，フレキシブルで継続的なマネジメント・プロセスの重要性が際立ってくる。経営環境の変化にあわせて個人や組織の行動を変えたり，計画した数値と実績のギャップを継続的に精査し，そのギャップがなぜ発生したかを分析し，対策を打つことによって再び目標の達成に向けて努めることができる。すなわち，不確実性が高い環境下で，個人や組織は環境の変化をすべて予測することができないし，予測できない変化が起こるからこそ，企業にはPDCAのような継続的なマネジメント・サイクルを通して環境に有効に適応していくことが求められているのである。

5　経営の計画化

（1）経営計画とは

●経営計画と経営戦略の関係

　経営計画とは，経営戦略を「いつ」「誰が」「どのようにして」実行するかを明確にしたものである（経営戦略については第2章を参照）。経営戦略は，企業組織全体の指針となるような構想であるが，どんなに素晴らしい戦略を立てたとしても，実際に実行に移されなければ意味がない。そのため，策定された経営戦略は，経営計画として実行可能なかたちで経営の現場に落とし込まれる。

❷経営計画のさまざまな種類

　経営計画は，対象とする組織領域の広さによって，**総合計画**と**部門計画**に分けることができる。経営計画の対象となる領域が企業組織全社であれば総合計画と呼ばれ，一部の部門や機能に特化する経営計画は部門計画と呼ばれる。

　経営計画はその目的によって，構造計画と管理計画に分けたり，総合計画と利益計画に分けたりする場合もある。たとえば，構造計画が経営や企業組織を変革する計画であるのに対して，管理計画は現状の経営体制や組織のもとで組織を効率的に管理するための計画である。また，総合計画が売上や利益だけでなく資本の安定性や資金調達など経営全体にかかわる分野を含めた計画であるのに対して，利益計画はある一定期間における期間利益の最大化を目的とする。さらに，環境変化に対応して将来の打つべき手を考える戦略計画と，現状の経営資源を前提として，具体的な達成目標を重視した実行計画という分け方もある。実務では，経営計画を対応する期間に応じて，長期経営計画，中期経営計画，短期経営計画に分ける場合が多い。

❸長期経営計画・中期経営計画・短期経営計画

　長期経営計画は，およそ5年以上の期間に及ぶ計画である。中期経営計画は，3年ないしは5年の期間に対応する計画である。また，短期経営計画は，直近の1年間についての年次計画とするのが一般的である（図表1－6）。ただし，プラント建設のような長期的な事業においては長期経営計画の策定期間が10年以上に及ぶ場合もある。また，現在のように経営環境の変化が激しい状況では，

【図表1－6】長期経営計画・中期経営計画・短期経営計画

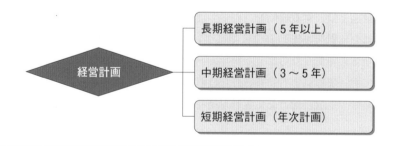

長期経営計画を策定しない企業や，長期経営計画と中期経営計画をあわせて3〜5年程度の期間に対応する中長期経営計画としてまとめる企業もある。

a）長期経営計画

長期経営計画は，おおむね5年以上の期間に対応する計画であり，構造計画，総合計画，戦略計画としての意味を持つ。ミッションやビジョンの策定，経営環境の変化への対応，成長戦略のあり方といった戦略的な内容のほか，企業体質をどのようにするか，組織風土をどのようにするか，といった組織面の計画も含まれる。つまり，長期経営計画は「ヒト・モノ・カネ・情報」といった経営資源の変化をも計画するものである。

したがって，長期経営計画の内容は，経営理念やミッション，ビジョン，事業領域（ドメイン），全社戦略，組織文化などが網羅されたものになる。また，長期的な数値目標が盛り込まれるが，以下のような基本的指標が示されることが多い。

- ●売上高　　●利益成長率　　●1人当たり売上高
- ●1人当たり利益額　　●市場シェア　　●給与水準
- ●自己資本比率　　●売上高利益率　　●総資本回転率　　●配当

b）中期経営計画

中期経営計画は，おおむね3〜5年の期間に対応した計画である。長期経営計画を策定している企業において，中期経営計画は長期経営計画と短期経営計画の橋渡しをする役割を持つ。また，経営環境の変化が激しい現在において，中期経営計画をもって長期経営計画に代える企業も少なくない。

c）短期経営計画

短期経営計画は，一般に年次計画や四半期計画と呼ばれる。当面の1年または四半期を対象とする経営計画である。短期の経営目標を達成するための方策を，手順や日程を主体とする業務計画と，数値計画である予算計画として，具体的に策定したものである。既存の事業領域や経営資源，組織体制などを前提とし，業績目標を効率的に達成するための計画という性格が強い。多くの企業において，短期経営計画は年次計画として策定され，年間の企業活動を計画・実施・統制するため，何らかのかたちで採用されている。

（2）計画と戦略

❶経営計画策定のねらい

　中期経営計画や長期経営計画をステークホルダーに向けて公表したり，短期経営計画を企業内で明文化して実績と比較することには，次のようにさまざまな利点がある。

　①組織における目標と目的意識の形成に役立つ

　②主要な戦略的課題を内外に示し，経営の透明性を高めることに役立つ

　③目標と実績の乖離について原因分析を行い，軌道修正を行う

　④組織の管理や業務活動の統合に役立つ

　⑤人材の育成に役立つ

❷計画と戦略のちがい

　経営計画を策定することには上記のようなメリットがある一方で，戦略策定と経営計画（とくに中期経営計画や長期経営計画）は混同されることが多い。しかし，戦略と計画は本質的に異なるものであることに注意する必要がある。とくに分析的な戦略アプローチでは（第2章第5節参照），しばしば，戦略が中期経営計画や長期経営計画と混同されてしまう。また，計画さえ立てれば，それを遂行することで戦略目標が達成できると考えがちである。

　戦略と計画の本質的なちがいは，次のような点にある。

　①計画は，基本的には現在の活動の延長線上に描かれる。一方の戦略は，自社のあるべき姿にもとづいて目標を決め，戦略代替案を選択するものである。にもかかわらず，実際には計画を前提として自社の将来を描いてしまうことがある。

　②計画における目標が具体的な財務的数字で設定されることで，その数字を達成するための製品や市場，経営資源の選択がなされてしまう。こうなると，計画が戦略を規定してしまうことになり，戦略的課題への取り組みや経営的問題の解決が予算計画の範囲内にとどまってしまう。

　③計画が現場からの積み上げ，いわゆるボトムアップで作成された場合，それが経営トップに提出される頃には，もはやくつがえすことができないほ

ど固まってしまう。そうなると，経営トップが描くあるべき姿や戦略をもとにして計画を修正する余地はなくなってしまう。

④計画は，経営資源を事前に配分して固定化してしまうため，不測の事態に対応できないことがしばしば発生する。

計画と戦略を混同したとしても，経営環境が中長期的に安定している時代では，計画が有効に機能していた。計画は決して無用なものであるということではないが，計画優先で戦略が軽んじられてしまうと経営環境の変化に適応できなくなる。経営計画は，あくまでも戦略の具体的な実行プランであり，まずは戦略ありき，という基本的姿勢を見失ってはならない。

6 マネジメント・スキル

（1）3つのマネジメント・スキル

カッツ（Katz, R. L.）はマネジメントが効果を発揮するためには，マネジャーにとって3つのスキルが重要であることを示した（図表1－7）。3つのスキルとは，テクニカル・スキル，ヒューマン・スキル，コンセプチュアル・スキルである。

a）テクニカル・スキル（technical skills）

テクニカル・スキルは，作業や業務遂行に関連した技法や手続きを実施するうえで，特定化した知識や専門技術を利用する能力のことである。たとえば，エンジニアリング，コンピュータ・プログラミング，会計などの専門的な知識がこれにあたる。こうしたスキルのほとんどは，プロセスとか物理的対象である「もの」と仕事することと関係している。

b）ヒューマン・スキル（human skills）

ヒューマン・スキルは，マネジメントの対象となるチームの中で協働を打ち

【図表1−7】管理者に必要な3つのマネジメント・スキル

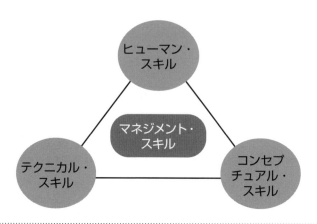

立てるための能力である。このスキルは，マネジャーの態度やコミュニケーションで発揮される。

c）コンセプチュアル・スキル（conceptual skills）

コンセプチュアル・スキルは，組織や事業の全体を把握する能力である。コンセプチュアル・スキルの高いマネジャーは，組織内の多様な職能が互いにどのように補足し合っているか，組織がどのように環境と結びついているか，また，組織のある部分における変化が組織の残りの部分にどのように影響するか，などを理解することができる。

どのスキルが重要かは，マネジャーの組織上の役割によって変わってくるという。図表1−8のように，ロワー層からミドル層，トップ層に組織階層が移るにつれて，コンセプチュアル・スキルが技術的スキルよりも重要となる。しかし，ヒューマン・スキルは3つの組織階層のいずれにおいても，等しく重要なものと考えられている。ここに，マネジメントにかかわる人的な課題の重要性をみることができる。

【図表1−8】管理者に必要な3つのマネジメント・スキルと組織階層の関係

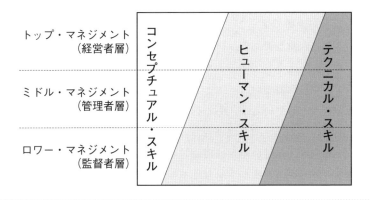

トップ・マネジメント（経営者層）

ミドル・マネジメント（管理者層）

ロワー・マネジメント（監督者層）

コンセプチュアル・スキル　ヒューマン・スキル　テクニカル・スキル

（2）マネジメントの実践に不可欠な3つの要素

　ミンツバーグによれば，マネジメントは実践であり，マネジメントを効果的に実践していくためには，①アート，②クラフト，③サイエンス，という3つの要素が不可欠だという。

　①アートは，創造性を促進し，直感やビジョンを生み出す要素であり，具体的な出来事から一般論へ至る帰納的アプローチをとる。②クラフトは，経験を基礎に実務性を生み出す要素であり，具体論と一般論を行き来する双方向的アプローチをとる。③サイエンスは，体系的な分析や評価を通じて秩序を生み出す要素であり，抽象概念を個別のケースに適用する演繹的アプローチをとる。

　これら3つの要素の比重はどうであれ，いずれの要素も備えていることがマネジャーにとって重要であるという。たとえば，アート一辺倒のマネジャーは，アートのためのアートを追求する「ナルシスト型」となり，クラフト一辺倒のマネジャーは，経験に縛られた「退屈型」となるという。また，サイエンス一辺倒のマネジャーは，人間性に欠ける「計算型」に陥ってしまい，いずれのタイプもマネジメントの有効性を発揮できない。

　その一方で，3つの要素のうちたった1つが欠けてもうまく機能しない。たとえば，アートとクラフトだけでサイエンスの要素が欠けていると「無秩序型」となり，他の2つは備えているのにアートの要素が欠けていると「無気力

型」となる。また，クラフトの要素が欠けている場合は，他の2つの要素がそろっていたとしても「非実務型」となり，いずれも有効性を発揮できない。

1つの要素が優勢であってもよいが，他の2つの要素も欠けることなく備わっていることが重要である。アート重視であるが，経験に基礎を置き，ある程度の分析にも支えられているタイプは「ビジョン型」であり，成功している企業家によく見られるという。主としてクラフトとサイエンスを中心とし，経験と分析を基礎としているが，ある程度は直感にも依存しているのが「問題解決型」であり，ライン部門の現場管理者に多く見られるとされる。クラフト重視でアートも取り入れているが，破綻しない程度にサイエンスもあるのが「関与型」であり，コーチングやファシリテーションなど人間重視のマネジメントを行う特徴があるという。さらに言うと，3つの要素のバランスがあまりに良すぎても，特徴がなくなってうまくいかなくなるおそれがあるという点にマネジメントの難しさがある。

（3）マネジャーに求められる問題解決力

❶問題と課題

a）「問題」とは何か

「うちの会社は利益が上がらないのが構造的な問題だ」「問題はコストが上昇していることだ」「営業担当者のモチベーションが低いことが問題だ」など，ビジネスの世界は問題であふれている。人が「問題」を認識するとき，何か理想としている姿，将来進もうとしている方向性があって，それに対して現在の状態が追いついていないことを意識しているものである。

このように考えると，**問題**とは，「あるべき姿と現状のギャップである」ととらえることができる。「あるべき姿」とは，企業や組織，個人が掲げる将来の目標に向かって進んでいる場合に，そこに到達するために現在達成しておくべきレベルのことである（図表1−9）。たとえば，会社が「5年後に売上高を2倍にする」という目標（将来のあるべき姿）を掲げているとする。その将来の目標を達成するために，今期に達成すべき売上高が100億円であるとする（あるべき姿）。ところが，今期の売上の結果が70億円であった場合（現状），問題は「30億円の売上高が不足している」ことになる。ところが，現状（今期

【図表1－9】問題の定義（現状とあるべき姿のギャップ）

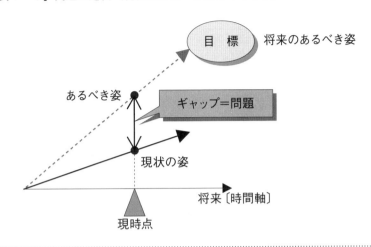

の売上高）がまったく同じであっても，5年後の目標が「売上高を4倍にする」であり，そのために達成すべき今期の売上目標が150億円であったとすると，あるべき姿と現状のギャップである「問題」は，「80億円の売上高が不足している」ことになる。

つまり，「将来のあるべき姿」をどのように定めるかによって，問題の大きさは異なる。実際に，問題解決がなかなかできない理由は，問題そのものを正確に把握できていない点にあることが多い。問題を正確に把握できない理由は，問題点を見抜く洞察力の欠如というよりも，①そもそも「あるべき姿」が明確になっていない，②現状の姿がきちんと把握されていない，③したがって，あるべき姿と現状のギャップである問題の大きさが特定できていない，という3点のいずれか，もしくは，それらの組み合わせによることが多いものである。

b）問題の種類

多くの人が口にする問題は，「売上低下」「利益減少」「納期の遅れ」など，測定が可能であって，問題自体が顕在化している場合が多い。しかし，中には「社員の間に経営陣に対する不信感が募っている」「社員の意見を上司が取り上げない」など，発生しているかどうかがとらえにくい問題もある。

ここでは，前者のように現象として現れている問題を「顕在化している問

題」, そうでない問題を「顕在化していない問題」と呼ぶことにする。顕在化していない問題は, 将来的に現象となって現れ, 顕在化している問題を引き起こす原因となる場合が多い。このように考えると, どんなにうまく運営されている企業であっても,「問題がない」ということはありえないことがわかる。

また, 問題は「構造化された問題」と「構造化されていない問題」に分けることもできる。企業組織において, おおむね前者は日常業務上のオペレーションに関する問題, 後者は戦略に関する問題といえる。構造化された問題（オペレーションに関する問題）の特徴は, 同じような問題が繰り返して発生し, 問題の所在や原因がかなりわかっている点にある。たとえば, 工場の現場で起こる不良品の発生や, 経理や人事などの管理部門で何度も起こる事務のミスなどがこれにあたる。こうした構造化された問題を解決するには, 過去の経験や他部門, 他社の事例などから解決の糸口を見い出すことができる場合が多い。一方, 構造化されていない問題（戦略に関する問題）の特徴は, そもそもの「あるべき姿」が不明瞭で, 何が問題なのかが漠然としか特定できない点にある。たとえば, 世界的な経済情勢の変化や顧客の嗜好の変化など, マクロ的経営環境の変化によって製品やサービスの売上が激減する場合などがこれにあたる。こうした問題を解決するには, 過去の経験や実績を活かすことができない場合が多く, 問題解決策を導くアプローチや前提となる仮説を新たに見い出す必要がある。

問題が構造化されたものであるにせよ, 構造化されていないものであるにせよ, 問題を解決に導くためには, 過去の経験や事例だけに頼ることなく, 客観的に現状分析や原因分析を行い, 網羅的に解決策の代替案を導いていく論理的思考力を身につけておくことが有効である。

c）「課題」と「問題」のちがい

一般に課題ということばが使われるとき, それは「問題」とほとんど同じ意味で用いられていることが多く,「課題」と「問題」は混在して用いられている。しかし, 論理的思考を用いて問題解決を図る場合は, これらを明確に区別しておくほうがよい。

「問題」が, 前述のように「あるべき姿と現状のギャップ」と定義されるのに対して,「課題」とは「組織や個人が取り組むべき事柄」のことである。た

とえば，「シェアが目標どおりに伸びていない」という「問題」に対して，「いかに他社からシェアを奪取するか」とか「シェアを拡大するために営業体制を整備する」などが「課題」ということになる。ことばの定義自体にあまり神経質になる必要はないが，問題解決を1人で行うことは稀であることを考えると，なるべく意識して使い分けることで，協力者や説得する相手との認識のちがいを埋めておくほうがよい。

❷問題解決のプロセス

論理的思考を用いて問題解決を図るには，図表1−10のようなプロセスを経ることが一般的である。

まず，現状分析を行って問題を特定する。その際，すでに述べたように，あるべき姿を明確に設定することが重要である。

次に，問題が発生する原因となっている要因を特定する。ある問題の原因は，顕在化していない別の問題である場合も多い。また，組織における問題解決の

【図表1−10】 問題解決のフロー （一般的な例）

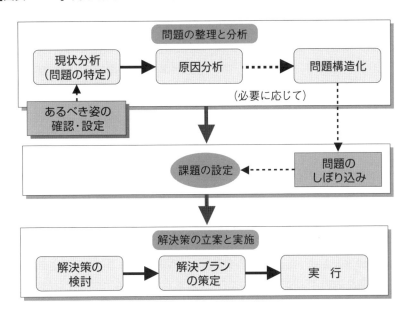

場合は，複数の問題や原因が交錯していることが多い。そうした場合は，ある問題を解決すると別の問題が発生するということになるので，全体像をとらえるために問題や原因を構造化し，チャートなどにまとめておくことが望ましい。

そして，多くの問題を抱えている場合など，必要があれば解決すべき問題をしぼり込み，課題を設定する。

さらに，問題の原因や問題相互の関係性に留意しながら，解決策を導出する。実際の問題解決プロセスでは，「どの問題から解決していくか」という優先順位をつける必要がある場合が多い。企業の経営資源や解決にかけてよい時間は限られている場合がほとんどだからである。こうして，優先順位やタイミングを計画化した解決プランを策定し，実行に移していくのである。

❸問題解決の具体的な手法

以下では，問題解決のフローにおける個々のプロセスについて，実際に用いる手法など詳しい説明をしていく。

a）現状分析

問題解決の第1のプロセスは現状分析である。現状分析の段階において，アイデアや意見を出し，整理する手法としては以下のようなものがよく知られている。

①ブレイン・ストーミング：**ブレイン・ストーミング**は，オズボーン（Osborn, A. F.）が広告会社の副社長時代に開発したとされる思考技法である。

　与えられたテーマについて，会議に参加したメンバーが思いつくままに自分の考えを出すやり方で，問題の特定や原因の抽出，問題解決のためのアイデア出しなど，さまざまな場面で用いられる。既成概念や偏見にとらわれることなく，他人の考えをその場で批判せずに，他人の発言からの連想や触発に乗じた発言をしてもよく，発言内容の質よりも量を重視するなどの一般的なルールがある。

②KJ法：**KJ法**は，文化人類学者である川喜田二郎によって開発されたもので，開発者のイニシャルから命名されたものである。KJ法は，おおむね図表1 −11のようなプロセスで進められる。

【図表1－11】KJ法の進め方

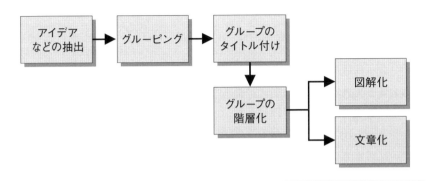

　まず，問題解決にかかわるメンバーが集まり，ブレイン・ストーミングなどの方法で問題やアイデアを抽出する。ここでは，1つひとつの項目を小さな用紙に書き出していく場合が多い。次に，たくさん出てきた項目を何かしらの基準でグルーピングする。そして，グループごとにタイトルを付ける。さらに，グループごとの階層化を行い，グループ間の因果関係や類似／対比関係，時間的な前後関係などを明らかにしながらまとめていく。そして最後に，図や文章のかたちでとりまとめるのである。

③フレームワークの活用：現状分析の段階では，第2章で説明する定型的な戦略フレームワークが活きてくる場面が多い。たとえば，外部環境を分析するには，PEST分析，3C分析，ファイブ・フォース分析などのフレームワークを用いるとよい。また，自社能力の分析には，ヒト・モノ・カネ・情報，バリュー・チェーン分析などを用いるとよい。こうすることで，問題や原因を「モレなく，ダブリなく」（**MECE**：mutually exclusive, collectively exhaustive）抽出することができる。さらに，SWOT分析を行えば，収集した情報から自社の強みや弱み，外部環境の機会や脅威をうまく整理することができる。このような分析を行う一方で，将来の方向性や現状のあるべき姿を定量面・定性面の両面で設定する。このようにして，現状分析とあるべき姿を比較することで，問題の所在が浮かび上がってくる。

b）原因分析（真因の把握）

　あるべき姿の特定と現状分析から「問題」が浮かび上がったとしても，そこでいきなり「解決策」を考えようとするのは性急である。

　たとえば，自動車の組み立て工程において，「ボディに歪みが生じる」という不具合（問題）が発生したとする。このとき，不具合に対して対策をいきなり考えるとすれば「圧力を加えて歪みを矯正すればよい」といった，対処療法的な解決策に行き当たるだけである。車のボディに歪みが生じているのには，製鉄業者から仕入れる薄板鋼板（材料）の品質が悪いからなのか，工場内での運搬中に歪んでしまったのか，それとも，車体のデザインや設計に無理があるのかなど，さまざまな原因が考えられる。そして，その原因次第で対策もまったく異なってくるものである。

　経営上の問題解決についても同じである。「売上が伸びない」「シェアが落ちている」などの問題に対して，「元どおりに回復するようにがんばれ！」と号令をかけるだけでは，なんら対策を講じたことにはならない。営業活動が組織的に行われていないのか，他社に比べて価格設定が高いのか，それとも，製品やサービス自体が陳腐化しているのか，その原因を考えなければ解決策は出てこない。

　このように，「問題」に対しては「なぜそのような問題が発生したのか？」という"Why?"の問いかけを常に念頭に置く必要がある。また，ある問題は他の問題から引き起こされている場合も多く，いくつかの問題を引き起こす核となっている原因（真因）を探ることも問題解決にとって重要である。真因が特定できたならば，それを取り除いたり，対策を講じたりすることで多くの問題が同時に解決することになるからである。

c）問題の構造化

　現象として顕在化している問題からスタートして，なぜその問題が発生しているのか？（Why）という問いを繰り返し，チャートの形にまとめたものを「Whyチャート」と呼ぶことがある。このようなチャートを用いて，問題や原因を構造化してとらえることができるようになる（図表1－12）。

　Whyチャートと構造的に類似しており，製造現場などにおける改善手法として用いられる「新QC7つ道具」の1つに数えられるのが，連関図である。

【図表1−12】Why チャート（かんたんな例）

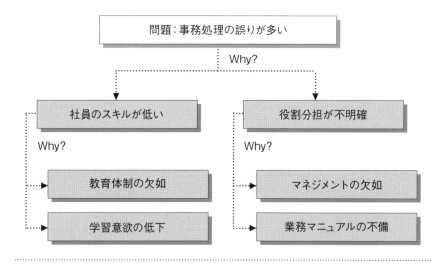

新QC7つ道具とは，**親和図法，連関図法，系統図法，PDPC**（Process Decision Program Chart），**マトリックス図法，マトリックスデータ解析法，アロー・ダイヤグラム法**という7つの手法をさす。これらのうち，親和図法とは先に紹介したKJ法に類似した分類・整理法である。そして，これらの手法のうち，連関図法，系統図法，PDPCは，図表1−13に示したような構成となっており，問題や原因を構造化して，いわゆる「見える化」する手法としても活用できる。

d）課題の設定

初めから1つ，もしくは，少数の問題が特定されていて，その解決を図る場合を別として，経営においては多様で多数の問題が抽出されることが多い。こうした場合に，限られた経営資源の範囲では，すべての問題を解決するわけにはいかない。そこで，問題がビジネスや業務に与える影響の大きさや取り組みやすさなどを考慮して，取り組むべき課題の優先順位をつけることが重要となる。

優先順位をつけて取り組む課題を選び出す手法には，以下のようなものがある。

【図表1−13】連関図法・系統図法・PDPC

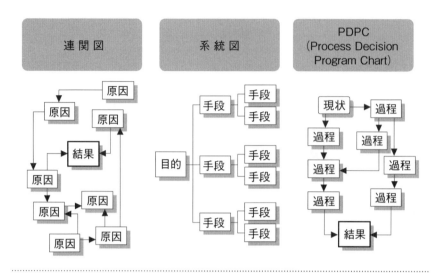

①すべての問題や原因を構造化したチャートを作成し，多くの問題の「真の原因」となっている問題の対策から優先して講じていく。

②経営財務の分野で用いる NPV 法（Net Present Value：正味現在価値法）や IRR 法（Internal Rate of Return：内部収益率法），ROI（Return On Investment：投資収益率）の計算など，ファイナンス技法を応用して課題が生み出す経済的価値（または課題に取り組まなかった場合の機会費用）を定量的に算出し，取り組むべき優先順位を判断する。

③リスク・マネジメントの考え方を応用する。**リスク・マネジメント**では，発生する可能性のある多様な問題の中から取り組むべき重点課題を決めるのに，経済的な利得（または損失）と発生する確率（リスク）という2つの基準を用いることがある（**図表1−14**）。同じように，判断基準となる要因を2つの軸（たとえば，課題解決がもたらす経済的インパクトと課題解決に必要と思われる人的資源の投入量）としたマトリックスを作成して，重要課題（**図表1−14**における右上の象限に位置する課題）を抽出することができる。

【図表1-14】 リスク・マネジメントの考え方を用いた課題の優先順位づけ

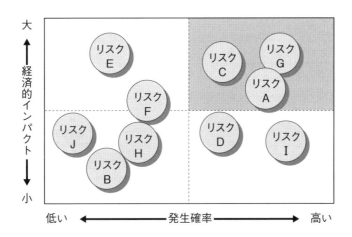

e) 解決策の検討

　問題の原因が明らかになり，取り組むべき課題を設定したら，いよいよ解決策を考えることになる。この段階で重要なのは，①対策としてなるべく多くの代替案を出し，その中から最適の案を実行に移すこと，②単に解決案を提示するだけでなく，解決策の実行プランをきちんと描くこと，の2点である。

　なるべく多くの代替案を持っておくと，実行に要するコストや効果の表れる時間などの条件にもとづいて，実行に移す案を合理的に選ぶことができる。そして，代替案を検討する時間を十分にとって，さまざまな案をストックしておくと，ある方策によって問題解決に至らなかった場合に改めて対応策を検討するよりも，速やかに次の対策を打つことができる。とくに，構造化されていない問題の解決策を考える場合に，創造的かつ実行可能なアイデアを案出するために，下記のような思考法（発想法）が役に立つ。

①チェックリスト法：問題解決策を案出する段階において，アイデアを捻出するためのヒントとしてチェックリストを用いるという方法がある。

　たとえば，『ブルー・オーシャン戦略』（W.チャン・キム＆レネ・モボルニュ著，2005年）では，競争に巻き込まれることなく優位性を保つ新しい戦略を見出すための糸口として，「増やす」「減らす」「付け加える」

【図表1−15】オズボーンのチェックリスト

大きくしたら…	小さくしたら…	逆にしたら…
軽くしたら…	高くしたら…	まとめたら…
人手を省いたら…	形を変えたら…	容器を変えたら…
配置を変えたら…	繰り返したら…	色を変えたら…
立体的にしたら…	手段を変えたら…	他の道具を使ったら…
長くしたら…	短くしたら…	多くしたら…
組み合わせたら…	折りたたんだら…	分割したら…
分解したら…	伸縮自在にしたら…	

「取り除く」という4つのアクションを挙げている（4つのアクション・フレームワーク）。また，オズボーンは，図表1−15のようなチェックリストを考案し，問題解決策のアイデア案出に役立てようとした。

②シックス・シンキング・ハット：**シックス・シンキング・ハット**は，デボノ（De Bono, E.）によって開発された発想法である。

さまざまな色の帽子（hat）をかぶるように，6つの異なる思考パターンで発想し，意見やアイデアを出し合うやり方である。6つの色はそれぞれ，図表1−16のような思考パターンを象徴している。たとえば，討議に参加するメンバーをチームに分けて時間を区切り，白（客観的思考）→緑（創造的思考）→黄（肯定的思考）→黒（批判的思考）→赤（直感的思考）→青（計画的思考）という6つの帽子をかぶったつもりで発想法を変えていく。原因を追究する場合など，問題を論理的に深掘りしていく「垂直思考」に対して，既成の概念にとらわれずにさまざまな視点から問題解決のアイデアを出すやり方を総称して**水平思考**と呼ぶが，シックス・シンキング・ハットも水平思考の一種である。

f）解決プランの策定と実行

現実に最も難しいのは，解決策を効果が上がるように実行に移すことである。そのためには，①推進のための組織体制，②時間軸を明確にした実行プランの

【図表1－16】シックス・シンキング・ハットと思考パターン

帽子の色	象徴する思考パターン
ホワイト・ハット（白）	客観的，合理的，中立的，事実，データ
グリーン・ハット（緑）	創造的，自由奔放，挑発的，水平思考
イエロー・ハット（黄）	楽観的，肯定的，建設的
ブラック・ハット（黒）	論理的，否定的，批判的
レッド・ハット（赤）	感情的，感覚的，直感的
ブルー・ハット（青）	思考のコントロール，計画的，構造的

策定，③進捗管理と方向修正，という3つの要素を実行計画に盛り込むことが重要である。

　問題解決を計画的に実行していくためには，図表1－17のように**ガント・チャート**と呼ばれる手法を活用するとよい。ガント（Gantt, H. L.）によって考案されたガント・チャートは，工場や建設事務所などの現場で多く用いられる，日程管理を目的とした表である。製品単位や作業単位で日程計画と実績の進捗を同時に管理することのできる図表であるが，プロジェクトの進捗管理に

【図表1－17】ガント・チャートの例

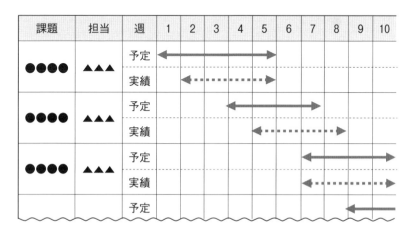

も応用できる。

| 参考文献 |

齋藤嘉則『問題解決プロフェッショナル「思考と技術」』ダイヤモンド社，1997年。

佐藤允一『問題構造学入門』ダイヤモンド社，1984年。

社団法人経済同友会「経営者のあるべき姿とは―確固たる倫理観に立脚したプロフェッショ
　ナリズムとリーダーシップ」2007年。

鈴木秀一『入門経営組織』新世社，2002年。

照屋華子・岡田恵子『ロジカル・シンキング』東洋経済新報社，2001年。

A. オズボーン著，豊田晃訳『創造力を生かす』創元社，2008年。

E. デボノ，川本英明訳『6つの帽子思考法』パンローリング，2021年。

H. ミンツバーグ著，奥村哲史・須貝栄訳『マネジャーの仕事』白桃書房，1993年。

H. ミンツバーグ著，Diamond ハーバード・ビジネス・レビュー編集部編訳『H. ミンツ
　バーグ経営論』ダイヤモンド社，2007年。

H. ミンツバーグ著，池村千秋訳『MBA が会社を減ぼす―マネジャーの正しい育て方―』
　日経 BP 社，2006年。

J. ボイエット＆ J. ボイエット著，金井壽宏監訳・大川修二訳『経営革命大全』日本経済新
　聞社，1999年。

P. F. ドラッカー著，上田惇生編訳『エッセンシャル版　マネジメント　基本と原則』ダイ
　ヤモンド社，2001年。

W. チャン・キム＆レネ・モボルニュ著，有賀裕子訳『ブルー・オーシャン戦略』ランダム
　ハウス講談社，2005年。

第 2 章

経営戦略

ポイント

◉経営戦略は，企業と経営環境とのかかわり方を，将来志向的に示す構想であり，組織の意思決定の指針となるものである。

◉経営戦略には，全社戦略，事業戦略，機能別戦略という階層性がある。

◉戦略の策定や自社の KFS（成功要因）を見い出す手法として，SWOT 分析がよく知られている。

◉事業戦略は，競争戦略とほぼ同じものであり，ポーターのファイブ・フォース分析，バリュー・チェーン分析，3 つの基本戦略などを駆使して策定される。

キーワード

PEST 分析，KFS（KSF），情報的資源，SWOT 分析，
ミッション，経営理念，ビジョン，ドメイン，
製品－市場マトリックス（成長ベクトル），多角化戦略，
シナジー，PPM，ファイブ・フォース分析，
バリュー・チェーン，分析型／プロセス型戦略アプローチ

1 経営戦略の体系

（1）経営戦略の重要性

　めまぐるしく変化する経営環境や厳しい競争の中で，1つの企業を存続・発展させるためには，経営戦略を明確に打ち出し，実行することが重要である。

　今日ほど，企業活動に指針を与える経営戦略の重要性が認識されている時代はない。経済のグローバル化，消費者の嗜好や価値観の変化，技術革新の進展，情報技術の浸透など企業を取り巻く経営環境は刻々と変化しつづけている。また，企業には，国や社会の持続的な成長を支える**コーポレート・シチズン**（企業市民）として，環境問題，労働問題，エネルギー問題などの解決に積極的に関与することが求められている。こうした状況下では，戦略なき企業は社会的に認知されないどころか，生き残っていくことさえ危うくなるかもしれない。

（2）経営戦略とは何か

　経営戦略は，その重要性が認識されている一方で，理論と実務の双方で「経営戦略とは何か」についての認識が統一されているわけではない。「経営戦略は，**ゴーイング・コンサーン**たる企業（継続企業）の長期的な存続と発展にとって重要である」という点でおおよその一致はみられても，経営戦略が具体的にどのような意味を持つものなのか，企業経営の中でどのような機能を果たしているのか，についての考え方は多種多様である。

　あまりにも多種多様となった「戦略」のとらえ方を，**ミンツバーグ**は，以下のような5つの視点に分類した（図表1-18）。

　①計画（plan）：将来の行動指針や目標を達成するための行動の手順や指針であり，将来の計画を示す。

　②パターン（pattern）：過去から一貫した意思決定のパターンや環境変化などへの反応のパターンであり，企業の経営の方法を示す。

【図表１−18】ミンツバーグによる戦略のとらえ方（さまざまな戦略の類型化）

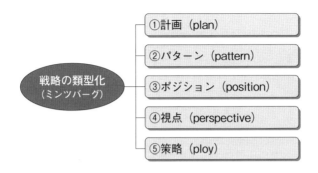

③ポジション（position）：市場の競争環境における個々の企業のポジショニングであり，どのような市場にどのような製品によって参入していくのかを示す。

④視点（perspective）：ビジョンやコンセプト，構想など，企業の将来のあり方を示す。

⑤策略（ploy）：競合他社を出し抜いて競争上で優位に立つための具体的な計画であり，競合企業に対するアプローチを示す。

このように，さまざまな考え方を含む「戦略」の定義であるが，おおむね以下のような共通認識は存在する（図表１−19）。

①長期的な視点から企業の将来の方向性やあり方に一定の指針を与える構想である

②企業と経営環境とのかかわり方を示すものである

③企業におけるさまざまな意思決定に指針を与えるものである

上記のような共通項を総合すると，経営戦略とは「企業と経営環境とのかかわり方を，将来志向的に示す構想であり，企業内の人々の意思決定の指針となるもの」と定義できよう。ただし，経営戦略がどの程度の将来にわたって，どの程度の詳しさで示されているか，また，どの範囲の人々にとっての意思決定の指針となっているか，などの点は個々の企業によって異なる。逆にいえば，

【図表1−19】経営戦略の定義

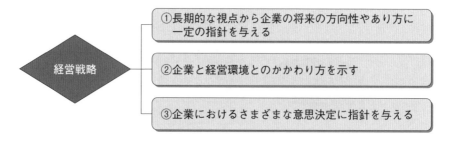

経営戦略

①長期的な視点から企業の将来の方向性やあり方に一定の指針を与える

②企業と経営環境とのかかわり方を示す

③企業におけるさまざまな意思決定に指針を与える

このような程度や範囲のちがいが，それぞれの企業の経営戦略のちがいであると考えることもできる。

（3）戦略と戦術のちがい

　戦略（strategy）とよく混同されるものに**戦術**（tactics）がある。

　「戦略」という概念の定義が完全に明確ではないように，これらの区別にもさまざまな解釈がある。一般的には，おおむね次のようなちがいがあると認識されている。

　戦略も戦術も，もともとは軍事的用語から派生し，経営について用いられるようになった概念である。戦略が国家や軍隊全体の目的を達成するための軍事的手段や資源の配分を意味するのに対して，戦術は個々の戦闘における具体的な作戦行動を意味した。このような背景があって後に経営について用いられるようになったことから，「戦略」は長期的な視点から，一貫して追求されるべき全体的な方向性や方針を示すもの，および，そうした方向性や方針を実現するための組織行動のあり方を意味する。一方，「戦術」とは，その場の状況に応じて決められる，短期的で細かな指針や組織行動そのものを意味する。

（4）経営戦略の階層性

　一般に，経営戦略には階層性があると考えられている。とくに，組織が高度に分化している大企業においては，組織の階層性にあわせるように，❶全社戦略，❷事業戦略，❸機能別戦略，という3つの戦略レベルがある（図表1−20）。

❶全社戦略のレベル

　全社戦略は，「企業戦略」（corporate strategy）とも呼ばれ，企業全体にかかわる戦略のことである。全社戦略に含まれる要素としては，経営理念，経営環境分析，事業領域（ドメイン）の決定，成長戦略，全社的な経営資源の配分がある。

❷事業戦略（競争戦略）のレベル

　複数の製品カテゴリーを持つ企業や事業を多角化している企業においては，製品や事業ごとに顧客ターゲットや競合他社が異なる場合が多い。そこで，企業は製品カテゴリーや事業ごとに異なった戦略を策定する必要がある。

　事業戦略（business strategy）は，製品や事業にかかわる戦略のことであり，

【図表 1 −20】経営戦略の体系（例）

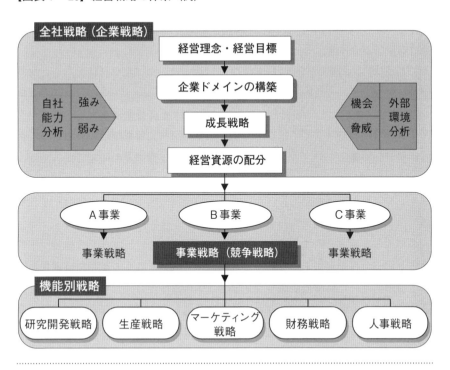

いかにして競合他社に勝るだけの価値を顧客に提供できるか，という点が中心的な課題となることから，競争戦略と同じ意味で考えられることが多い。

❸機能別戦略のレベル

戦略は，実行に移してこそ初めてその価値が生まれる。戦略を実行するためには，企業における組織単位ごとに，より具体的な戦略を策定する必要がある。これが**機能別戦略**（functional strategy）である。

機能別戦略は，産業や企業によって異なるが，研究開発戦略（R&D：research & development），生産戦略，マーケティング戦略，財務戦略，人事戦略などの要素から成る。

（5）経営戦略の階層性の柔軟なとらえ方

ここで，経営戦略の階層性については，あくまで概念上の区分であることに留意すべきである。現実の企業経営においては，3つの戦略レベルを縦断するような経営課題が生じることが多い。

たとえば，海外戦略や研究開発戦略，情報化戦略などがそれにあたる。海外戦略は，概念上は全社的な問題であるが，実際の企業では1つの事業部の戦略（事業戦略）とされている場合が多い。また，研究開発戦略やマーケティング戦略を機能別戦略としてではなく，全社戦略の中核に位置づけている企業もある。情報化戦略についても，かつては単なる情報処理機能の問題であったが，情報通信技術が進んで **DX**（digital transformation：デジタル・トランスフォーメーション）の重要性が増した現在では，機能別戦略のレベルではなく全社戦略に組み込んでいる企業もある。

このような現実を踏まえると，図表1−21のようなマトリックス構造で戦略全体と戦略項目の関係をとらえると理解しやすいであろう。縦軸には経営戦略の階層があり，これらは組織やマネジメントの階層と合致している。横軸には経営に影響する戦略項目が示されている。もちろん，どのような戦略項目を挙げるかは企業ごとに異なっており，図表1−21に挙げた項目以外にもいくつもの重要課題が考えられる。

このマトリックスを用いることによって，組織階層ごと（戦略階層ごと）の

【図表1−21】経営戦略を構成する戦略階層と戦略項目（例）

戦略項目 / 戦略階層	リストラ	海外展開	技術革新	情報通信	……
全 社 戦 略					
事 業 戦 略					
機 能 別 戦 略					

戦略項目の位置づけを明確にすることもできる。たとえば，成熟産業となった事業をいくつも抱える企業におけるリストラクチャリング（図表1−21では「リストラ」と表記）という戦略項目を考えてみる。全社戦略のレベルでは，M&Aによる事業構造の再構築を意味するであろうし，機能別戦略のレベルでは業務プロセスのスリム化や人材配置の適正化を意味するであろう。

　このように，経営戦略の階層性やその柔軟なとらえ方について考えてみると，経営戦略は1つの大きなシステムであることがわかる。しかも，このシステムは有機的につながったいくつものサブシステム（従属するシステム）によって構成されている。「有機的につながった」とは，部分と全体との関係が相互依存的であることを意味する。部分（事業戦略・機能別戦略）だけでは成立しえないし，全体（全社戦略）だけでも実行に移すことができない。3つのレベルの戦略が有機的に機能して初めて，経営戦略としての意味を持つのである。

2 経営環境の分析

　経営環境とは，企業を取り巻く外部の経営環境とその変化を意味する場合が多い。しかし，経営に影響を与える環境条件という意味では，経営環境はマクロ経済のファンダメンタルズ（為替レート，物価指数，景気動向など）や市場動向といった外部的要因だけではなく，企業内部における技術力やノウハウの

蓄積，働き手の能力や価値観など，自社の経営資源も含まれる。ここでは，経営環境を外部環境と自社の能力（経営資源）に分けて考えていく。

（1）外部環境の分析

　ひと口に**外部環境**といっても，さまざまな要素を含んでいる。そこで，外部環境の分析を行う際には，おおまかなカテゴリー分けを行うことによって，重要な要因のモレを防ぐことができる（図表1－22）。外部環境は，政治・経済・

【図表1－22】外部環境要因

大項目	中項目	具体的項目（例）
マクロ環境	政治・制度的要因（political）	⦿法制度や規制の強化／緩和 ⦿司法の判断（判例など） ⦿税制 ⦿政治的団体の動向
	経済的要因（economical）	⦿景気の動向 ⦿経済成長率 ⦿金利や物価の動向 ⦿為替や金融商品の相場
	社会・文化的要因（social）	⦿人口動態の変化 ⦿流行などの文化的動向 ⦿世論の動向 ⦿自然環境
	技術的要因（technological）	⦿新技術の開発動向 ⦿既存技術の陳腐化 ⦿新技術の社会での浸透 ⦿技術開発投資の状況
タスク環境	業界動向	⦿業界に対する規制 ⦿業界内のポジショニング
	競合他社の動向	⦿競合他社の戦略 ⦿競合他社の業績
	供給業者の業界動向	⦿供給業者の業界の変化 ⦿既存供給業者の戦略や業績
	顧客の動向	⦿顧客の嗜好の変化 ⦿顧客の人口動態的な変化

社会・文化・技術・自然などの「マクロ環境」と，業界・競合関係・供給業者・消費者などの「タスク環境」に大きく分けられる。

マクロ環境は，一企業が影響を与えることがほとんど不可能な要因である。これに対して，タスク環境に対しては企業自身が積極的に働きかけることによって，変化を生み出すことが可能な場合がある。

マクロ環境の分析は，**PEST 分析**と呼ばれることがある。"PEST"とは，政治・制度的（political），経済的（economical），社会・文化的（social），技術的（technological）というマクロ分野のそれぞれの頭文字をとった名称である。

（2）自社能力の分析

自社能力は，企業が保有するさまざまな経営資源の能力を発揮させること，および，それらの要素をうまく組み合わせることから生まれる。つまり，自社能力の分析は，経営資源の状態や経営資源をうまく活用しているかどうかを分析することにほかならない。

本章第5節において説明するプロセス型戦略アプローチの考え方によれば，企業の持続的競争優位を決定づけるのは，自社能力とその獲得，開発である。競争優位を獲得・維持している企業は，特徴的な技術や知識などの中核的な能力（**コア・コンピタンス**）や組織としての能力（**ケイパビリティ**）を有しているとされる。また，企業経営の実務においては，企業が有する能力のうち，他社との差別化や競争優位の源泉となっている要因を，**KFS**（key factors for success）または **KSF**（key success factors）と呼ぶことがある。

自社能力の分析においては，企業内にどのような経営資源が存在するのか，不足する経営資源は何か，眠っている経営資源はないか，といった静的な分析はもちろんのこと，多様な経営資源をうまく組み合わせて活用しているかどうか，活用するためのしくみが整っているかどうか，といった動的な分析も必要となる。

（3）経営資源とは

❶経営資源の分類

経営資源は，「ヒト・モノ・カネ」とか「ヒト・モノ・カネ・情報」とまとめられることが多い。

より厳密に考えると，経営資源は，原材料のように必要に応じて市場から調達できる**可変的資源**と，保有量を増減させるのに時間がかかり，その調整に相当のコストがかかる**固定的資源**に分類することができる（図表1−23）。2つのうち，企業が戦略を遂行するために重要なものは固定的資源であり，固定的資源をいかに調達し，蓄積し，発展させていくか，は企業にとって最重要な課題といえる。

固定的資源はさらに，人的資源，物的資源，資金的資源，情報的資源という4つの資源に分類され，これを一般的には「ヒト・モノ・カネ・情報」と呼んでいる。固定的資源のうち，**人的資源**，**物的資源**，**資金的資源**（ヒト・モノ・カネ）については，企業の事業領域（企業ドメイン）における個々の事業分野（事業ドメイン）で持続的競争優位を保てるような「調達」と「配分」が重要な課題となる。また，技術，ノウハウ，信用，のれん，ブランドなどの情報的資源については，「配分」よりも「蓄積」が重要な課題となる。

【図表1−23】経営資源の分類

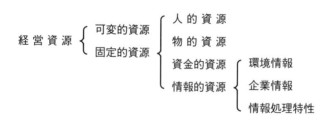

❷情報的資源の分類

情報的資源は，さらに以下の3つのカテゴリーに分けられる。

a）環境情報

顧客のニーズや原材料市場に関する情報などの市場関連情報，技術者の持つスキルや技術的知識，特許，熟練労働者の持つノウハウ，技術提携先を持つことによる技術情報の流通などが含まれる。

b）企業情報

企業を取り巻く組織や人々が企業に関する「ポジティブな情報」を持っていることによって，優位な便益を与えてくれる要素である。ブランド，イメージ，信用，評判などが含まれる。

c）情報処理特性

組織内にみられる共通の情報処理パターンである。組織メンバーの思考パターン，帰属意識，やる気（モラール），組織文化，共通の価値観，仕事の進め方，情報伝達のルールなどが含まれる。

❸情報的資源の獲得と組織学習

上記に挙げた情報的資源の分類のうち，技術やノウハウなどの「環境情報」は日々刻々と変化していくものであるが，市場や技術がある一定の方向性を持って進化しているときには，それが企業内部に蓄積されることによって，その企業の大きな能力の1つになる。

また，ブランドやイメージなどの「企業情報」は，消費者や市場など外部からの評価といえるもので，形成されるのに長い時間を要する。

一方で，「情報処理特性」は，「組織のパラダイム」に集約される。ここで「パラダイム」とは，共通する考え方とか，ある集団で支配的な思考パターンという意味であり，どのような情報が重要であり，逆に不要なのか，どの情報とどの情報を結びつければ企業を取り巻く状況が正しく把握できるのか，といった命題について，組織メンバーに共有されている思考パターンが「組織のパラダイム」である。このような認知レベルでの「共有されたパラダイム」は，戦略や戦術の実行レベルでは「共通の行動様式」となって現れる。ある企業に特有の共通の行動様式は，企業文化（corporate culture）あるいは組織文化と呼ばれる。

そして，「環境情報」と「情報処理特性」という2つのカテゴリーはあわせ

て「知識」と言い換えることができる。そして「知識」と「共通の行動様式」の体系こそが，企業が直接的にコントロールできる経営資源である。知識の体系を蓄積し，新たな組み換えを行いながら発展・変革させていく現象は「学習」という概念でとらえることができる。組織が単に個人の学習の集計としてではなく，全体として知識を蓄積・変革していくことを**組織学習**といい，組織学習を行っている組織のことを「学習する組織」（learning organization）という。

❹情報的資源の特性

情報的資源は，他の経営資源（人的資源・物的資源・資金的資源）と異なり，次のような特性を持っている（図表1−24）。こうした特性から，獲得することが容易ではなく，市場から調達することが難しく，模倣することが困難であるため，いったん獲得してしまえば，企業にとっての持続的競争優位の源泉となりやすいと考えられている。

①無形性：ブランドや技術，ノウハウなど，情報的資源の多くは「無形資産」（intangible assets）である。機械や工場，建物などの有形資産（tangible assets）とは異なり，市場で調達することが難しい。

②自然蓄積性：情報的資源は，戦略や戦術を実行していくうちに，個人や組織としての学習を通じて経験的に蓄積される。

③希少性：自然蓄積性という性質から，情報的資源の多くは短時間にかんたんに生み出せるものではない。また，市場で調達することが難しいため，情報的資源は希少性が高い。

④模倣不可能性：多くの情報的資源は無形資産であるため，外部からそのあり様を把握することが困難である。さらに，個々の組織における情報処理のパターンなどを通じて蓄積されていくものであるため，他社から模倣される可能性が低い。特許や意匠権などのように，法的に守られているために他社が模倣できない場合もある。

⑤多重利用可能性：情報的資源の多くはイメージや情報，知識などであり，機械のような固定資産とはちがって，何度使っても減少したり磨耗したりはしない。むしろ，何度もちがう場面で活用することによって，さらに価

【図表1－24】情報的資源の特性

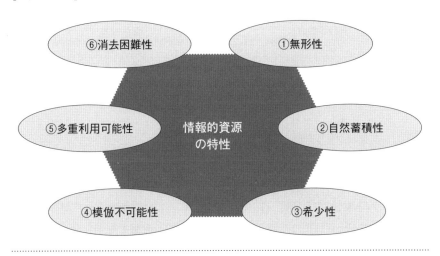

値が増していくことも多い。

⑥消去困難性：いったん蓄積された情報的資源は，企業が恣意的に捨てることは難しい。これは情報的資源のメリットであるが，逆に，陳腐化した情報的資源（過去の技術や思考パターンなど）をいつまでも抱えていたり，ひと時代前のブランドイメージなどが顧客の記憶に残っていたりすると，企業にとってデメリットにもなりうる。

（4）経営環境の分析手法

経営戦略を策定するにあたって，自社を取り巻く外部環境とその変化を正しく認識し，自社の能力を正しく把握しておく必要がある。

ここでは，経営環境をうまく網羅・整理し，戦略策定のベースとするための手法として，よく知られるSWOT分析や3C分析について説明する。

❶SWOT分析

SWOT分析とは，自社の持つ強み（Strengths）と弱み（Weaknesses）を抽出し，外部環境における機会（Opportunities）と脅威（Threats）を整理す

【図表1−25】SWOT分析

自社の能力 (内部資源)	強　み (Strengths)	弱　み (Weaknesses)
外部環境	機　会 (Opportunities)	脅　威 (Threats)

る手法である（図表1−25）。

　単に，自社の強みと弱み，外部環境の機会と脅威を整理して列挙するだけでなく，これら4つのカテゴリーを組み合わせて，戦略の方向性を見い出す手法として，**クロスSWOT分析**（TOWSマトリックス分析ともいう）がある。一般には，クロスSWOTの段階までを含めてSWOT分析と呼ぶ。

　具体的な例としては，図表1−26のように，「機会」と「強み」を組み合わせれば，シェアの拡大や競争優位性を活かした戦略が考えられる。また，「脅威」に対抗できる「強み」を持っている場合には，差別化戦略や競争の回避といった戦略の方向性が考えられる。さらに，「機会」はあるのだが自社の能力が不足・欠如して「弱み」を抱えている場合には，経営資源の選択と集中や，他社とのアライアンスによって経営資源を補完する戦略が考えられる。

　こうしていくつかの戦略の方向性を導き出し，実行可能性や実行した場合の効果を検討しながら，戦略代替案をしぼり込んでいく。

【図表1−26】クロスSWOT分析（TOWSマトリックス分析）

外部環境 自社能力	機　会 (Opportunities)	脅　威 (Threats)
強　み (Strengths)	〔戦略機会の活用〕 ・シェア拡大 ・競争優位の戦略	〔環境への適合〕 ・差別化戦略 ・競争回避の戦略
弱　み (Weaknesses)	〔資源の充実〕 ・選択と集中 ・アライアンス	〔撤退の検討〕 ・リスク回避 ・撤退や事業譲渡

❷３Ｃ分析

SWOT 分析では，とくに外部環境分析の対象が制度的環境，経済的環境，社会的環境，技術的環境などと多岐にわたるため，分析が複雑となる傾向がある。結果として，分析のための分析に陥り，肝心の戦略代替案の抽出までにかなりの時間を要することになる。そこで，もう少し簡易的に行われる経営環境分析の手法が３Ｃ分析である（図表１－27）。

３Ｃ分析とは，Customers（顧客），Competitors（競合他社），Company（自社）の頭文字をとった呼び方であり，環境分析に最低限必要な３つの要素を網羅したものである。業種によっては，３つの "Ｃ" に Channel（流通チャネルまたは販売チャネル）を加えて，４Ｃ分析とする場合もある。

【図表１－27】 ３Ｃ分析

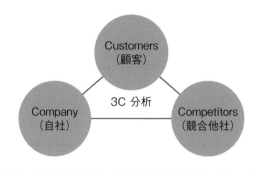

---

3 全社戦略

（1）ミッション・経営理念・ビジョン

❶ミッション・経営理念・ビジョンとは何か

明文化されているかどうかはともかく，企業にはミッション，経営理念，ビ

ジョンが存在する。

ミッションとは，社会における企業の存在意義（レゾン・デートル）や企業が果たすべき社会的使命のことである。

近年，日本の産業界では，事業活動を営む企業と社会との関係について，**企業の社会的責任**（corporate social responsibility：CSR）が強調されるようになっている。企業は単に自らの利益追求のために存在するのではなく，広く社会とかかわりを持ち，株主，取引先，消費者，従業員，地域社会，行政機関などの利害関係者（ステークホルダー）と良好な関係を保つよう配慮し，社会の発展に寄与する存在でなければならない。

経営理念とは，ミッションのもとでどのような経営姿勢を貫くかという，経営に対する基本的な考え方を表す。企業によっては「企業理念」とか「基本理念」と呼ぶこともある。実際の企業においては，経営理念の中に組織や個人の行動規範のようなもの（社是，行動指針など）を含めている場合もある。

ビジョンとは，企業が描く将来像や将来にわたっての事業の方向性を，社員や顧客，社会全体などのステークホルダーに対して示したものである。

経営理念やビジョンを掲げることは，企業が持つミッションを普遍的なかたちで表した基本的価値観の表明である。そして，こうした基本的価値観を具現化するための方向性が「戦略」である（図表1-28）。

実際には，ミッション，経営理念，ビジョンは互いに重なり合うことがあり，企業がこれらを明文化して掲げるときには混同されていることが多い。たとえ

【図表1-28】 ミッション・経営理念・ビジョンと戦略の関係

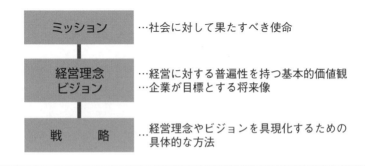

ば，ある企業ではミッションとされていることが，他社では経営理念として位置づけられている場合などがある。しかし，企業にとって大切なことは，ミッション，経営理念，ビジョンを厳密に使い分けることではなく，こうした基本的価値観を明文化することによって，社内外のステークホルダーに対して企業の基本的な方針をわかりやすく表明することである。

❷ミッション・経営理念・ビジョンの意義

企業がミッション，経営理念，ビジョンを明確に打ち出し，わかりやすいことばで明文化することには，以下のような意義がある。

- 対外的に企業の存在意義や価値観をわかりやすく示すことができる
- 企業の目的や方向性，共通の価値観を示すことによって，組織の求心力を保つことができる
- 個々の組織メンバーが，それぞれの担う業務領域において意思決定をする際の拠り所となる

こうした意義を考えると，ミッション，経営理念，ビジョンにはある程度の長期性と普遍性が求められる。つまり，これらは企業が打ち出す基本的な価値観であることから，たやすく変更するべきではない。その一方で，経営環境の変化が激しい時代や，企業の成長段階によっては，従来の経営理念やビジョンを保ち続けることが合理的でなくなる場合がある。そのため，適切なタイミングで，ミッション，経営理念，ビジョンを再定義する必要が出てくるのは自然なことである。

❸経営目標とのちがい

経営理念やビジョンが企業の基本的な価値観や長期的な方向性を示す定性的なものであるのに対して，経営目標は将来における期間や時点，たとえば今期，あるいは3年後までに達成・到達したい姿を定性・定量の両面から明確に示すものである。

定性的な経営目標としては，1年後や3年後といった短期〜中期的にありたい姿を明文化したものや，組織メンバーのあるべき姿を示すもの，重要な経営

課題を重点施策として示すものなどがある。一方，定量的な経営目標としては，売上高，市場シェア，利益額などの具体的な数値目標が掲げられる。

ただし，実際には，経営理念やビジョンをまとめて経営目標として掲げている企業もあり，経営理念やビジョンと，経営目標のちがいはそれほど明確とはいえないし，その使い分けにこだわることよりも，内容のほうが重要である。

（2）ドメイン

❶ドメインとは

ドメイン（domain）は，元来，「領土」や「範囲」などを表すことばであるが，企業がビジネス活動を展開する事業領域を意味する。

企業が継続・成長するためには，限られた経営資源を活用しながら，変化する経営環境に適応していくことが重要である。そして，効率的かつ効果的に資源配分を行うためには，特定のドメインに集中して企業活動を行うことが望ましい。どんなに巨大で，資金力を有する企業であっても，世の中に考えられるすべての事業領域をカバーしている企業は存在しない。ドメインの広さは大小さまざまであっても，すべての企業はドメインを限定して事業展開を行っているものである。

ドメインという考え方には，「現在の事業領域」だけでなく，まだ事業化されていない「潜在的な事業領域」を含めて考えるのが一般的である。つまり，企業にとってドメインを定義することは，現在だけでなく将来にわたる企業の長期的構想を描くことであり，ドメインの定義は，経営戦略を策定するための最上位に位置する意思決定事項と考えることができる。

なお，多角化企業などにおいては，経営戦略の階層性に照らし合わせて，全社戦略の事業領域のことを「企業ドメイン」，事業戦略レベルの事業領域のことを「事業ドメイン」と呼んで区別する場合もある。

❷ドメイン定義の意義

ドメインを定義することには，以下に挙げるような意義がある（図表1－29）。

a）経営資源の蓄積・調達・配分に指針を与える

ドメインが限定されると，その領域における事業展開に必要な経営資源が何

であるかが特定できる。すると，これから蓄積すべき経営資源が明確になると同時に，これまでに培ってきた自社の強みをさらに強化するための経営資源の調達や配分が可能になる。

b）組織メンバーに意思決定の指針を与える

ドメインをわかりやすく組織の内外に示すことによって，企業としての方向性が明確になる。逆に，ドメインが限定されていないと，組織は方向性を見失い，一貫性のある意思決定ができなくなるおそれがある。

c）組織の一体感を醸成させる

ドメインを明らかにし，競争を行う自社の土俵を定めることで，企業のアイデンティティを築くことができる。その結果，企業全体で目標を共有化しているという意識が生まれ，組織の一体感が醸成されることになる。とりわけ，多角化が進んでいたり，異業種のM&Aを繰り返して成長してきた企業においては，それぞれの業界の慣行や顧客特性，事業ごとの組織文化が異なることから，アイデンティティが曖昧になったり，組織が求心力を失ったりすることが少なくないので，ドメインを明示することが重要である。

d）シナジーや範囲の経済を生む土壌ができる

ドメインを定義することによって，組織の一体感が醸成されると同時に，事業間のシナジーを生む土壌ができたり，範囲の経済を活かすことが期待できる。

ここで，**シナジー**とは相乗効果のことであり（詳しくは62ページ参照），**範**

【図表1−29】 ドメイン定義の意義

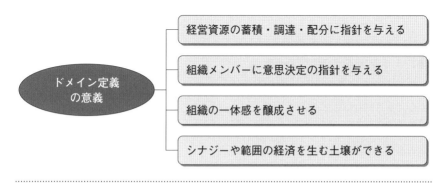

囲の経済とは多様な事業を営むことによって得られる経済的な効果のことである（61ページ参照）。範囲の経済は「規模の経済」と対比して用いられることが多い。**規模の経済**とは，生産量が多くなると製品単位当たりの固定費が低くなり，より収益性が高まる効果を意味する（65ページ参照）。

❸ドメイン定義の留意点

前項で述べたようなメリットが得られるようにドメインの定義を行うには，以下のような点を考慮する必要がある。もちろん，すべての点を同時に満たすような表現でドメインを定義することは難しいが，企業の目的や方向性に応じて，いくつかの点を満たすように配慮すべきである。

①企業の目的や経営哲学，経営理念などのエッセンスを統合的にくくる魅力的な概念やことばを創造すること

②戦略策定プロセスの階層の最上階に位置するものなので，全社戦略，事業戦略，機能別戦略にまで一貫性を持たせること

③定義する戦略領域には，将来的に積極的に進出していく可能性があること

④ある程度の抽象性や曖昧さ，ロマンを内包し，その解釈に豊かさがあること

⑤創造的な発想を刺激する構想力を持つこと

⑥未来への方向性と拡がりを持つこと

⑦自社の特長や強みをわかりやすく表現すること

⑧組織メンバーの思考や行動様式にまで具体的に適用できるような身近な概念であること

❹ドメイン定義のアプローチ

ドメインを定義する具体的な方法論としては，以下の3つを挙げることができる。

①事業あるいは機能という1次元による定義

②市場と技術という2次元による定義

③顧客層，技術，顧客機能という3次元による定義

これら3つのうち，①は古くから用いられている伝統的な手法といえる。ただ，具体的な製品やサービスそのものをドメインとする（物理的定義）よりも，製品やサービスが顧客に与える機能をドメインとする（機能的定義）のほうが，将来的な事業の拡がりという観点からは望ましい。たとえば，かつて米国の鉄道会社は，物理的定義を採用し，自らのドメインを「鉄道事業」と考えていた。しかし，乗用車やトラック，航空機などの輸送手段が台頭する中で，「鉄道事業」という事業領域に固執してしまったために，他の輸送手段への多角化の機会を逸してしまった。結局，米国において鉄道という交通手段が時代の流れに乗れず陳腐化する中で，鉄道会社自体も衰退してしまったのである。もしも，ドメインを物理的定義である「鉄道事業」ではなく，機能的定義である「輸送事業」としていれば，他の交通手段への多角化を進め，事業が拡大・成長していたかもしれない。この事例は，1960年に**レビット**（Levitt, T.）がハーバード・ビジネスレビュー誌に掲載した『マーケティング・マイオピア』（myopia：近視眼）という論文の中で，事業の定義を狭くとりすぎたために衰退してしまった産業の例を示したものである。

②も伝統的なドメイン定義のアプローチである。同じような特性を持つ顧客のグループ（市場）と顧客の問題解決を実現する方法（技術）を組み合わせることで，自社の事業領域を明確にすることができる。

現在，ドメイン定義のアプローチとして普及しているのは，③の3次元による定義（顧客層・技術・顧客機能）である。ここで「顧客機能」とは，満足さ

【図表1－30】ドメインの3次元定義

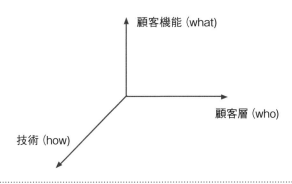

せるべき顧客ニーズが何であるかを示すが，同じ機能を持つ製品であっても，顧客層によって顧客機能は異なるという点に留意したい。

たとえば，乗用車を例にとると，通勤のために燃費の良い車を求める顧客もいれば，レジャー目的でなるべく多くの乗員と荷物を積める車を求める顧客もいる。また，カフェを例にとると，飲料や食事の味の良さ（物理的品質）を求める顧客もいれば，友人との会話を楽しむことを目的とする顧客や，軽い食事を短時間でとることを目的とする顧客もいる。このように，顧客層によって異なる顧客ニーズの中からしぼり込んだ顧客機能を加えている点において，③の3次元による定義は②の2次元による定義よりも，顧客志向であるといえよう。

図表1－30に示したように，③の3次元による定義を言い換えるとすれば，どのような顧客に焦点をあて（who），どのような独自技術やノウハウを持って（how），顧客のどのようなニーズに応えるのか（what）を考えることで，ドメインの定義ができる。なお，ここで「技術」（how）については，開発技術や生産技術だけでなく，ノウハウ，製品・サービスの提供形態，いわゆる業態などを含むものとして幅広くとらえるとよい。

❺ドメイン・コンセンサス

ドメインを明文化することは，内外のステークホルダーや潜在的な顧客に企業の戦略メッセージを発信することである。しかし，そのメッセージは相手に意味が伝わり，相手が納得して（コンセンサスを得ることで），初めて効力を発揮するものである。

このドメイン・コンセンサスは，経営者側が意図するドメイン定義と，外部関与者や組織メンバーなどのステークホルダーが受容したドメインのうち，両者の認識が一致する重複部分だけである（図表1－31）。この重複部分が大きければ大きいほど，その企業のドメインは内外で認知され，正しく理解されていることになり，その企業は社会におけるアイデンティティを確立しているといえる。しかし，実際には経営者の意図と，外部のステークホルダーや組織メンバーの認識の間には，ずれがあることが少なくない。

実際に，1980年代後半より，事業の多角化や製品ラインの拡張が急激に行われた結果，多くの企業でドメインが拡散して企業のアイデンティティが曖昧に

【図表1－31】ドメイン・コンセンサス（重複部分）

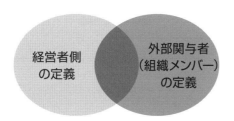

なってしまった。この問題に直面した企業では，組織メンバーとのコンセンサスの形成，経営理念の見直し，将来ビジョンの再構築，中長期経営計画の策定などが推進され，社内で漠然と共有されていた企業のあるべき姿のイメージが言語化されていった。同時に，社外に対しても自社のドメイン，ビジョン，経営姿勢などを正しく理解してもらう目的で，CI（corporate identity：コーポレート・アイデンティティ）活動が展開され，企業イメージや行動様式の統一化が図られた。

（3）成長戦略

❶成長戦略の意義

　多くの企業において，経営目標には「成長」という要素が含まれている。企業としての「成長」という目標は，組織メンバーのモラール（士気）を高めるためにも，不可欠な要素といえよう。

　成長戦略の策定をモデル化した考え方として最も著名なものが製品－市場マトリックス（成長ベクトル）である。また，成長戦略の具体的な手段としてM&Aによる多角化戦略を採用する企業は少なくない。

❷製品－市場マトリックス（成長ベクトル）

　著名な戦略研究者である**アンゾフ**（Ansoff, H. I.）は，企業の戦略は「製品」と「市場」の選択によって決定づけられる，という考えに立ち，**製品－市場マトリックス**というフレームワークを用いて，戦後（1940年代後半）～1960年代前半にわたり，多くの米国企業の成長戦略を類型化した。

【図表1−32】製品−市場マトリックス

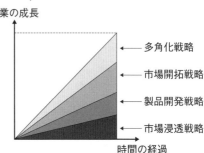

アンゾフによれば，企業は「市場浸透戦略」「市場開拓戦略」「製品開発戦略」「多角化戦略」という4つの戦略パターンのいずれか，もしくは，いくつかの戦略パターン戦略を組み合わせることによって成長を遂げようとする。これらの戦略パターンは，ターゲットとする市場，および，提供する製品やサービスのそれぞれが「既存」なのか「新規」なのかによって分類されたものである（図表1−32）。

製品−市場マトリックスは，4つのパターンを組み合わせて企業が将来に向けた成長戦略を計画化するモデルと考えられることから，**成長ベクトル**と呼ばれることも多い。

a）市場浸透戦略

既存の製品やサービスを，既存の市場において展開していく戦略である。製品と市場のいずれも既存のものであり，企業には十分な経営資源が備わり，技術やノウハウなどの知識や経験が蓄積されているはずである。

市場浸透戦略には，基本的に①市場シェアを拡大する方向性と，②需要規模を拡大する方向性がある。

①市場シェアを拡大するためには，他社製品に勝る製品の開発，低価格化，広告や販売促進によるプロモーションの強化など，競争戦略とマーケティング戦略が併用される場合が多い。一方，②需要規模を拡大するためには，使用頻度を増やす，1回の使用量を増加させる，周辺製品や付帯サービスを拡充する

といったマーケティング戦略上の戦術的アプローチが有効である。

b）市場開拓戦略

　自社の製品やサービスを，今までに投入していなかった市場や購入していなかった顧客層に提供する戦略である。

　市場開拓戦略においては，市場セグメントの再編がポイントとなる。首都圏中心に販売していた商品を九州地方でも販売を開始するというように，地理的に別の市場に製品を投入することは，典型的な市場開拓戦略である。しかし，地理的に同一の地域を対象としながらも，異なった顧客セグメントへ販売拡張する場合もある。この場合，ターゲットとする顧客セグメントが新しくなると，価格やサービスだけでなく，販売チャネルの再考を伴う場合もある。現在の市場をさらに細分化してニッチな市場をねらうという戦略もある。

c）製品開発戦略

　既存市場や顧客層に対して，新しい製品やサービスを提供する戦略である。

　製品開発戦略は，それまでにないまったく新しい製品や技術を導入するというだけではない。新たに採用する製品の技術や機能の新規性の程度によって，①製品特徴の追加，②製品ラインの拡張，③新世代製品の開発，④既存市場に向けた異質な新規製品の導入，という4つに細分化することができる。

　顧客の間で陳腐化したブランド認知を向上させたり，徐々に低下している売上高を上昇させるためには，比較的小さな投資ですむ①製品特徴の追加や②製品ラインの拡張だけでなく，大きな投資を行って③新世代製品の開発や④既存市場に向けた異質な新規製品の導入という意思決定に踏み切ることも必要である。

　①製品特徴の追加：製品の特徴を追加することによって，企業は販売数量を増加させたり，販売価格を引き上げる根拠とすることができる。たとえば，乗用車のマイナー・チェンジは既存製品と本質的にあまり変わらない場合が多いが，細部のデザイン変更や内装仕様の洗練化などによって製品の魅力を再活性化しようとする戦略である。

　②製品ラインの拡張：製品ラインを拡張することによって，企業はそれほど大きな投資をせずに，顧客にとっての選択幅を増やすことをねらう。目新しい製品ラインが加わることで，製品の魅力度やブランド価値を再度高め

ることが期待できる。

③新世代製品の開発：新世代製品を開発するには，大きな投資を必要とする。しかし，それだけのリスクを負ってでも，既存顧客の期待を維持し，企業ブランドの価値を保つために重要である。それだけでなく，これまでの競争優位性を保つと同時に，新たな競合企業（新規参入）の出現を抑止する効果もある。

④既存市場に向けた異質な新規製品の導入：これは，顧客にとって既存製品とほとんど共通性のない新規製品を市場に送り出すことである。上記の新世代製品の開発と同様に，製品開発面やマーケティング面で大きな投資を必要とする。

d）多角化戦略

　新しい製品やサービスを，これまでとは異なる市場をターゲットとして事業展開するのが**多角化戦略**である。「多角化」といっても，既存製品とどれだけ機能的・技術的に異質であるか，既存市場との共通性がどれだけあるか，によって，その程度はさまざまであり，市場開拓戦略や製品開発戦略との線引きが難しい場合もある。また，一般的には，市場浸透戦略以外の戦略はすべて多角化戦略の範疇に入れる向きもある（広義の多角化戦略）。

　しかし，重要なことは，ある特定の戦略がどの戦略パターンに属するのかを論じることではなく，企業や企業グループが成長していくために4つの戦略パターン（市場浸透・市場開拓・製品開発・多角化）をどのように組み合わせていったらよいかを考えることである。

❸多角化戦略（広義の多角化戦略）

a）企業が多角化を行う動機

　多角化を行う企業には，次のような動機があると考えられる（図表1−33）。

①主力製品の需要停滞：既存の主力製品・サービスが製品ライフサイクルにおける成熟期（または衰退期）に入り，いくら企業努力を行ってもこれ以上成長が見込めない場合，新たな成長の機会を求めて多角化を行う。

②収益の安定化（事業リスクの分散）：1つの事業に集中して経営資源を投入する場合，事業環境の急激な変化に対して大きなリスクをとらなければ

【図表1−33】企業が多角化を行う動機

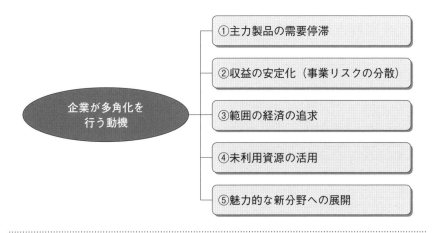

```
                              ┌──────────────────────────────┐
                              │ ①主力製品の需要停滞              │
                              └──────────────────────────────┘
                              ┌──────────────────────────────┐
                              │ ②収益の安定化（事業リスクの分散）  │
                              └──────────────────────────────┘
   ╭────────────────╮        ┌──────────────────────────────┐
   │  企業が多角化を   │────────│ ③範囲の経済の追求               │
   │  行う動機        │        └──────────────────────────────┘
   ╰────────────────╯        ┌──────────────────────────────┐
                              │ ④未利用資源の活用               │
                              └──────────────────────────────┘
                              ┌──────────────────────────────┐
                              │ ⑤魅力的な新分野への展開          │
                              └──────────────────────────────┘
```

ならない。そこで，企業全体としてリスクを分散させ，特定の事業が衰退しても企業の存続が危うくなることのないように，多角化を行う場合がある。

③範囲の経済の追求：**範囲の経済**（economies of scope）とは，複数の事業活動を同一企業が営むことによって，別々の企業が担うよりも収益性が高まるという考え方である。同一企業が複数の事業活動を営む，つまり，企業が多角化を行うことで範囲の経済という効果がはたらき，効率性が高まることが期待できる。

④未利用資源の活用：うまく活用されていない技術や設備，ブランド，特許，人的資源などを有効に活用するために多角化を行う場合もある。また，生産工程で発生する副産物を利用して新たに製品化し，新事業に進出するケースもある。

⑤魅力的な新分野への展開：規制緩和や業界再編，既存企業の撤退などによって生まれる新たな事業機会をとらえ，成長の新たなシーズ（種）にしようとして多角化を行う場合がある。アントレプレナーシップ（企業家精神）の旺盛な経営者が新たな成長領域を求めて多角化するケースもある。

b）多角化とシナジー

シナジーとは，相乗効果という意味である。アンゾフは，多角化によってシナジーが発揮される代表的なケースとして，以下の4種類を挙げている。

①販売シナジー：既存の流通チャネルやブランド，プロモーション，販売ノウハウなどを活用することで生み出される相乗効果

②生産シナジー：既存の生産設備や生産方式を活用したり，原材料を一括購入することによる相乗効果

③投資シナジー：研究開発や設備投資などの成果を共有して得られる相乗効果

④経営管理シナジー：経営者の能力やノウハウの蓄積から生まれる事業展開上の相乗効果

シナジーと混同しやすいものに**相補効果**がある。相補効果は2つの要素，たとえば一企業グループ内にある2つの異なる事業が互いに補完的な役割を果たし，顧客への提供サービスの面で満足度を高めるようなケースで生じる。これに対して，シナジー（相乗効果）は，同じ2つの要素がはたらく場合でも，その効果が2つの要素の合算を超えるもの，つまり，1＋1＝2超の成果を表す場合に用いられる。

c）多角化のタイプ

多角化は，おおまかに，①関連型多角化と，②非関連型多角化に分けることができる。

①関連型多角化：**関連型多角化**は，文字どおり，既存事業と関連のある分野に進出することであり，製品－市場マトリックスにおける製品開発戦略と区別がつかない場合がある。関連型多角化は，企業や企業グループ内にある各事業が開発技術，製品の用途，流通チャネル，生産技術，管理ノウハウなどを共有しながら行われる。

関連型多角化のメリットとしては，これまでに蓄積してきた知識やスキルを活用するものであり，既存資源とのシナジーが期待できるために，失敗のリスクが低いことが挙げられる。たとえば，写真フィルムメーカーが原材料に含まれるコラーゲンの製造開発技術を軸として女性用化粧品の分

【図表1-34】関連型多角化と非関連型多角化の比較

	関連型多角化	非関連型多角化
製品や市場の志向性	マーケティングおよび流通の特徴や生産技術，研究活動などが類似した製品・市場への多角化	既存の主要事業においてカギとなる成功要因とは異なる成功要因を持つ製品市場への多角化
既存事業から移転がしやすい経営資源	運営や職能上のスキル，流通システムや生産設備，研究活動の余剰能力	一般的な管理スキル，余剰資金
潜在的な利益の性質	操業効率の向上，事業規模の拡大による競争ポジションの改善，長期的な平均費用の削減などによって，全社的な資源の生産性が高まる。	資金の管理と投資資金の配分がより効率的に行われれば，関連型多角化よりも大きな収益を手に入れうる。ただし，関連型多角化よりもハイリスク・ハイリターン型となりやすい。

野に進出したケースがある。この場合，顧客ターゲットや見かけ上の機能に共通性がなくても，既存製品と新製品の間で生産や投資のシナジーがはたらいている。

②非関連型多角化：企業を構成する各事業間で，一般性の高い経営管理スキルや資金的資源以外の関連性が希薄な多角化のことである。関連型多角化と比べて，シナジーの発揮が期待できない分，失敗のリスクが高い戦略であるといえる。しかし逆に，他の事業分野の業績悪化の影響を受けにくいともいえ，企業全体としてリスク分散を行うには**非関連型多角化**が適しているともいえる。非関連型多角化をしている企業は，さまざまな分野の事業を有することからコングロマリットともいわれる。関連型多角化と非関連型多角化の特徴を図表1-34にまとめておく。

d）多角化による成長性と収益性の関係

多角化と成長性・収益性の関係は，図表1-35のようになるとされる。産業構造や国民経済の状態などに左右されるものの，一般的には多角化が進むにつれて成長性がほぼ直線的に増大する一方で，収益性はある程度の多角化までは

【図表1−35】多角化と成長性／収益性の関係

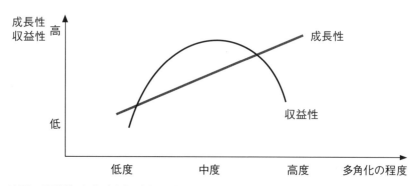

（出所）　吉原英樹ほか『日本企業の多角化戦略』日本経済新聞社，1981年。

増大するが，その後はかえって低下する。つまり，多角化がある程度を越える
と，成長性と収益性の間にトレード・オフの関係がみられる。また，関連性の
薄い分野への多角化では，シナジーが発揮されずに総コストが増大し，収益性
が低下する可能性がある。このことは，収益性を高めるためならば技術などの
コア・コンピタンス（中核的な能力）を基軸とした関連型多角化を志向し，成
長性を高めることが目的ならば，コア・コンピタンスをだんだんと移行しなが
ら非関連型多角化を進めていく戦略が望ましいことを示唆している。

❹M&A 戦略

a）M&A と多角化

　全社戦略の実行手段として，M&A が採用される場合がある。**M&A** とは，
合併（merger）と買収（acquisition）を組み合わせた略語であり，企業が多
角化を行う場合の1つの手段である。

　合併には，ある企業が他の企業を統合してしまう吸収合併と，新たに別の会
社を創設して2つ以上の企業を統合してしまう新設合併がある。

　一方，買収は，投資銀行などの第三者から借り入れた資金で買収を実行する
LBO（leveraged buy-out）や，株式市場で株式公開買付を行って株式を集め
る **TOB**（take over bit）などの方法で行われる。また，**MBO**（management

buy out）といって，現経営陣が株式を取得して買収を行うこともある。

多角化を行うのに，企業は新しい事業をゼロから立ち上げることもできる（**内部成長方式**）。しかし，すでにその事業を営んでいる既存の企業とM&Aや戦略的提携を行うこと（**外部成長方式**）によって，必要な経営資源を短期間に手に入れることができる。このM&Aの特長を**時間節約効果**と呼ぶことがある。

b）M&Aの目的

大企業の場合は，以下のように，市場支配力の向上，規模の経済・範囲の経済の追求，リスクの分散などを目的としてM&Aが行われる（図表1−36）。一方で，中小企業，中でもいわゆる**オーナー企業**（株式所有者と経営者が同一の企業）においては事業承継の手段としてM&Aが行われるケースが多い。

①市場支配力の向上：同業他社を買収する場合，事業の水平的拡大，つまり市場シェアの拡大による市場支配力の向上を目論んでいる場合が多い。市場シェアが高くなれば，業界における製品価格，供給量，品質水準を自社でコントロールする力が強くなる。また，供給業者や顧客先に対する交渉力を高めることが期待できる。

②規模の経済の追求：同業他社や共通の原材料を使用する企業を買収する場合，規模の経済の追求を目的としている場合が多い。ここで**規模の経済**とは，生産量を増やすことによって製品単位当たりの固定費を低減する効果のことである。工場の稼働率が上がり，生産効率が高まる効果が期待できるほか，製品単位当たりの固定費を低減できれば，販売価格を下げ，競合他社に対する価格面の優位性を築くことも可能となる。

③範囲の経済の追求：企業が複数の事業活動を行うことにより，それぞれの事業を独立して行う場合よりも効率的な事業を展開できる利益である。たとえば，すでに確立した有名なブランドを買収し，今まで販売していなかった製品を同社のブランドで販売するような効果である。

④リスクの分散：自社の事業とは異なる事業サイクルを持つ企業を買収する非関連型多角化に見られる目的である。既存の事業が外部環境の変化や競合他社の台頭によって業績不振に陥った場合に，買収した事業で業績をカバーし，中長期的に成長を続けていくことをねらう。

【図表1−36】 M&Aの動機や目的

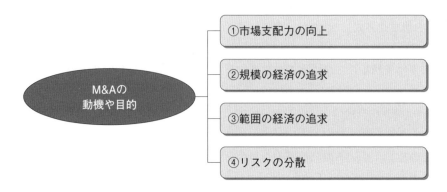

c）M&A に伴う課題

　時間節約効果や市場シェアの拡大など，M&A にはメリットが多いが，一方で，結果的に失敗に終わる場合もある。以下のような問題の解決を含め，統合後に M&A による効果を高めるプロセスを **PMI**（post-merger integration）という（179ページ参照）。

- M&A の準備段階で行うフィージビリティ・スタディ（実現可能性の検証）において，資産や負債の査定が甘く，思わぬ含み損を抱えている
- 統合時に，能力を持った社員が辞めていってしまう
- 企業文化のちがいから，統合後に組織がうまく融合できず，組織内のコンフリクト（軋轢）が生じてしまう

d）敵対的買収への対抗手段

　買収（acquisition）には，相手企業の事業再構築や救済などを目的とする**友好的買収**と，相手企業の取締役会の同意を得ないで行う**敵対的買収**がある。

　企業は，あらかじめ敵対的買収のターゲットとならないように予防的措置を採用したり，買収をしかけられた際に対抗措置を講じたりする。

　ただし，こうした買収防衛策の導入が経営者の保身のために行われているという批判もあり，買収防衛策を見直したり，廃止する企業もある。

①買収の予防的措置

- 従業員の持株比率を上げるなど，安定株主を確保しておく

- 友好的な株主に対して，**黄金株（拒否権付種類株式）**を付与する
- 買収により経営陣が解任される際に多額の退職金を支払う契約を締結し，買収コストを引き上げておく（**ゴールデン・パラシュート**）
- 大株主や，経営陣と外部投資家が出資した特別目的会社などが，株式をTOBやMBOなどの手段で取得し，証券取引所における上場を廃止して株式を非公開化する（**ゴーイング・プライベートもしくはプライベタイゼーション**）

②買収の対抗措置

- 友好的な株主に大量の新株予約権を与えておき，敵対的買収をしかけられた際に新株予約権を行使してもらい，買収者の株式保有比率を低下させる（**ポイズン・ピル**または**ライツプラン**）
- 別の友好的な企業に買収してもらい，敵対的買収を回避する（**ホワイト・ナイト**）
- 敵対的買収者に対して，逆に買収をしかける（**パックマン・ディフェンス**）
- 価値の高い資産や収益の高い事業を第三者に譲渡したり，分社化したりして企業価値を大きく引き下げ，買収の魅力を引き下げる（**スコーチド・アース**：焦土作戦）

❺アライアンス（企業連携）

a）アライアンスの多様な形態

合併や買収（M&A）とは異なり，企業がそれぞれの独立性を維持しながら，連携して成長や経営資源の補完を志向することを**アライアンス**（alliance：企業連携）という。

アライアンスには，業務提携，ジョイント・ベンチャー（J. V.），アウトソーシング，コンソーシアム，OEM，ODM，EMS，共同開発をはじめ，販売委託，生産委託，ライセンス供与，技術提携などいくつもの形態があり（図表1−37），連携する分野や程度もさまざまである。連携する相手も同じ分野の民間企業どうしとは限らず，産学官連携，農商工連携などもある。

とくに，企業どうしが日常の取引関係を超えて，中長期的に明確な目的を

【図表1−37】アライアンスのさまざまな形態

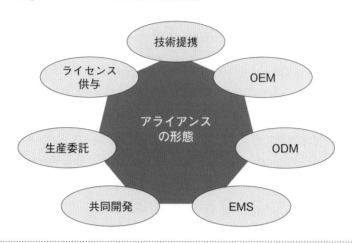

持って連携することを強調して，**戦略的アライアンス**（戦略的連携）と呼ぶこともある。

b）アライアンスのメリット

　企業がアライアンスを戦略的に行う目的は，大きく言えば経営資源の補完であるが，次のような点が挙げられる。

①市場で経営資源を調達する場合，取引は一時的なものになりやすく，価格や供給量が変動しやすい。それに比べて，アライアンスは長期的で継続的な取引であるため，こちらの望む条件で経営資源を入手しやすい。

②市場取引では情報的資源まで手に入れることは難しいが，アライアンスでは協働を通じて知識やノウハウまで獲得できる。

③M&Aという手段でも経営資源の補完ができるが，統合までのプロセスの複雑さや統合後の課題を考えると，アライアンスのリスクは小さい。

④最先端の技術分野における多額の研究開発コストを，複数の企業で分配することができる。

⑤業界におけるデファクト・スタンダード（de facto standard：事実上の業界標準）の構築をスピーディに行うことができる。

アライアンスには上記のようなメリットがある一方で，アライアンスする組織がそれぞれ「win‐win の関係」をめざすものであり，ある組織だけが独占的に成果を得ることはできない。

c）代表的なアライアンスの形態

先に述べたように，アライアンスにはさまざまな形態があるが，ここではいくつかの代表的な形態とその特徴を取り上げる（図表 1 −38）。

①OEM（original equipment manufacturing）：製造業者が他の企業のブランドで販売される商品の製造を担うことであり，「相手先ブランド生産」とも呼ばれる。OEM を行う製造業者のこと自体を OEM（original equipment manufacturer）と呼ぶこともある。

製品の形状，デザイン，品質水準などの仕様を，委託する側の企業が決定する場合もあれば，受託する製造業者が自社の仕様で製造したものを委託企業が買い取る場合もある。また，委託する側の企業は自動車会社や大手家電メーカーのように製造業者である場合もあれば，小売チェーンのような流通業者の場合もある。

②ODM（original design manufacturing）：製造業者が他の企業のブランドで，製品を設計・生産することである。受託製造業者が生産だけを担う OEM と異なり，ODM では製造する製品の設計から製品開発までを受託製造企業が行う。スマートフォンやパソコンなどの業界で行われており，ODM の受託企業の中には，販売のサービスまで提供しているものもある。

③EMS（electronics manufacturing service）：電子機器の製造受託サービス，もしくは，受託する企業のことである。OEM では，受託製造業者は生産だけを担うが，EMS では生産のみならず，設計や資材・部品の調達，配送なども担う。また，ODM では委託企業と受託企業の間で相談やすり合わせが行われるのに対して，EMS では設計・部品調達・生産・配送などの一貫した工程を受託企業に任せてしまう点が異なる。ただし，ODM と EMS の区別は明確でない場合が多い。

EMS や ODM が広まった理由としては，委託する製造業者（電化製品やデジタル機器の完成品メーカー）が経営資源をマーケティングやブランディングに集中していることがある。完成品メーカーでは，技術革新や製

【図表1−38】OEM・ODM・EMSにおける受託企業と委託企業のメリット

	受託企業側	委託企業側
経営面	・生産量を増やし，売上を大きくすることができる ・他社製品の製造を通じて，製品開発などのノウハウを学ぶ機会を得ることができる	・デザインやパッケージの仕様決定やブランド維持などに，自社の経営資源を集中することができる ・受託企業には小ロット生産に対応できるところが多く，在庫リスクを低減できる
製造面	・工場の生産設備の稼働率を上げることができる ・複数の企業に対して類似した製品を納入できる場合は，生産効率が上がる	・自社で生産設備を持たなくてもよいので，生産面の投資負担が少なくてすむ

品寿命の短命化が進む中で，製造工程に大規模な投資を行うことが合理的でなくなったことも大きな理由である。EMSの受託企業の中には，急速な成長を遂げ，もとは発注側にあった完成品メーカー側の企業を買収するような例もある。

d）アウトソーシングとのちがい

　複数の組織が連携して業務の一部を行うアライアンスに対して，特定の業務を第三者に完全に委ねることを業務委託という。業務委託の典型的な形態が**アウトソーシング**である。従来は委託する業務が部品生産や経理業務などに限られ，「外注」と呼ばれていたが，業務の適用範囲がマーケティング，営業，物流，総務など全体に拡がってきた。

　企業がアウトソーシングを行う利点としては，以下のようなことが挙げられる。

①企業活動の中核的業務に経営資源を集中させ，自社では付加価値を上げることができない業務を外部化し，業務領域の選択と集中を図ることができる

②自社にはない専門性の高い技術や安価なサービスが入手できる

③人件費や設備費などの固定費を変動費化できる

④経営環境の変化に対して，スピーディかつフレキシブルに対応できる

❻グローバル戦略

ａ）グローバル戦略とは

グローバル戦略は経営活動の舞台を広く世界に求めるもので，企業の成長戦略の１つといえる。

グローバル化（globalization）と国際化（internationalization）を厳密に使い分けるならば，前者は国家という枠組みを超えてヒト・モノ・カネが地球規模で移動することであり，後者は国家や国境の存在を前提とした自国と他国の関係性を示す。したがって，企業経営の面では，開発・調達・製造などの企業活動を最も適した国や地域で行い，世界中を市場として考えている企業の戦略はグローバル戦略と呼べる。一方，本国に本社機能を集中させながら，海外に生産拠点や販売拠点など一部の機能を拡げる企業の戦略は国際化戦略といえよう。

ｂ）グローバル展開する企業のタイプ

グローバル・マネジメントの著名な研究者であるバートレット（Bartlett, C.）とゴシャール（Ghoshal, S.）は，グローバル展開している企業の組織モデルを４つに分類している。

①マルチナショナル企業：世界各国の市場ごとのちがいに対する柔軟性を重視し，権限を各子会社に分散している企業である。進出国におけるニーズへの対応能力の強化をねらい，戦略の決定，研究開発，生産，販売などの活動は子会社主導で行われる。地域特性が国によって異なる日用品業界や食品業界において多いとされる。

②グローバル企業：世界規模で標準化された製品を販売し，規模の経済にもとづくコスト優位性を築くことを目的とする。本国本社の権限が強く，それぞれの海外子会社の経営は本社の戦略に従う。グローバル規模での効率が要求される家電業界や一部の飲料業界におけるモデルとされる。

③インターナショナル企業：本社で開発された革新的な技術やアイデアを，海外子会社を通して世界規模で拡散することを目的とする。本社は海外子

会社に対して公式的な管理を行い，子会社は本社から提供された技術をもとにして，各国市場に対応する独自の製品を開発する。情報通信産業などでは国家間の技術や知識の移転が可能であり，そうした技術などにもとづきながらも各国の通信環境を考慮した製品やサービスを開発する。

④トランスナショナル企業：上記3つのモデルでは，意思決定や経営資源が本社から海外子会社へと向かう一方通行的な特徴がある。これに対して，会社間で双方向的なネットワーク関係を構築し，各子会社に分散した専門的な活動や知識・能力を基盤にしつつ，各社の相互依存関係を構築していくモデルである。海外子会社は単なる経営資源の移転先ではなく，情報収集や独自能力を獲得し，本社に対してフィードバックしていく戦略的単位として考える。

c）グローバル戦略のタイプ

競争戦略論で知られるポーター（Porter, M. E.）は，企業のグローバル戦略を(1)企業が競争する業界内のターゲットとなる市場セグメントが多いか少ないか，(2)展開する地理的範囲について全体を1つと考えるグローバルか，国別に異なる状況を踏まえたマルチ・ドメスティックか，という2つの軸によって，4つのタイプに類型化した（図表1−39）。

【図表1−39】ポーターによるグローバル戦略の類型

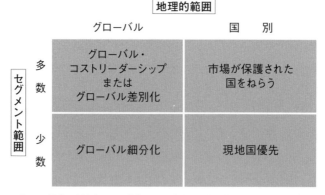

（出所）M. E. ポーター編著，土岐坤ほか訳『グローバル企業の競争戦略』ダイヤモンド社，1989年。

①グローバル・コストリーダーシップ戦略またはグローバル差別化戦略：世界を１つの大きな市場（グローバル市場）ととらえ，かつ，多数のセグメントを対象とすることで，コスト優位または独自能力の発揮（差別化）を追求する戦略である。グローバル・コストリーダーシップ戦略は，標準化された製品や業務オペレーションによって規模の経済性の実現を追求するものであり，グローバル差別化戦略は，規模の経済と経験効果を利用して生産コストを下げた後に，製品の差別化やブランド化を実現するものである（コスト・リーダーシップ戦略および差別化戦略については91〜93ページ参照，経験効果は75ページで詳説）。

②グローバル細分化戦略：世界の市場セグメントを細分化し，特定のセグメントに製品を供給する戦略である。ターゲットとするセグメントが限定されているために，経営資源を有効にムダなく利用することができる。規模の大きくない企業でも実現可能な戦略である。

③市場が保護された国をねらう戦略：国家によって自国市場が保護されている国をターゲットとする戦略である。高い関税や輸入割当など，政府の規制に対抗するために早いタイミングでの直接投資が必要となる。資金力などの企業体力を必要とするが，いったん市場を開拓してしまえば安定した収益を上げることができる。

④現地国優先戦略：業界全体ではグローバル化が進んでいるが，現地国の独自性が強く表れているセグメントをターゲットとする戦略である。現地適応（**ローカライズ**）した製品を提供し，マーケティング活動も現地の実情を踏まえて行う必要がある。

　ポーターは，ある国に所在する企業がグローバル戦略を展開する際に，優位性を与えてくれる環境を提供する国を**グローバル・プラットフォーム**と名づけた。この考え方によれば，国家は企業活動を集中して行う場というよりは，企業に対して比較優位を与える場であるといえる。グローバル企業の競争優位は，その企業活動について優位性を与えうる国に拠点を置くことで強化される。従来の常識では，こうした国は企業の本社が所在する国であるとされていた。しかし，グローバル・プラットフォームという考え方を取り入れると，研究開発に向いた条件が整っている国で研究開発

を行い，生産に適した条件が整っている国で生産を行い，財務や税務上の優位性をもたらす国に本社を置く，といった企業行動が企業の競争力を高めることになる。

d）異文化経営（異文化マネジメント）

企業活動がグローバルに展開されるようになり，多様な文化的背景を持つ従業員を管理する**異文化経営（異文化マネジメント）**が重要な課題になっている。

異文化経営とは，単一で均質な属性（国籍，文化的背景，言語など）ではなく，文化の多様性を取り込みながら多民族，多文化，多言語の人々によって構成される組織を経営することである。従来，組織は均質のほうが効率的であると考えられてきた。しかし，市場がグローバル化する中では，多様なニーズを持つ消費者に対応することや，外部環境の変化に柔軟に対応するためには，社内に異質な文化的背景を持つ人材がいるほうが適応力は高いと考えられるようになっている。また，組織内部の多様で異質な要素が相互作用することによって，新しい考え方や価値観，製品やサービスを創造する力，問題解決における柔軟性や選択肢の多様性などが生まれる可能性もある。このような相乗効果を，**異文化シナジー**と呼ぶ。

（4）経営資源の配分

アンゾフの製品−市場マトリックスなどを用いたり，M&Aやアライアンスの可能性を模索するなど，成長戦略の代替案を検討することによって，企業はミッションやビジョンなどの達成をより具体的な戦略として描くことができる。しかし，戦略は絵に描いた餅ではなく実行して初めて価値を生み出す。戦略を実行するのは「ヒト」や「組織」であり，戦略を遂行するにはヒト・モノ・カ ネ・情報という経営資源の調達と配分が必要となる。

ここでは，経営資源の中でもとくに全社的な資金の配分を事業・製品ごとに導き出す手法としてよく知られるPPMについて説明する。

❶PPMとは

PPM（Product Portfolio Management：**プロダクト・ポートフォリオ・マネジメント**）は，将来の予測市場成長率と**相対的市場占有率**という2つの軸を

使って描かれるマトリックスを用い，自社の事業・製品ごとのポジションを明確にし，資金（キャッシュ）がどこから創出され，どの事業・製品に投資すべきかについて，経営者に意思決定の基準を提供する手法である。

PPMの基本形は，1970年代初頭にボストン・コンサルティング・グループ（BCG）が開発したとされる。当時の米国の大企業の多くは多角化しながら成長していたが，その結果，多様化した事業群を包括的にマネジメントし，投資や現状維持，撤退などの意思決定を行うためのモデルが求められていたのである。

❷PPM の根拠となる2つの経営理論

PPM自体の説明に入る前に，このモデルの前提となっている「経験効果」と「製品ライフサイクル理論」という2つの考え方について説明する。PPMで作成するマトリックスにおいて，経験効果は「1つの軸を相対的市場占有率とする」という点に反映されている。一方，製品ライフサイクル理論は「事業・製品のポジションは固定的なものではなく，時間の経過とともに変化する」という点に反映されている。

a）経験効果

経験効果は**経験曲線効果**ともいわれ，数千にも及ぶ事例研究からボストン・コンサルティング・グループが導き出した経験則である。

その要旨は，「製品の累積生産量が倍加するごとに，単位当たりのコストが20〜30％程度逓減する」というものである。ここでいう「コスト」とは，製造コストだけでなく，管理や販売，マーケティング，流通などにかかるコストを含めたトータル・コストのことである。

経験効果がはたらくとすれば，市場シェアを大きくした企業は，累積の生産量を他社に先んじて多くすることができるため，他社よりも低コストで生産し，低価格製品を市場に提供することができることになる。これは一時期，利益優先主義をとる欧米企業から「利益を無視してまで，シェア至上主義をとっている」として，理解されなかった日本企業の戦略を肯定する考え方であるといえよう。

経験効果は，次のようなさまざまな要因がもたらす相乗効果であると考えら

【図表1－40】経験効果（経験曲線）と経験効果が生まれる理由

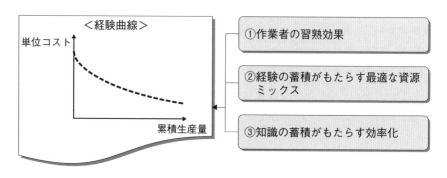

れている（図表1－40）。

　①特定の職務を反復することによって，作業者のスキルが上がり，最も能率
　　的な方法や最短ルールを学習するという**習熟効果**
　②経験が蓄積することによって生まれる作業遂行上の最適な資源の組み合わ
　　せ（作業方法の改善，新たな製造方法の開発，生産設備の能率向上，投入
　　する資源ミックスの最適化など）
　③学習した知識の蓄積によって可能となる効率化（製品の標準化，設計段階
　　で生産効率を考えた改善，代替材料の使用による節約など）

　なお，経験効果は「規模の経済」と似ているが，規模の経済は「製品の生産
規模が大きいと，製品単位当たりの固定費が低下するため，製品価格を低減で
きる」という効果である。ある時点における絶対的な生産量を大きくすると現
れる効果であるため，一般的には大規模な設備を有する大企業にしか追求でき
ない。一方で，経験効果は累積の生産量の増加によるものなので，その効果を
享受できるのは大企業に限らない。

b）**製品ライフサイクル理論**

　製品ライフサイクルとは，企業が提供する製品やサービスにも人間の一生と
同じように導入期・成長期・成熟期・衰退期という4つのライフステージがあ
る，という考え方である（図表1－41）。実際には，個々の製品やサービスにつ

【図表1−41】製品ライフサイクル

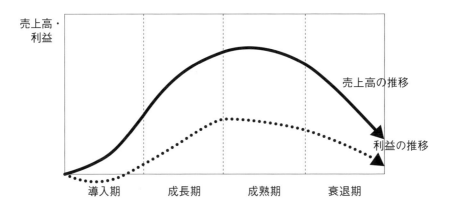

いて，今どのステージに該当しているか判別するのは難しいことである。しか
し，製品ライフサイクルの考え方の要点は，(1)製品のポジションは固定的では
なく変化する，(2)ライフステージに応じて企業がとるべき定石的な戦略がある，
という点にある。

①導入期：新しい製品やサービスが市場に投入されたばかりであり，売上高
　は少なく，利益も上がらず，初期投資を回収するまでに至らない場合も多
　い。この段階では，市場の拡大が企業にとって大きな目標であり，他の事
　業から生まれる利益をこの事業に投資することになる。

②成長期：新しい製品やサービスが市場に受け容れられていくに従って需要
　が拡大し，売上高は増加し，利益も上昇していく。その一方で，生産設備
　の増大や販売拠点の増加など，企業はこの事業に積極的に投資を行う。

③成熟期：売上高は横ばいから下降し，利益も減少する。しかし，この段階
　では新規需要の開拓よりも買い増しや買い替えによる需要が中心となるた
　め，企業はそれほど積極的に追加投資をしなくてもすむ。

④衰退期：売上が急速に下降し，利益も減少していく段階である。企業はも
　はやこの事業への投資は行わなくなる。

❸PPMマトリックスの作成

PPMにおいて，各事業（または製品）のポジションは，図表1－42のようなPPMマトリックスを用いて具体的に表現される。このようなマトリックス状の図は，シャボン玉の泡が浮かんでいるようにみえることから，一般に「バブル・チャート」と呼ばれる。

PPMマトリックスは，縦軸に市場成長率，横軸には相対的市場占有率（シェア）をとり，自社の事業群や製品群をある単位でまとめ（後述するSBU），それぞれの単位事業・単位製品のポジションを円で描いたものである。円の大きさは，通常は売上規模の相対的な大きさを表している。2つの軸のうち，市場成長率は将来の予測成長率のことである。また，相対的市場占有率の値は次の式を使って求める。

$$相対的市場占有率＝\frac{自社の市場シェア}{自社を除く第1位企業の市場シェア}$$

たとえば，自社のシェアが第1位である事業の場合，分子が分母より大きくなり，相対的市場占有率の値は必ず「1以上」となる。逆に，自社のシェアが第2位以下の場合は，上記の式における分母が分子よりも大きくなるので，相

【図表1－42】PPMマトリックス（仮想の食品メーカーの例）

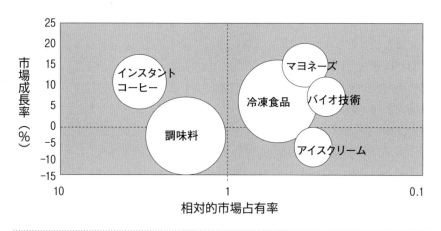

対的市場占有率の値は必ず「1未満」となる。つまり，PPMマトリックスにおいて，相対的市場占有率（横軸）が「1」よりも左側に位置する事業や製品は市場シェアが第1位であり，相対的市場占有率が「1」よりも右側に位置する事業や製品は市場シェアが第2位以下であることを示している。

❹PPMとSBU

PPMにおいて，事業や製品をどのような単位で切り分けるかは，ケースバイケースである。たとえば，事業部制組織やカンパニー制組織をとっている多角化企業の場合，個々の事業部やカンパニーを1つの単位とすることができよう。単一事業を営む企業の場合，「製品」を単位とすればPPMマトリックスを作成することができる。また，以下のような基準にもとづいて，**SBU**（strategic business unit：戦略的事業単位）を1つの単位とする方法もある。

SBUとして事業の単位を考える場合，以下のような基準にもとづく。

①明確に他の事業と識別されるミッションを持つこと
②他の事業とは別の競合他社を持つこと
③責任のある経営管理者が存在すること
④一定の経営資源をコントロールする事業単位であること
⑤他の事業から独立して計画ができること
⑥独立して，市場成長率や市場シェアが算出できる単位であること

したがって，事業部制組織やカンパニー制組織における1つひとつの事業やカンパニーはSBUに該当するし，グループ企業の場合は1つひとつの企業がSBUに該当する。また，上記の条件をすべて満たしていない場合（1つの事業部内における製品群の場合など）についても，ブランドや製品を単位としてPPMマトリックスを作成することは可能である。

❺PPMにおける4つの戦略グループ

PPMマトリックスを作成すると，相対的市場占有率の高／低と市場成長率の高／低によって，事業や製品が4つの戦略グループに分類される。これら4つのグループはそれぞれ，「**花形**」「**金のなる木**」「**問題児**」「**負け犬**」と呼ばれ

【図表1−43】 4つの戦略グループ

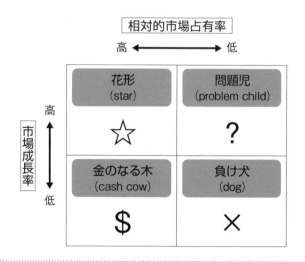

る（図表1−43）。4つのグループの特徴と基本的な戦略をまとめると以下のようになる。

a）花形（star）

　相対的市場占有率と市場成長率がどちらも高いグループである。

　相対的市場占有率が高いということは，経験効果がはたらいていて利益率が高く，多くのキャッシュを生み出している。その一方で，市場成長率が高いということは，新たな設備投資や販売拠点の拡充など，投資が必要であり，多くのキャッシュを必要としているということでもある。

　花形の基本的戦略は，市場の成長に合わせた「拡大」（build）である。

b）金のなる木（cash cow）

　相対的市場占有率が高く，市場成長率が低いグループである。

　相対的市場占有率が高いということは，花形と同じように利益率が高く，多くのキャッシュを生み出している。また，市場成長率が低いため，新たな投資はあまり必要としない。したがって，「金のなる木」は文字どおり，キャッシュ創出の源泉となっている（企業全体としてみた場合，キャッシュ創出の源泉が花形ではなく，金のなる木であることに留意）。

金のなる木の基本的戦略は，「維持」（hold）または「収穫」（harvest）である。

c）問題児（problem child または question mark）

市場成長率は高いが，相対的市場占有率は低いグループである。

市場成長率が高いということは，将来有望な事業であることになるが，相対的市場占有率が低いため，このままでは自社の優位性がない。そこで，企業は問題児にあたる事業や製品が複数ある場合，どの事業・製品に対して投資を強化して成長させるべきなのか，どの事業・製品については現状維持なのか，はたまた撤退するのか，という決断を迫られることになる。どんなに潤沢な資金を有する企業でも，すべての問題児に投資することはほぼ不可能だからである。

問題児の戦略には，各事業・製品の位置づけに応じて，「拡大」「収穫」「売却・撤退」（divest）などの選択肢がある。

d）負け犬（dog）

市場成長率と相対的市場占有率がともに低いグループである。

したがって，負け犬の戦略は「収穫」か「撤退」が基本である。ただし，負け犬に属する製品だからといって，安易に撤退することは避けたほうがよい場合がある。たとえば，負け犬にあたる製品の技術やブランドが他の事業や製品とのシナジーを有している場合など，安易に撤退すべきではない。

❻PPM とキャッシュの流れ

PPM マトリックスを作成することによって，現在における事業や製品のポジションが明らかになり，戦略の定石が示される。ただし，それぞれの事業や製品のポジションはいつまでも固定的なものではない。製品ライフサイクルの考え方が示唆するように，市場需要の変化によって市場成長率が高まったり低くなったりすれば，各事業・製品のポジションは移動する。たとえば，製品ライフサイクルの成長期にあたる花形の製品も，いずれは市場成長率が低下して成熟期に入り，金のなる木に移動する。

また，経営者が特定の事業・製品への投資を強化すれば，企業自身の意思で相対的市場占有率を高めることができる。たとえば，現在は問題児にあたる事業に積極的に投資をして，将来的に花形に育てることも可能である。

　このような製品ライフサイクルの考え方とキャッシュの流れを考慮すると，PPM モデルが示す全社戦略の資源配分（キャッシュの配分）は，以下の点に集約される。

①問題児の中から自社の強みなどを考慮して有望な事業を選び出し，花形へと育成する

②花形の相対的市場占有率をさらに高くし，市場成長率が低下して花形が金のなる木になったときに，なるべく大きなキャッシュ創出の源泉となるようにする

③問題児や花形に投資するキャッシュを大きくするために，金のなる木の相対的市場占有率をなるべく大きくする

④自社の将来の事業ポートフォリオに合わない事業を問題児や負け犬から選び出し，売却・撤退をする

　これらの方向性を要約すると，現在の「金のなる木」が生み出すキャッシュを有望な問題児や花形に投資することによって，問題児は花形に成長し，花形は将来大きなキャッシュを生み出す金のなる木になる，という循環が全社的にみた成功モデルである（図表1−44）。

【図表1−44】PPM モデルにおける好循環

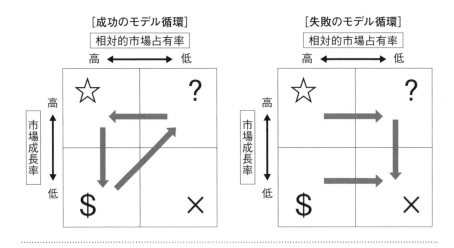

❼PPM の問題点

PPM は，さまざまな事業を抱える多角化企業や多様な製品を持つ企業の経営者にとって，理想的な事業の組み合わせ（**事業ポートフォリオ**）を決める際にわかりやすい判断基準を与えてくれるモデルである。しかし，PPM だけを用いて事業の取捨選択や全社的な経営資源の配分を決定することには，以下のような問題点が指摘されている。

①現状分析に偏りすぎたモデルであり，経験や学習の蓄積から得られる持続的競争優位よりも，目先のキャッシュフローを判断基準としてしまう。

②キャッシュ（資金的資源）配分の面から示唆を与えるモデルであり，事業の遂行に必要な人的資源や情報的資源という観点は含まれていない。

③個々の事業や SBU を評価するには，キャッシュの創出力だけでなく，利益貢献度や ROI（投資収益率），他の事業に与える補完効果などの多様な基準が必要である。

④事業や SBU のくくり方次第でポジショニングが変わってしまう。たとえば，水産加工食品を 1 つの事業と考えるのか，それとも冷凍食品とレトルト食品，缶詰などに細分化するのかによって 4 つの戦略グループのどれに位置するかはまったく変わってくる。

⑤前提となっている経験効果がはたらかない市場や事業が存在する。

⑥PPM マトリックスの軸の 1 つである市場成長率は，あくまで将来の予測であり，実際の結果と異なる場合がある。

⑦事業・製品をグループ化する基準が市場成長率と相対的市場占有率だけでは単純にすぎ，機械的に 4 つのグループに分けてしまうと，事業・製品間にはたらくシナジーが考慮されず，撤退や過小投資などの誤った判断をしかねない。

⑧将来の事業ポートフォリオを描くのに必要な新規事業の探索と育成という視点が欠けている。

⑨実際の企業において，キャッシュ創出は事業からの収益によるものだけではない。借入金や社債発行，新株発行による資金調達も行われているのに，そうした視点が含まれていない。

❽PPM の発展形

　先に挙げた PPM の問題点の中で，とくに⑦の問題を発展的に解消したモデルとして，**ビジネス・スクリーン**（GE モデル，戦略的事業計画グリッドとも呼ばれる）がある。これはボストン・コンサルティング・グループ（BCG）が開発した PPM の基本形を踏まえながら，ゼネラル・エレクトリック（GE）社がマッキンゼー・コンサルティングと開発したモデルとされる。

　市場成長率と相対的市場占有率という 2 つの軸を用いる BCG 型の PPM に対して，ビジネス・スクリーンでは，「産業魅力度」と「事業強度」という基準を用いる（図表 1 −45）。

　「産業魅力度」は，市場の魅力度を総合的に示す指標である。これは，市場成長率に加えて，市場規模，利益率，競争度，循環的変動性，季節性，規模の経済，学習曲線などの要素を複合的に定量化したものである。もう 1 つの軸である「事業強度」は，自社の強みを総合的に示す指標である。これは，相対的市場占有率に加えて，価格競争力，製品の品質，顧客・市場の知識，販売効率，地理的カバレッジなどの要素を複合的に定量化して求められる。

　事業や製品は，これら「産業魅力度」と「事業強度」を軸として，それぞれ

【図表 1 −45】ビジネス・スクリーン（戦略的事業計画グリッド）

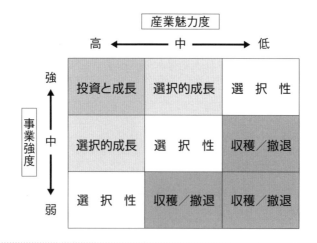

3段階の度合いで分割されたグリッド上に，9つのセルとして分類される。9つのセルには，それぞれ図表1－45のように戦略の定石が示されている。

 # 事業戦略（競争戦略）

（1）事業戦略とは

　事業戦略は，経営戦略の階層性にあわせた戦略レベルの中では，これまでに説明してきた全社戦略の下位に位置づけられるものである（39ページ，図表1－20参照）。

　いくつもの製品カテゴリーや複数の事業分野を持つ企業の場合，製品や事業ごとに顧客層や競合企業，流通チャネルなどが異なっていることが多い。たとえば，1つの企業としてビジョンや経営理念，全社戦略を共有する電機メーカーであっても，業務用コピー機と家庭用プリンター，医療用機器という事業単位では，顧客ターゲット，競合企業，販売チャネルが異なるため，それぞれに独立した事業戦略が必要である。その一方で，規模の大小にかかわらず，単一の製品カテゴリーや1つの事業分野に特化している企業の場合，全社戦略と事業戦略は同一のものとなる。

　このように，事業戦略とは「顧客や競合他社などの事業環境が異なる個々の製品分野や事業の戦略」という意味であるが，一般的に競争戦略と同義で用いられることが多い。競争戦略とは，個々の製品・事業の市場において競争優位を確保し，競争相手に打ち勝つための戦略のことをいう。ただし，事業戦略を広い意味でとらえると，競争戦略だけでなく，事業ごとの成長戦略や事業部門内の資源配分などを含めて考えることができる。以下では，事業戦略と同義または事業戦略の主要な部分である競争戦略について説明していく。

（2）ポーターの競争戦略論

経営戦略論で最も著名な研究者の1人である**ポーター**は，**❶ファイブ・フォース分析**（5つの競争規定要因），**❷バリュー・チェーン分析**，**❸3つの基本戦略**，という考え方を中心として体系的な競争戦略論を展開した。ポーターの考え方の特徴は，外部の競争環境を正確にとらえ，環境の変化に適応しながら市場におけるポジショニングを確立した企業は，競合他社に対する**競争優位**を築くことができる，とする点にある。

❶ファイブ・フォース分析

a）5つの競争規定要因

ポーターは，産業組織論の視点を競争分析に導入し，業界の収益性を規定する5つの要因を分析することによって，企業が置かれた競争状況を明らかにできるとした。産業組織論はミクロ経済学の一分野であり，個別の産業における市場構造や企業間競争などを分析の対象とし，どのようにしたら市場を有効に機能させられるか，を研究する分野である。産業組織論の中にもいろいろな考え方や立場があるが，ポーターの競争戦略論はSCPパラダイムと呼ばれる考え方に立脚するものである。

SCPパラダイムとは，市場構造（Structure）が企業行動（Conduct）に影響を及ぼし，さらにその企業行動が市場成果（Performance）を規定する，という考え方である。つまり，ある業界における参入障壁の高さ，売り手側や買い手側の寡占度などの市場構造（S）が，価格の値下げや生産量の拡大などの企業行動（C）に影響し，そうした企業行動が利益率などの市場成果（P）に結びつく，ということである。SCPパラダイムに従えば，独占企業や寡占企業が超過利潤を得ているのは，市場の集中度が高い市場構造に問題があるためということになり，独占禁止政策の強化を主張するグループの理論的根拠となっている。

ポーターが指摘したファイブ・フォース（Five Forces）とは，①**業界内の競争状況**，②**新規参入の脅威**，③**代替製品の脅威**，④**売り手の交渉力**，⑤**買い手の交渉力**である。これらの詳細について，以下に説明する（図表1−46）。

【図表1-46】ファイブ・フォース（5つの競争規定要因）

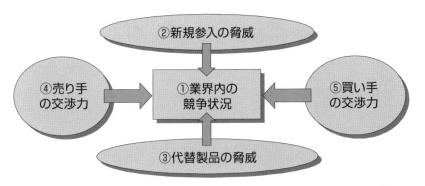

（出所）M. E. ポーター著，土岐坤ほか訳『競争優位の戦略』ダイヤモンド社，1985年をもとに一部修正。

①業界内の競争状況：通常，誰でも考えの及ぶ「競争」といえば，業界内の競争である。同程度の規模の企業がひしめいている業界や，製品の差別化が困難なコモディティである場合，競争が激化する可能性が大きい。また，業界内の寡占度（企業の集中度）が高い場合などは，競合関係が固定化され，競争上の大きな変化は起こりにくい。

業界内における企業の集中度を測る代表的な指標として，**ハーフィンダル＝ハーシュマン指数**（HHI）がある。HHI は，業界内にある各企業のシェア（パーセントでなく小数化された値）の2乗を合計して求められる。たとえば，4社が存在するある産業において，各社のシェアが40%，30%，20%，10%であったとする。このとき，HHI は$0.4^2+0.3^2+0.2^2+0.1^2=0.16+0.09+0.04+0.01=0.30$となる。別なケースで，4社のシェアが60%，20%，10%，10%である場合，HHI は$0.6^2+0.2^2+0.1^2+0.1^2=0.36+0.04+0.01+0.01=0.42$となる。この例のように，企業間でシェアが分散している場合よりも，リーダー的企業が独占的に大きなシェアを獲得している場合のほうがHHI が大きくなるので，HHI の値が大きいほど市場の集中度（寡占度）は高いといえる。

また，**サンク・コスト**（sunk cost：埋没費用）が大きいことなど，**撤退障壁**が高いことも業界の競争構造に影響する。サンク・コストとは，事

業用に投下された費用（資本）のうち，事業の縮小や廃止に伴って転売などによる回収が不可能となる費用のことである。

②新規参入の脅威：新規参入は競合企業の増加や競争ルールの変化などを招くため，業界内の競争環境に大きな影響を与える。新規参入の脅威に相関の深い要因としては，規模の経済，製品差別化の度合い，既存企業のブランド力，政府による規制などの**参入障壁**がある。また，その業界全体の収益性が高く，大きな利潤を上げている企業が多い業界も，新規参入者にとっては魅力的な市場に見える。

③代替製品の脅威：顧客から見て魅力的な代替製品が存在する場合，業界全体の需要が減り，競争が激しくなる可能性がある。スタンド型のコーヒーショップ・チェーンを例にとると，街角に多く配置されている飲料の自動販売機も，競合ということになる。また，専用機器で挽き立てのコーヒーを提供するコンビニエンス・ストアは，異業種であっても大きな脅威といえる。

④売り手の交渉力：原材料や商品の供給業者の言い値で購入せざるを得ない場合など，売り手の交渉力が強いほど，業界の平均利益率は低くなる。売り手が強い交渉力を持つのは，売り手側の業界が寡占状態に近くて他の企業から購入することが難しい場合や，発注量が少なくて売り手企業から見れば取るに足りない顧客となっている場合などである。また，売り手企業が独占的な技術を保有していて，他社への切り替えが難しい（スイッチング・コストが高い）場合も，売り手の交渉力は高くなる。

⑤買い手の交渉力：売り手とは対称的な位置関係にある買い手の交渉力が強いほど，業界の平均利益率は低くなる。買い手が強い交渉力を持つのは，他に販売先がない場合や，買い手にとってより魅力的な代替製品が存在する場合などである。また，買い手の購入量が大規模である場合には，大量購入に伴う値引き要求をしてくることも考えられる。実際に，量販店やコンビニエンスストア・チェーンなどは大きなバイイングパワー（購買力）を持っており，メーカーに対して強い交渉力を発揮している。

b）ファイブ・フォース分析の意義

図表1−47は，5つの競争規定要因ごとに競争状況を決定する要素の例を挙

【図表1−47】 5つの競争規定要因とその具体的項目

<table>
<tr><td>

新規参入の脅威
・参入先業界における規模の経済性
・必要投下資本額
・製品差別化の程度
・参入先業界のトップ企業のブランド力
・販売チャネルへのアクセス
・政府による規制
</td><td>

代替製品の脅威
・低価格の魅力度
・顧客にとってのスイッチング・コスト
・顧客の嗜好の変化
・代替製品の斬新さ
・積極的なプロモーション
</td></tr>
</table>

業界内の競争状況
・業界の成長率
・産業の寡占度（企業の集中度）
・付加価値に占める固定費の割合
・過剰設備の存在
・製品差別化の程度
・ブランド力
・ブランド間のスイッチング・コスト
・競合企業の多角化の程度
・サンク・コストなどの撤退障壁

<table>
<tr><td>

売り手の交渉力
・納入元を変えるスイッチング・コスト
・供給業者の寡占度
・売り手にとっての代替製品の存在
・供給業者にとっての受注量
・資材等の差別化の程度
・総コストに占める供給資源の割合
・独占的な技術の所有
</td><td>

買い手の交渉力
・スイッチング・コスト
・顧客の業界の寡占度
・顧客にとっての代替製品の存在
・発注量
・製品差別化の程度
・顧客のコストに占める製品価格
・ブランド選好
・意思決定者のインセンティブ
</td></tr>
</table>

げたものである。5つの競争規定要因のうち，①業界内の競争状況を「狭義の競争環境」とすれば，それを取り巻く外部環境からの圧力や脅威を示す他の4つの競争要因は「広義の競争環境」である。ポーターは，貨物タンカー業界などのいくつかの業界を調査・分析し，この広義の競争環境こそが業界の収益性を決定づけることを示した。

　このように，ファイブ・フォース分析は業界内の競争という狭い視野ではなく，外部の競争環境全体の視点から，先発企業の優位が持続しやすいか否か，新規参入者が現れないようにどのような戦略を打っておくべきか，供給業者や売り先の業界の動向に注目する必要性など，さまざまな示唆を与えてくれる。

❷バリュー・チェーン分析

ファイブ・フォース分析が外部環境（競争環境）の分析手法であるのに対して，バリュー・チェーン分析は，競争優位を生み出す自社能力の内部分析手法である。

バリュー・チェーン分析は，5つの主活動（購買物流→製造→出荷物流→販売・マーケティング→サービス）と，4つの支援活動（全般管理，人事・労務管理，技術開発，調達活動）の連鎖が企業の付加価値を生み出す，という考え方にもとづいている。それぞれの活動単位は「価値活動」と呼ばれ，とくに5つの主活動においては，ある価値活動のアウトプットが次の価値活動のインプットとなり，連鎖的に価値（バリュー）が付加されていくことから，**バリュー・チェーン（価値連鎖）**と呼ばれる。

それぞれの価値活動においては，価値を付加すると同時にヒト・モノ・カネという経営資源を投入していることからコストがかかっている。各価値活動において発生するコストの合計と，企業全体で付加した価値の差が企業にとってのマージン（利潤）となる。

典型的な製造業者のバリュー・チェーンを図表1−48に示してあるが，バリュー・チェーンがどのような活動単位で構成されているかは，業種や業態によっても異なるので，自社に合ったバリュー・チェーンを考えることが重要で

【図表1−48】バリュー・チェーン（価値連鎖）

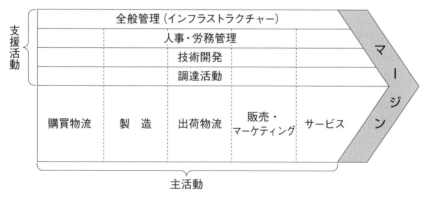

（出所）M. E. ポーター著，土岐坤ほか訳『競争優位の戦略』ダイヤモンド社，1985年。

ある。

　自社のバリュー・チェーンを描き出し，それぞれの活動単位の生み出す付加価値やコストを検証することで，どの活動が自社の競争優位の源泉となっているかを特定することができる。また，競合他社や業界平均のデータが入手できるのであれば，「どの活動に経営資源を集中すべきか」，「どの活動は付加価値を生み出しておらず，コストばかりがかかっているので，アウトソーシングを検討すべきか」，「どの活動において経営資源を補完するために，他企業と連携すべきか」といった戦略的な検討を行うことができる。つまり，バリュー・チェーン分析は，各活動の最適化を図る個別最適ではなく，個々の活動の合計以上の成果を生み出す全体最適を志向する考え方である。

❸ 3つの基本戦略

　ポーターは，企業が外部環境の変化に適応し，自社の競争優位を活かすための基本的な競争戦略として，**3つの基本戦略**を示した。

　3つの基本戦略は，(1)戦略上の優位性が，自社製品の独自性にあるのか，それとも低コストにあるのか，(2)戦略ターゲットが，産業全般なのか，それとも特定の市場セグメントにあるのか，という2つの基準によって決定される，**コスト・リーダーシップ戦略**，**差別化戦略**，**集中戦略**である（図表1−49）。

【図表1−49】ポーターの3つの基本戦略

		戦略上の優位性	
		コスト	独自性
戦略上の標的	産業全般	コスト・リーダーシップ戦略	差別化戦略
	特定の市場セグメント	集中戦略	
		コスト集中	差別化集中

（出所）　M. E. ポーター著，土岐坤ほか訳『競争優位の戦略』ダイヤモンド社，1985年をもとに一部修正。

a）コスト・リーダーシップ戦略

　競合他社よりも低いコストを優位性として，競合他社と同じ品質の製品や

サービスを低価格で提供する。規模の経済や経験効果を発揮している製品や，効率的なビジネス・プロセスを開発した企業は，コスト・リーダーシップ戦略をとりやすい。

　こうした企業の戦略的な課題は，市場シェアのさらなる拡大である。シェアを拡大すれば，価格をさらに下げて顧客の支持を得たり，競合他社と同じ価格でよいのであれば，競合他社よりも大きな利益を得られる。市場シェアを拡大するために，企業は新規の設備投資によって生産能力を拡大させて生産効率の上昇や省力化を志向する。マーケティング戦略の面では，チャネル戦略やプロモーション戦略に力を入れるようになる。

　その一方で，コスト・リーダーシップ戦略をとる企業にもいくつかのリスクがある。たとえば，過去に行った設備投資や生産プロセスの習熟効果がムダになってしまうような革新的な技術を持った競合企業が出現するリスク，資金力で業界の既存企業を大幅に上回る企業が新規参入してくるリスク，顧客ニーズが多様化して単一の製品では対応できなくなって差別化戦略をとる企業に対抗できなくなるリスクなどである。近年では，コスト・リーダーシップ戦略をとる企業であっても，デザインや品質などの面で，以下に挙げる差別化戦略の要素も同時に追求することが課題となっている。

b）差別化戦略

　製品自体のデザインや機能，流通チャネルなどの独自性を活かし，他社から容易に模倣されない製品やしくみを作り上げることによって，競争優位を確立・維持する戦略である。ただし，そうした独自性は，顧客から見た付加価値を高めるものでなければ差別化戦略は成功しない。

　他社製品との差別化を行うことによって，顧客の中に製品やサービスに対するロイヤルティ（忠誠心）を構築することができる。高いロイヤルティがあることで，顧客の価格感応度を抑えることが可能となり，低価格で販売する必要がなくなってくる。また，適正なコストを上乗せした価格形成ができるので，供給業者に対する交渉力も増す。そのことが，製品の品質を高めることにつながり，さらに顧客ロイヤルティを高めるという良いサイクルを築くことができる。また，他社に先駆けて新しい製品やサービスを提供する企業は，**先発優位**（first mover advantage）を享受できる。

このようなメリットがある一方で，差別化戦略には以下のようなリスクが考えられる。

①コスト・リーダーシップ戦略と比べて，差別化戦略は必ずしも市場シェアや販売量の拡大につながらない場合がある

②差別化を実現するためには研究開発費用や手間のかかるサービスの提供が必要となることから，コスト比率が高いものとなる場合もある

③コスト競争力を持つ企業が一気に市場を席巻してしまうと，差別化戦略では対抗できなくなる可能性がある

④業界内で多くの競合企業が差別化戦略をとっている場合，デザインや機能など差別化するポイントがだんだんとなくなってしまい，些細な点だけが異なる製品やサービスで市場があふれてしまい，顧客が差別化のポイントを認識できなくなる

⑤品質や機能・デザインなどの面で差別化する余地が少なく，低価格や入手のしやすさだけが顧客の購入動機となっているようなコモディティ化した製品については，差別化戦略自体が成り立たない

c）集中戦略

ニッチ戦略とも呼ばれ，コストもしくは独自性を追求するために，特定の市場や限られた顧客セグメントに経営資源を集中する戦略である。低コストを活かす「コスト集中」と，独自性を活かす「差別化集中」に細分化されることもある。

集中戦略は，特定の小さなセグメントを見い出して，そのセグメントにおけるコスト・リーダーシップ戦略もしくは差別化戦略を追求することである。多くの場合，経営資源の量では大企業にかなわない中小企業や，先行するリーダー企業に対抗して新たに事業をスタートさせる新興企業などでも採用しやすい戦略である。競合企業が目をつけないようなすき間的なセグメントを見つけ出すことが課題である。売上高を増大させるというよりも，収益性を重視した戦略である。

集中戦略には，以下のようなリスクが考えられる。

①特定市場セグメントの中に，さらに小さなセグメントを見い出した競合他社に出し抜かれることがある

②競合他社が目をつけないでいるような魅力的な市場セグメントを見つけ出してアプローチすること自体が難しい

③特定したターゲット市場が十分な収益を生むものかどうか，不確かである

④特定したターゲット市場におけるニーズや嗜好が変化する場合がある

⑤特定したターゲット市場にニーズが存在することはわかっていても，業界のリーダー企業が大胆なコスト・リーダーシップ戦略をとっている場合に対抗することが難しい

（3）競争地位別の戦略パターン

　自社が業界内でどのようなポジションにあるかによって，事業戦略の定石が変わってくるという考え方がある。マーケティング研究の第一人者として知られるコトラー（Kotler, P.）は，相対的な市場シェアに応じて，業界におけるポジションを**リーダー，チャレンジャー，フォロワー，ニッチャー**，という4つの競争地位に分け，それぞれの競争地位に応じた戦略の定石について論じている。

　また，嶋口充輝は，企業が保有する経営資源の質と量の多寡によって，競争地位を規定した（図表1−50）。

【図表1−50】経営資源と競争地位の関係

		経営資源の量	
		大きい	小さい
経営資源の質	高い	リーダー	ニッチャー
	低い	チャレンジャー	フォロワー

（出所）　嶋口充輝・石井淳蔵著『現代マーケティング〔新版〕』有斐閣，1995年。

　コトラーと嶋口の考えをまとめると，それぞれの競争地位に応じた戦略の定石は以下のようになる（図表1−51）。

a）リーダー

　業界における市場シェアが大きく，経営資源が質・量ともに大きい企業であ

る。リーダー企業は，業界全体をけん引する立場にあり，自社のシェアだけで
なく，市場全体をターゲットとし（フルカバレッジ），拡大することが戦略目
標となる。リーダー企業の典型的な戦略は，市場シェアと利潤の極大化をめざ
して市場のユーズのすべてに応えようとする全方位戦略である。そのために，
新規需要を掘り起こして市場全体のパイを拡げる周辺需要の拡大，チャレン
ジャーなどとの価格競争を回避する非価格対応，チャレンジャーの差別化戦略
に同じような機能やデザインで対抗する同質化などが行われる。

ｂ）チャレンジャー

　市場シェアが２位や３位にあたる企業であり，リーダーに対抗してシェアを
拡大し，将来はリーダーに並び追い越すことを目論んでいる企業である。現在
の経営資源の量ではリーダーに勝てないため，競争優位のある技術や独自性に
経営資源を集中して，差別化戦略を展開することが多い。

ｃ）フォロワー

　市場シェアが低く，経営資源の質や量が相対的に低く，とくに優れた技術や
知識を持たない企業である。現状の地位に甘んじ，生存に必要な利益が上がっ

【図表１−51】 競争地位別の戦略

競争地位	市場ターゲット	課題・目標	競争戦略の基本方針
リーダー	フルカバレッジ	◉市場シェアの極大化 ◉利潤の極大化 ◉規模の経済性 ◉経験効果の発揮	全方位戦略 ◉周辺需要の拡大 ◉非価格対応 ◉同質化
チャレンジャー	セミ・フルカバレッジ	◉リーダーへの対抗 ◉市場シェアの拡大 ◉ブランド力の構築	リーダーに対する差別化戦略
フォロワー	価格に敏感なセグメント	◉最低限の利潤獲得 ◉低ステイタスの甘受 ◉適正なシェアの維持	模倣戦略
ニッチャー	特定の狭いセグメント	◉特定セグメントにおけるリーダー化 ◉高い利益率	ニッチ（集中）戦略

ていることに満足し，他社を追い抜こうとは考えない。リーダーやチャレンジャーが成功した製品や手法を模倣することを基本的な競争戦略の柱とする。

d）ニッチャー

　市場シェアがかなり低く，経営資源の量は小さい企業である。しかし，限られた分野では優れた技術や知識を発揮する。特定のセグメントに経営資源を集中させ，他企業のすき間をねらうニッチ戦略を基本とする。

（4）戦略グループと移動障壁

❶戦略グループ

　同一業界の中で多くの企業が競争している場合，さまざまな点で戦略上のちがいがみられる。こうしたちがいは，図表1－52に挙げたような特徴から生じるものと考えられる。このように企業の競争戦略を特徴づけるさまざまな要素があるが，一見多様な戦略があるようにみえても，同じようなパターンを有す

【図表1－52】競争戦略のちがいを特徴づける要素

	競争戦略の諸特徴		競争戦略の諸特徴
流　通	流通業者の利用程度 流通ルートの閉鎖性 流通業者への指導・情報提供の程度 流通業者へのマージンの大きさ 流通業者への人的資本援助の程度 流通業者の価格・在庫決定への影響力 流通業者からの情報入手の程度 流通業者の専売性	販売促進	プルかプッシュか 広告量 セールスマン数 見本市・展示会の開催頻度 機能説明型広告かイメージ広告か
価　格	低価格志向か高価格志向か コスト上積式か競争者志向的か リース販売の比重	製　品	品質レベル ソフトサービスの程度 製品の複合機能性 製品のシステム性 ブランド力の強さ アフターサービス・メンテナンスの程度 新製品の導入頻度 モデルチェンジの程度 需要構造（生活提案・使い方提案）の比重

（出所）石井淳蔵ほか『経営戦略論〔新版〕』有斐閣，1996年，23頁。

る企業群を**戦略グループ**にまとめることが可能な場合がある。

たとえば，図表1−53は，米国におけるいわゆる白物家電業界について，「垂直統合度」と「製品ラインの広さ」という2つの基準で業界内の企業を4つの戦略グループに分けたものである（Hunt, M., 1972年）。

❷移動障壁

業界内でいくつかの戦略グループを形成していると考えられる場合，ある戦略グループに属する企業が別の戦略グループの戦略を採用することは，かなり難しいと考えられている。たとえば，図表1−53において「プライベート・レーベルの生産者」に属する企業が「全国ブランド・メーカー」に転身するのは相当難しいであろう。プライベート・レーベルとは，流通業者のブランドを付与した製品のことであるが，その受託生産者が「全国ブランド・メーカー」になるためには，流通業者を買収して垂直統合を進めたり，製品開発に注力して製品ラインを拡張しなくてはならず，大きな投資が必要となるからである。

こうした戦略グループ間の移動を困難にしている要因を**移動障壁**という。

移動障壁は，業界全体の**参入障壁**と似たような考え方であり，移動障壁の高

【図表1−53】 米国の白物家電業界の戦略グループ

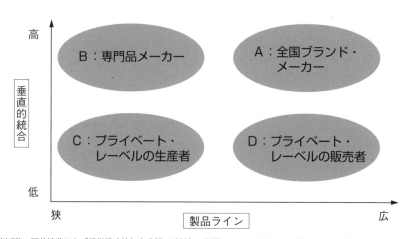

（出所）石井淳蔵ほか『経営戦略論』有斐閣，1985年，25頁，Hunt, M., *Competition in the Home Appliance Industry, 1960-1970*, Ph. D. Dissertation, Harvard University, 1972.

い戦略グループに属する企業は，移動障壁の低い戦略グループに属する企業に比べて相対的により高い収益性を維持することが可能である。逆に，企業が意図して高い移動障壁を構築することができれば，競争上で優位な立場を築くことができる。

　移動障壁となりうる要素には，参入障壁の場合と同じように，必要な資本投下額，規模の経済，製品差別化の程度，ブランド力，流通チャネル，顧客にとっての従来の取引先企業からのスイッチング・コストなど，さまざまなものがある。これらの要素は，経済的移動障壁，組織的移動障壁，戦略的移動障壁，という分類が可能である。

a）経済的移動障壁

　経済的移動障壁の中で，とくに重要とされる要素は，製品ラインの広さと垂直的統合の度合いである。

　製品ラインを拡張すれば，多様化する市場のニーズにより的確に応えることができ，結果として市場シェアや販売数量を増やすことができる。しかし，その一方で，製品ラインを広くフルライン化に近づけようとするほど，製品開発の投資額やプロモーション費用の負担が大きくなるのが一般的である。従来は製品ラインをしぼり込んで効果的なマーケティング活動を行っていた企業が，大きな投資や出費を覚悟してフルライン化していくことはなかなか難しい。

　また，垂直的統合の面では，生産・販売・購買・管理などの機能を同期化することによるコスト削減効果や，統合的な技術や知識の学習と蓄積ができることなどのメリットがある。しかし，その一方で，川上や川下の事業を統合するには企業買収に要する多額の資本がかかる。また，製品の需要が停滞したときに原材料の供給量や部品の生産などを機動的に調整できないというリスクを負うことにもなる。

　このように，製品ラインが狭い企業や垂直統合度の低い企業が，製品ラインの広い戦略グループや垂直統合度の高い戦略グループへ移動するには，経済的な負担が大きい。

b）組織的移動障壁

　組織的移動障壁とは，企業組織の構造あるいは特性それ自体が移動障壁となる場合をさす。

たとえば，**図表1−53**で挙げた米国の白物家電業界において，「専門品メーカー」の戦略グループでは，高額な研究費を負担して画期的な新製品を次々に開発するという戦略がとられているため，機動的な組織体制と短期的な利益を考慮しない業績評価制度が採用されていた。その一方で，「全国ブランド・メーカー」の戦略グループでは，安定的な組織体制と短期利益およびキャッシュフロー創出の観点で業績評価がされていた。仮に，ある「専門品メーカー」が「全国ブランド・メーカー」の戦略グループへの移動を考えた場合，組織体制や業績評価制度を根本的に構築し直さなければならなくなる。

c）戦略的移動障壁

企業がある戦略グループから別の戦略グループに移動しようとするとき，新しいグループが採用している戦略が従来の戦略と矛盾する場合には，その移動が困難になる。

たとえば，**図表1−53**に挙げた米国の白物家電業界において，「全国ブランド・メーカー」である企業が，「プライベート・レーベル」の戦略グループに移動しようとしてもうまくいかないであろう。いわゆるNB（ナショナル・ブランド）とPB（プライベート・ブランド：プライベート・レーベルと同義）では，製品の価格帯，流通チャネル，ブランド政策などで多くの点でマーケティング戦略が異なるからである。

国内の例を挙げると，ビール業界において，1990年代終盤にアサヒビールが"スーパードライ"のブランドでシェア1位を獲得するまで，長年トップに君臨してきたキリンビールは，競合他社が毎年のように発売する新製品に対抗して積極的に追随するという戦略はとらなかった。キリンの競争的地位は，長年トップシェアを維持してきたロングセラー商品のラガービールによって確固たるものであった。戦略を変更して，生ビールのような別の製品に安易に手を出して「ビールは生」という通念が消費者の間に行き渡ってしまえば，主力商品であるラガービールの市場を自らの手で縮小させてしまいかねない。キリンは長年，ロングセラー商品を大事にするという戦略で，アサヒ，サッポロ，サントリーという競合企業に対して移動障壁を形成してきたのである。実際には，キリンはアサヒの"スーパードライ"に追随して，ドライビールを新発売したが，その結果は失敗であった。この例が示すように，移動障壁は業界内の市場

シェアの大きな戦略グループに属する企業を守る方向にはたらくだけでなく，業界内で市場シェアのより小さな戦略グループにおいてもはたらくことがある。

5 経営戦略策定の理論的アプローチ

戦略を構想するにあたっては，伝統的な分析型戦略アプローチと，比較的新しいプロセス型戦略アプローチがある。

（1）分析型戦略アプローチ

分析型戦略アプローチとは，外部環境や自社の能力，競争環境といった経営環境について精緻な分析を行い，計画化された戦略を志向する方法論である。分析型戦略の理論や枠組み（分析型戦略論）は，おおむね以下のような特徴を持つ。

①経営者層によって計画された戦略を上意下達（トップダウン）で実行するために用いられる

②定量化されたデータ（市場シェア，収益率，コスト分析など）にもとづき，合理的に意思決定を行うためのツールとして用いられる

③企業が外部環境およびその変化に適合することを重視する

これまで本章の第2節以降で説明してきたSWOT分析，製品－市場マトリックス（成長ベクトルを用いた成長戦略），PPM（経営資源配分のアプローチ），ポーターの競争戦略論は，いずれも分析型戦略アプローチにもとづいている。その考え方の基本は，経営環境分析から導かれる機会と脅威に対して，自社能力分析から導かれる強みと弱みをいかに「適合させるか」という点にある。言い換えれば，常に変化する経営環境に適合するように最適な資源配分のパターンを生み出すことが，分析型戦略アプローチにもとづいて策定される経営戦略のエッセンスである。

【図表1−54】分析型戦略アプローチの考え方

このような分析型戦略アプローチによる経営戦略は，**図表1−54**のように基本的に3つの段階を経て策定される。

ここで「探索」とは，戦略的な問題もしくは課題を発見することである。つまり，「何が問題なのか」「何が課題となっているのか」を発見することであり，この設定を誤ってしまうと，後につづく戦略代替案の策定も的外れになってしまう。次に，問題や課題に対する解決策や戦略案をいくつか考えるのが「策定」の段階である。最後に，どの案を採用するかというのが「選択」の段階である。

分析型戦略アプローチの重要な特徴の1つは，計画化したり，明文化することが容易な点にある。それゆえに，実際の企業において文書化された経営戦略や経営計画は，分析型戦略アプローチにもとづいて策定される。

（2）プロセス型戦略アプローチ

分析型戦略アプローチには，計量的な分析を過大評価する点，過去のデータや現状分析にひきずられて近視眼的となる点，実行段階における組織行動の視点が欠けている点など，いくつかの問題が指摘されている。

これに対して，戦略を実行しながら失敗や成功を繰り返す，試行錯誤の結果として起こる変革や知識の組み換え（創造）こそが戦略の本質である，という考え方が生まれてきた。このような戦略論は，戦略が生み出されるダイナミックなプロセスそのものを対象とすることから，総称して「プロセス型戦略論」と呼ばれる。

プロセス型戦略アプローチは，外部環境への適合を重視する分析型戦略アプローチに比べて，自社の能力や知識の開発と蓄積，組織文化の醸成，変革のプロセスを重視するアプローチである。ただし，分析型戦略アプローチに比べて

具体化しづらく，抽象的・観念的であり，その効果も測定しにくい，という問題点もある。そのため，実際の企業において戦略を策定する場合に，考え方としては理解や導入，浸透をさせることはできるけれども，具体的な戦略を明文化・計画化することが難しいという特性がある。

　プロセス型戦略アプローチによる代表的な戦略論としては，❶コア・コンピタンス論，❷ナレッジ・マネジメント論，❸資源ベース論がある。

❶コア・コンピタンス論

　コア・コンピタンス（core competence）とは，企業が独自に持つスキルや技術，知識の集合体であり，競合他社を圧倒するような「中核的な能力」のことである。

　コア・コンピタンスは，組織内の集団的な学習から生まれ，それを獲得・蓄積・発展させることが**持続的競争優位**（sustainable competitive advantage）の源泉となる，とされる。コア・コンピタンスの重要性を説いた**ハメル**（Hamel, G.）と**プラハラード**（Prahalad, C. K.）は，自社のコア・コンピタンスを見い出すための条件として以下の点を挙げている。

- 顧客から認知される価値を生み出すこと
- 競合他社が模倣することが難しいこと
- 多様な市場へのアクセスが可能なものであること

　コア・コンピタンスの例として，ハメルやプラハラードはシャープ社の液晶技術やホンダ社のエンジン技術を挙げた。現在でいえば，感覚で操作できて顧客の感性に訴えかける製品を生み出す技術（アップル社），クールなデザインと機能を融合させる能力（ナイキ社），写真フィルム製造で培った知識や技術をヘルスケアに応用した能力（富士フイルム社）などが，企業のコア・コンピタンスの例といえよう。

❷ナレッジ・マネジメント論

　ナレッジ・マネジメント（knowledge management）とは，組織が持つ知的資産（ナレッジ）を共有化し，さらに高めていくことによって，企業の競争

【図表1－55】SECI モデル（ナレッジ・マネジメント）

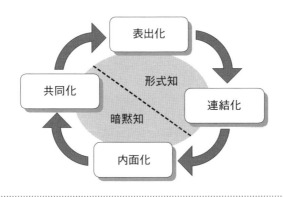

力を高めようとする考え方である。ここで「ナレッジ」とは，単に「知識をどれだけ多く知っているか」という量的な概念ではなく，技術やノウハウ，問題解決や意思決定のパターンなど質的な要素を含めたものであり，「知恵」ということばに近い概念である。

この分野の著名な研究者で，『知識創造企業』の著者である**野中郁次郎**によれば，ナレッジには**暗黙知**の次元と**形式知**の次元がある。暗黙知とは，個人が経験などを通じて意識下に持つ知識であり，明確な言葉や数字で表現しにくい技能やノウハウのことである。形式知とは，暗黙知が表に現れたもので，文字や数字として文書化・データ化された知識であり，マニュアルやガイドラインとして記述することができる。

組織が知識を獲得するプロセスは，形式知と暗黙知が循環して新たなナレッジを生み出すダイナミックな知識変換のプロセスとしてとらえることができる（図表1－55）。これを4つのプロセスの頭文字をとって**SECI モデル**と呼ぶが，こうした知識変換のプロセスをしくみとして構築し（ナレッジ・マネジメント），経営環境の変化に柔軟に対応できるような組織をつくりあげることが，企業の競争力を高めることになる，とされる。

図表1－55における4つのプロセスは，以下のように説明できる。

a）共同化（socialization）

個人対個人が基本で，知識や経験の共有体験を通して，知識の相互理解をし

ていくプロセス（対話やミーティングを行う）。

b）表出化（externalization）

自分の暗黙知を他者にもわかるようにするため，文書化や図式化を進め，集団レベルで知識の共有を図るプロセス（設計図やガイドラインを作る）。この段階で暗黙知が形式知化していく。

c）連結化（combination）

他部門や外部から情報を取得し，すでにある形式知と組み合わせて，新しい形式知を生み出すプロセス（いくつかの方法やノウハウを組み合わせて新たなしくみを作る）。

d）内面化（internalization）

実践的な行動の試行錯誤を通じて形式知を学習し，暗黙知として個人や組織の内部に浸透させるプロセス（新たなしくみを実践し，マニュアルがなくても遂行できるようにする）。

❸資源ベース論

「競争優位の源泉は，市場における自社のポジショニングにある」とするポーターの競争戦略論に対して，「企業が持つ資源（resource）こそが競争優位の源泉となる」という立場に立つ考え方が，**バーニー**（Barney, J. B.）を代表格とする**資源ベース論**（Resource-Based View：RBV）である。

【図表1−56】資源ベース論における競争優位を持つ経営資源の条件

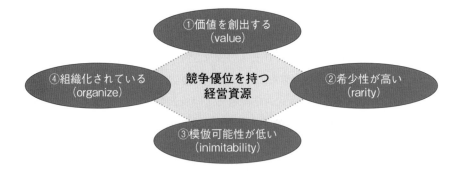

　ただし，すべての経営資源が競争優位の源泉となるわけではなく，①価値を創出し（value），②希少性が高く（rarity），③模倣可能性が低い（inimitability）という条件を満たす自社の資源を見い出し，④それをうまく組織化すること（organize）が競争優位の確立につながる，とされる（図表1−56）。

　また，同じプロセス型戦略アプローチであっても，技術や独自能力というコア・コンピタンス（中核的な能力）が持続的競争優位の源泉となると考えるコア・コンピタンス論に対して，資源ベース論では1つひとつの技術や経営資源の存在よりも，資源相互の組み合わせが相乗的に生み出し，組織全体の能力となっていく**ケイパビリティ**（capability）こそが，持続的競争優位の源泉であると考える。

| 参考文献 |────────────────────

石井淳蔵ほか『経営戦略論〔新版〕』有斐閣，1996年。

伊丹敬之『経営戦略の論理〔第4版〕』日本経済新聞出版社，2012年。

入山章栄『世界標準の経営理論』ダイヤモンド社，2019年。

大滝精一ほか『経営戦略〔新版〕』有斐閣，2006年。

嶋口充輝・石井淳蔵『現代マーケティング〔新版〕』有斐閣，1995年。

野中郁次郎・竹内弘高著，梅本勝博訳『知識創造企業』東洋経済新報社，1996年。

吉原英樹ほか『日本企業の多角化戦略』日本経済新聞社，1981年。

A. D. チャンドラー，Jr 著，有賀裕子訳『組織は戦略に従う』ダイヤモンド社，2004年。

B. バーニー著，岡田正大訳『企業戦略論』ダイヤモンド社，2003年。

C. バートレット＆S. ゴシャール著，梅津祐良訳『MBA のグローバル経営』日本能率協会マネジメントセンター，1998年。

C. W. ホッファー＆D. シェンデル著，奥村昭博ほか訳『戦略策定』千倉書房，1981年。

D. レオナルド著，阿部孝太郎・田畑暁生訳『知識の源泉』ダイヤモンド社，2001年。

D. F. エーベル著，石井淳蔵訳『事業の定義』千倉書房，1984年。

G. ハメル＆C. K. プラハラード著，一條和生訳『コア・コンピタンス経営』日経ビジネス人文庫，2001年。

H. ミンツバーグほか著，齋藤嘉則ほか訳『戦略サファリ』東洋経済新報社，1999年。

H. I. アンゾフ著，中村元一監訳『戦略経営論〔新訳〕』中央経済社，2007年。

M. E. ポーター著，土岐坤・中辻萬治・服部照夫訳『競争の戦略』ダイヤモンド社，1982年。

M. E. ポーター著，土岐坤・中辻萬治・小野寺武夫訳『競争優位の戦略』ダイヤモンド社，1985年。

M. E. ポーター編著，土岐坤・中辻萬治・小野寺武夫訳『グローバル企業の競争戦略』ダイヤモンド社，1989年。

第 3 章

機能別戦略 （研究開発戦略・ 生産戦略・情報化戦略）

ポイント

◉本章では，機能別戦略の要素のうち，第2部で扱う人事戦略，『マネジメント実践2』のテーマであるマーケティング戦略と財務戦略を除き，研究開発（R&D），生産，情報化の各戦略を取り上げる。

◉R&D は，新しい製品・サービスの開発や革新的な業務方法におけるイノベーションをもたらし，企業競争力の源泉となる。

◉QCD に集約される市場ニーズに適合し，利益創出の計画化を進め，生産管理を戦略的に設計することが生産戦略である。

◉DX といわれるように，情報技術の進展は，業務改善のレベルにとどまらず，ビジネスモデルの再構築やマネジメントの変革を迫っている。

キーワード

機能別戦略，研究開発（R&D），イノベーション，QCD，生産の3要素，TQC，TQM，サプライチェーン・マネジメント，DX（デジタル・トランスフォーメーション），EC（電子商取引），ブロックチェーン，IoT，AI

機能別戦略の位置づけ

（1）経営戦略とサブシステムの関係

第2章第1節で説明したように，経営戦略は多様なサブシステムから構成される1つの統合的なシステムである。

経営戦略は，「事業分野」と「機能」という異なる基準で，いくつかのサブシステムに分けることができる。ここで「事業分野」とは通常の事業概念による区別である。事業分野を基準として経営戦略を分割すると，それぞれの事業における事業戦略が経営戦略のサブシステムということになる（図表1－57）。ここで重要となるのは，ドメインの定義と経営資源の配分である。

【図表1－57】事業別にみた経営戦略

一方，「機能」とは，製品企画から生産，流通，販売に至る，職能上の広がりである。機能（職能）を基準として経営戦略を分割すると，生産戦略，マーケティング戦略，研究開発（R&D）戦略，財務戦略，人事戦略，情報化戦略などの機能別戦略が経営戦略のサブシステムということになる（図表1－58）。ここで重要となるのは，経営資源の蓄積・配分と組織間関係である。

【図表1-58】 機能別にみた経営戦略

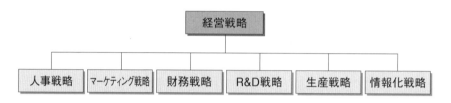

（2） 機能別戦略のマトリックス構造

事業戦略や機能別戦略と全社戦略の関係については，すでに第2章第1節経営戦略の体系（図表1-20）で説明したように，全社戦略→事業戦略→機能別戦略という直線的な階層でとらえることができる。しかし，前述のように「事業分野」と「機能（職能）」のどちらの基準を優先させるかを考えると，事業戦略と機能別戦略を並列的に考えることもできる（図表1-59）。

その場合に，事業戦略と機能別戦略のうち，どちらに重点が置かれるかについては企業が置かれた状況によって異なる。少数の事業を営む企業の経営者は，事業戦略の幅よりも機能別戦略に重点を置くであろうし，多角化企業でそれぞれの事業の技術や市場の異質性が高い場合には，財務戦略を除いて全社統一的な機能別戦略を策定することは意味がないかもしれない。また，同じ多角化企業であっても，それぞれの事業間に技術や市場の面で共通性が高い企業では，事業戦略と機能別戦略の間の整合性が必要になる。さらに，企業によってその組織構造や戦略を計画・実行する際のシステムが異なるがゆえに，事業戦略と機能別戦略の間の整合性の程度は変わってくる。つまり，事業分野のあり方と機能（職能）の区分や相互関係性によって，事業戦略や機能別戦略レベルの経営戦略の中身は異なるのである。

本章では，機能別戦略の要素のうち，第2部（人的資源管理）で取り上げる人事戦略，『マネジメント実践2』で取り上げるマーケティング戦略および財務戦略を除いて，重要と思われる研究開発戦略，生産戦略，および，情報化戦略について，基本的な説明を以下に行うこととする。

【図表 1 −59】機能別戦略のマトリックス構造

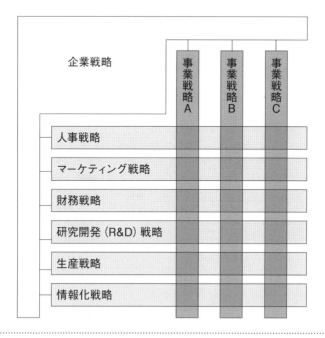

2 研究開発（R&D）戦略

（1）研究開発と企業の競争力

　R&D とは，"research and development" の略語で，研究開発を意味する（図表 1 −60）。「研究」（research）は，新しい知識を得るための理論的・実験的研究である基礎研究と，基礎研究を活用して実用化の可能性を探索する応用研究を総合したものである。また，「開発」（development）は，研究の成果を利用して新しい製品や材料などを創造したり，既存の製品や材料を改良したり

する活動をさす。基礎研究の結果がシーズ（種）となり，応用研究によって商業的実用性が試され，さらに，開発によって生まれた製品や材料が市場に投入される。この過程には，技術の探索や有用性の評価，経済性の評価，予算の検討，開発組織の設計，スケジュール管理など多くの工程が含まれる。企業の優位性は新しい製品やサービスを開発する力（イノベーション）によって規定される面が強いため，R&D は企業競争力の源泉とされる。

【図表 1 −60】研究と開発（R&D）

研究（research）
　<基礎研究>
　知識を得るための理論的・実験的研究
　<応用研究>
　基礎研究を活用した実用可能性を探索

開発（development）
　研究の成果を利用した
　• 新製品の創造
　• 既存製品の改良

（2）研究開発戦略の課題

新製品や新技術を開発するという R&D 部門の使命に鑑みると，研究開発戦略の主な課題としては，❶市場のニーズに合わせた製品の開発，❷開発期間の短縮，そして，❸研究開発とイノベーションが挙げられる。とくに❸においては，革新的な製品を開発した企業が必ずしも成功するとは限らないという「イノベーションのジレンマ」の克服が挙げられる。

❶市場のニーズに合わせた製品の開発

いくら最新の技術を開発したとしても，企業としてはその製品やサービスが市場に受け容れられなくては売上や利益につながらない。市場のニーズに合致しない製品が生まれる背景には，組織マネジメントの面で技術志向に偏った考え方がR&D 部門に浸透していることが大きい。従来，R&D 部門は営業部門を通して，間接的に顧客ニーズを受け取ってきた。しかし，現在のように市場の変化が激しいときには，市場動向を速やかに把握すると同時に，製品やサービスにすぐに反映させるような開発体制が必要である。そのためには，市場や

顧客との直接的な接点を増やし，なるべくR&D部門が前面に出ていく**技術の**
フロント化が必要である。技術のフロント化によって，顧客ニーズが直接的に
把握できるようになり，市場に受け容れられないリスクが抑えられるだけでな
く，次に述べる開発期間の短縮という効果も期待できる。

❷**開発期間の短縮**

　製品コンセプトの設定から実際に市場に投入するまでの開発期間を短縮でき
れば，最新技術を用いた製品を他社に先駆けて市場に投入することが可能にな
る。すると，いわゆる先発優位を享受することができ，業界における価格設定
を支配したり，高い利潤を得ることができる。そして，市場の変化に即応した
製品投入が可能になると，ある製品の製品ライフサイクルが成熟期に入った時
に，すばやく次の製品を導入することができる。

　開発期間の短縮を実現する主な方策としては，開発プロセスの効率化，開発
組織の設計，アライアンスの活用などがある。

a）開発プロセスの効率化

　開発プロセスはおおまかに，①製品概要の設計→②設計とテスト→③要素技
術開発→④生産準備という4つの段階に分けられる（図表1－61）。

　①製品概要の設計のプロセスでは，製品のコンセプトを考え，収益性に配慮
　　しながら構造やコア・テクノロジーの仕様を決定する

　②設計とテストのプロセスでは，製品コンセプトにもとづいて実際の設計を
　　考え，その設計案が顧客機能や目標コストなどの必要な条件を満たしてい
　　るかをテストし，解析する

　③要素技術開発のプロセスでは，技術によって異なる開発期間に留意しなが
　　ら，製品の製作に必要な技術を開発し，準備する

【図表1－61】標準的な開発プロセス

| ① 製品概要の設計 | ② 設計とテスト | ③ 要素技術開発 | ④ 生産準備 |

④生産準備のプロセスでは，製品が効率的に，かつ，低コストで製造される
　ように生産工程を設計する

　これらの開発プロセスを効率化し，開発期間の短縮を実現するための方策は，
「プロセスの順序」と「調整のタイミング」という2つの視点から戦略的に検
討する必要がある（図表1−62）。

　「プロセスの順序」とは，図表1−61に示した4つのプロセスを順次的に行
うか，並列的に行うかという視点である。順次的に進めた場合は，開発プロセ
スはシンプルになるが，常に上流段階のプロセスを受けてから業務に着手する
ため，開発全体に時間がかかるばかりでなく，仕様などの変更に対する柔軟性
に乏しくなる。一方で，並列的に進めた場合は，複数の開発プロセスを同時進
行させることになるため，全体の開発期間を短縮することが可能で，開発途中
の変更に柔軟かつ迅速な対応が可能である。しかし，デメリットとして，プロ
セス間の調整が複雑になることで開発期間がかえって長引いたり，変更が頻発
すると情報が交錯し，戻り作業が発生したりという可能性もある。

　もう1つの視点である「調整のタイミング」というのは，各プロセス間の調

【図表1−62】開発期間短縮の方策

プロセスの順序	並列的	コンカレント・エンジニアリング （並列型 × 前段階調整）	並列型 × 後段階調整
	順次的	順次型 × 前段階調整	
		前段階	後段階

調整のタイミング

整を開発の前段階だけに行うか，もしくは，開発の後段階まで継続して行うか，という判断である。前段階に綿密な調整を行って計画と製品仕様を固定しておくと，開発期間を短縮することができる。しかし，この方法では開発期間中に大きな問題や変更が発生した場合に柔軟性に対処できず，コストや開発期間の増幅につながる。その一方で，開発の後段階まで調整を行うことに決めてしまうと，当初の計画策定の精度が低くなることも懸念される。

市場の変化が大きい中では，「順次型×前段階調整」または「並列型×後段階調整」という組み合わせが多く見られた。しかし，現在では「並列型×前段階調整」という開発プロセスもよく見られる。これは**コンカレント・エンジニアリング**（concurrent engineering）と呼ばれるもので，開発前に入念なシミュレーションを行っておき（前段階での調整），並列的に各開発プロセスを進める手法である（concurrent は「同時に」，「同期的に」という意味）。コンカレント・エンジニアリングの前提となる事前のシミュレーションは，3D-CAD 技術に代表される開発プロセスのデジタル化のおかげで関与者間の情報共有や並行作業が容易になったことで可能になった。**3D-CAD 技術**とは，コンピュータを利用して3次元の立体形状を設計・製図する技術であり，そのデジタル情報は関与者間で共有できる。

b）**開発組織の設計**

開発期間を短縮させるためには，開発組織や進捗管理体制を見直して開発スピードを向上することも有効である。

一般的に，開発組織は複数の組織単位から選ばれたメンバーがプロジェクト・チームを編成して行われる。こうすることで，複数の部門間でコミュニケーションが円滑に行われ，開発スピードの短縮に直結する。その一方で，情報の断絶，ミス・コミュニケーション，意思決定の遅延のような阻害要素も数多く存在している。こうした阻害要因を排除するためには，開発チームが有機的に結合し，すばやい意思決定を可能とする環境を，企業側が提供する必要がある。具体的には，以下のような方策が考えられる。

①高い専門性を持った研究者・技術者だけでなく，マーケティングや法務といった関連分野の専門家をそろえた部門横断的なチームを編成する

②開発プロジェクトの進捗状況や有望性を評価し，予算の増額や研究者の配

　　置転換，開発プロセスの一部打ち切りなどの意思決定を委ねる委員会を設
　　置する

③経営トップとプロジェクト・チームを直結し，迅速な意思決定を可能にす
　　るため，プロジェクト・マネジャーに権限を委譲する

④開発プロジェクトの状況や段階に応じて人材を異動させることができる柔
　　軟な人事制度を採用する

⑤新奇性の高い研究と安定的な研究で評価制度の基準を異なるものとしたり，
　　研究者個人としての業績だけではなくチームとしての業績も反映するよう
　　な報酬制度を採用する

c）アライアンスの活用

　開発期間を短縮するための戦略の1つとして，アライアンス（企業連携）が
ある（67ページ参照）。とくにR&Dの場合，リスクを分散してムダな投資を
避けるだけでなく，必要な技術や知識・プロセスを外部化して開発期間を短縮
することをアライアンスの目的とする場合が多い。

　開発業務におけるアライアンスでは，①どの部分をどの程度外部に任せるか，
②アライアンス設計，③アライアンスの企業間ネットワークにおける自社のポ
ジショニングという3点が重要になる。

①どの部分をどの程度外部に任せるかという点については，自社の強みがど
　　こになるか，という基準だけでなく，コスト，効果，リスク，リードタイ
　　ムなどを考慮して意思決定しなくてはならない。

②アライアンス設計は，どのような形態のアライアンスを結ぶか，どんな企
　　業と連携するかということである。代表的な形態としては，買収，ジョイ
　　ント・ベンチャー（合弁）の設立，事業間連携，協力的なネットワークな
　　どがある。技術開発型企業のアライアンスの形態は，「企業間のコミット
　　メント（関与度）」と「移転する知識の性質」という2つの軸で整理する
　　とわかりやすい。M&Aや合弁のように，株式の譲渡や発行を通じて資本
　　提携を行う場合は，企業のコミットメントは高く，関係は強固なものとな
　　るが，逆にかんたんには解消できなくなる。それに比べて，ライセンシン
　　グや研究開発契約は契約関係によって協力関係を築く方法で，リスクは少
　　ない。「移転する知識の性質」とは，研究開発に要する知識が特許権のよ

【図表 1 −63】外部技術を導入するメカニズム

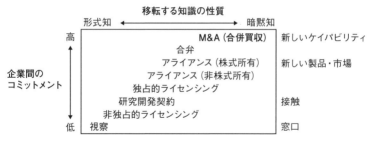

（出所）D. レオナルド著，阿部孝太郎・田畑暁生訳『知識の源泉』ダイヤモンド社，2001年，221頁を一部修正。

うにある程度可視化されているもの（形式知）か，独自のノウハウのように可視化できないもの（暗黙知）か，という観点から判断する基準である。図表 1 −63に示したように，暗黙知的な資源を調達して新しいケイパビリティを築くためには，M&Aや合弁など，資本関係を伴うアライアンスが適しており，特許などの形式知の獲得にはライセンシングなどの契約にもとづいたゆるやかなアライアンスが適しているとされる。

③アライアンスの成果を大きくするためには，組織間ネットワークをどのように活性化し，自社はどのようなポジションを築くかを検討する必要がある。1対1または少数のアライアンス関係で結ばれたクローズド・ネットワークは密接な関係となり，信頼性が高く，正確で具体的な情報を得られる。その反面，情報のチャネルが限られていることから，広く一般的な情報や技術の流れは把握できない可能性もある。一方で，多くの企業によるアライアンス関係で結ばれた企業ネットワークは，オープンで流動的であり，広範で多様な情報や技術を得ることができる反面，情報の信頼性や協力の程度に濃淡が出る場合がある。

❸研究開発とイノベーション

a）イノベーションとは

業界の常識を打ち破るような革新的技術を開発するイノベーター企業は，業界やその外部にイノベーションをもたらし，産業全体の特徴を変化させていく。

【図表1−64】 イノベーションの5つの形態

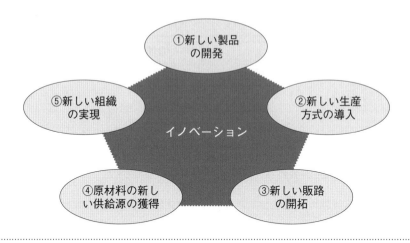

　ここで**イノベーション**とは，経済学者**シュンペーター**（Schumpeter, J. A.）によれば，**創造的破壊**をもたらすものであり，具体的には，①新しい製品の開発，②新しい生産方式の導入，③新しい販路の開拓，④原材料の新しい供給源の獲得，⑤新しい組織の実現，という5つの形態の**新結合**である。つまり，製品やサービスが革新的である「プロダクト・イノベーション」だけでなく，上記の②のようなプロセス・イノベーションなどもイノベーションに含まれる（図表1−64）。また，イノベーションは，必ずしも企業の技術水準が高いことで生まれるわけではなく，技術やコスト，使い勝手，多様な用途など，利用者のベネフィット（便益）が向上することもイノベーションの重要な要素である。

b）イノベーションのジレンマ

　イノベーションが産業全体に大きな影響力を持つ一方で，かつては革新的な技術によって時代の寵児となったイノベーター企業が，既存製品の技術を凌駕・破壊するような新しい技術の登場に適応できず，市場での地位を失う**イノベーションのジレンマ**に陥る場合もある。この現象を名づけた**クリステンセン**（Christensen, C. M.）によれば，イノベーションのジレンマに陥る原因は，以下のような点にある。

　①成功して企業規模が大きくなると，既存顧客のニーズに応えようとし，画

期的な製品開発よりも既存製品の改良に依存するようになる。

② 製品改良のペースが顧客の需要を超えてしまう状態になり，顧客は過剰な機能や性能を持つ製品ではなく，シンプルでも新たな価値を与えてくれる新興企業の製品に目を向けるようになる。

③ 組織面においても，成功したがゆえに，既存製品の改良に適した組織体制に変化していく。そのため，より安価で簡便な機能を求めるような顧客の潜在的なニーズに対応できなくなる。

④ イノベーションの初期にある市場は規模が小さく，大企業にとっては経済的価値が小さく見えてしまう。

3 生産戦略

（1）生産計画と生産戦略

❶生産とは

　生産とは，単に製造工程だけにとどまらず，製品を製造して顧客に届けるまでの一連のプロセスを意味する。このプロセスは，需要予測から始まり，原材料や部品の調達，製造，流通，販売といった段階を経るきわめて長い機能横断的なものである。企業活動として行われる生産は，市場の需要に適合するかたちで行われ，利益の創出に貢献しなければならない。

　市場の需要に適合し，利益を創出するためには，市場が要求する品種・数量について，「いつ（when），どの工場やラインなどで（where），何を（what），どれだけ（how many），いかにして（how）」作るか，という生産計画を立てなければならない。そのために企業は，日程計画，購買計画，在庫計画，工程計画などを作成する。このような計画化を企業全体の目標に結びつけ，関連する分野における生産管理を戦略的に設計することが生産戦略である。

【図表1−65】生産戦略（需要の3要素と生産の3要素）

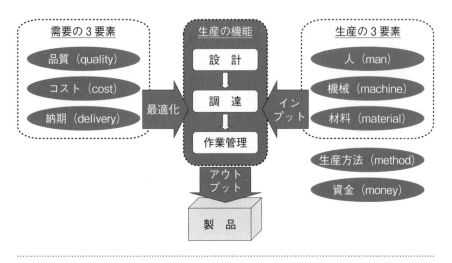

❷需要の3要素（QCD）と生産の3要素

　企業の競争力を決めるのは，画期的な技術や他社にないデザインだけではない。需要の3要素と呼ばれる「品質」（quality），「コスト」（cost），「納期」（delivery）を高い次元で継続的に実現するパターンを生み出すことによって，競争優位を発揮することもできる。**QCD**，つまり，品質の高い製品を，低コストで，納期を遵守して提供することが顧客満足に直結しているからである。

　その一方で，企業が利益を上げるためには，材料などの物的資源や作業を行う人的資源を無尽蔵に投入するわけにはいかない。いわゆるムリ・ムダ・ムラをできる限り排除して，効率的に生産を行わなくてはならない。企業が生産のために投入する資源には，人（man）・機械設備（machine）・材料（material）の3つがあり，これらを**生産の3要素**（または生産の3M）と呼ぶ。これらに，生産方法（method）を加えて，生産の構成要素のことを「生産の4M」と呼んだり，資金（money）を加えて「生産の5M」と呼ぶ場合もある（図表1−65）。こうした資源の調達や投入をコントロールする活動が生産管理である。

【図表 1 −66】 生産戦略の管理対象と分野

（2）生産管理の対象

　品質，コスト，納期という需要の 3 要素に対して，企業はそれぞれ品質管理，原価管理，工程管理という分野でコントロールを行う（図表 1 −66）。また，その他の生産管理の分野としては，設備管理や資材管理などがある。

❶quality：品質管理

　品質管理は，顧客の要求に適った品質の製品やサービスを経済的に生み出すための管理活動である。そして，顧客が要求する品質を保証するための活動を品質保証という。品質管理には，収益性の低い製品や競争力の弱い製品を整理し，望ましい製品ポートフォリオを実現するための管理活動（品種管理）が含まれる場合もある。

　製造物責任法（いわゆる PL 法）や，品質管理・品質保証の国際規格である ISO 9000 シリーズなどにより，企業は製品使用者に対する品質保証が求められている。品質管理は，統計的品質管理としてスタートしたが，日本では製造業の現場担当者による自主的な小集団活動（QC サークル活動）として展開され，さらに全社的な品質管理である TQC や，全社的な品質経営手法である TQM へと発展してきた（TQC と TQM は（4）で後述）。

❷cost：原価管理

　標準原価や許容原価を設定し，原価を維持・改善するための管理活動を原価

管理という。標準原価とは，所定の品質や価格を実現するために目標とされる予定原価であり，これと実際原価を比較して差異を計算・分析するのが標準原価計算である。

　原価管理の目的は，十分な利益を確保することにある。そのために，コストを固定費と変動費に分類して，標準原価計算や損益分岐点計算などの手法を用いてコストに関する問題点を分析し，利益改善のための対策を講じる。

　原価管理は製造業以外の業種でも行われ，IT業界においてはシステム開発のプロジェクトにおける原価の管理，建設業界においては完成工事原価などの会計処理にあわせて原価の管理が行われる。

❸delivery：工程管理

　あらかじめ計画された納期に，指定された数量を確実に納入する管理活動である。自社製品の納期を守るためには，リードタイムに応じた納期を設定し，顧客の要求する納期との調整を行い，決定した納期を基点として適切な生産計画（日程計画）を立て，工程能力を調整しながら，進捗管理を厳格に行う必要がある。また，部品の調達先や外部の協力企業などに調達品の納期を守らせる必要もあり，そのためには自社の生産計画を事前に供給側に知らせるなど，計画的な調達活動が必要である。

❹その他の管理分野

　製造業や建設業においては，品質管理，原価管理，工程管理以外にも，設備管理や資材管理などの分野がある。

- 設備管理：各種設備の計画，設計，製作，調達，運用，保全，廃棄，再利用などに関する管理活動である。調達仕様の決定，配置計画，更新・補充の検討，装置・機械・工具などの管理や性能管理などが含まれる。
- 資材管理：適正な品質の資材を，必要な部署に，必要なときに，必要な量だけ，適正なコストで供給するための管理活動である。資材計画，購買管理，外注管理，在庫管理，物流管理などが含まれる。

（3）生産形態と工程管理

　生産管理対象のうち，とくに品質管理と並んで重要なものは工程管理である。ただし，製品によって生産形態が異なるため，一律的な管理手法は存在しない。ここでは，生産形態の分類の概要を示し，それぞれに対応した工程管理について説明する（図表1－67）。

●生産タイミングによる分類

a）見込み生産（make to stock：MTS）

　事前に需要を見込んで生産した一定量の完成品を在庫として保有し，注文に応じて納入する生産方式が，**見込み生産**である。短納期の実現や生産の平準化という利点がある一方で，製品在庫が多くなる欠点がある。工程管理上は，生

【図表1－67】さまざまな生産形態

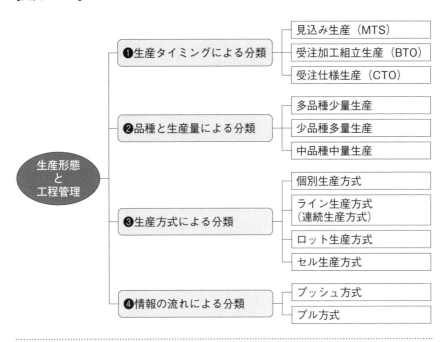

産数量を決定するための需要予測が非常に重要となるが，市場の変化が激しい昨今では予測精度を上げるために予測の期間を月次から週次へ，週次から日次へと短縮する傾向がある。

b）受注加工組立生産（build to order：BTO）

実際に受注してから完成品の生産を行う生産方式が，**受注加工組立生産**である。注文確定後に部材の最終加工および最終組み立てを行うため，ムダな在庫が発生せず，市場の変化に伴って在庫が陳腐化するリスクがない。ただし，工程管理の面では，受注してから生産に着手するため，見込み生産よりも納期が遅くなる。また，通常は一定量の部品や中間製品を在庫しておくことになるため，その効率的な管理のために **BOM**（bill of materials：部品表）などの手法を用いて管理する必要がある。

BTO は，1980年代後半以降に PC 製造・販売の大手デル社のビジネスモデル（デル・ダイレクト・モデル）として注目されるようになった。

c）受注仕様生産（configure to order：CTO）

カタログなどであらかじめ示された製品構成の中から顧客が仕様を決め，それに応じて製品を組み立てて出荷する生産方式が**受注仕様生産**である。広い意味では BTO の一種といえるが，受注後に比較的標準化された製品を作る BTO に対して，CTO は注文内容に応じて製品仕様をカスタマイズできる点が異なる。

顧客にとっては製品選択の幅が広がるというメリットがあり，企業にとっては完成品の在庫が削減できるというメリットがある。ただし，企業にとっては仕様によって必要な部品が変わるため，納期の面で高度な工程管理のしくみが不可欠となる。

❷品種と生産量による分類

a）多品種少量生産

多品種少量生産とは，多くの種類の製品を少量ずつ生産する方式であり，個別生産に多い。

b）少品種多量生産

少ない種類の製品を大量に生産する方式であり，ライン生産に多い。

c）中品種中量生産

多品種少量生産と少品種多量生産の中間の生産方式である。

❸生産方式による分類

a）個別生産方式

オーダーごとに独自の仕様・生産量・納期を設定して生産を行う方式である。納期を遵守することの重要性が高い受注生産や多品種少量生産に適している。

b）ライン生産方式（連続生産方式）

標準化された工程で，標準的な仕様・生産量・納期の製品を連続的に生産する方式である。需要予測を正確に行い，標準的な仕様の製品を単一ラインで連続的に生産することが最も効率的である。企業は規模の経済によるコストダウンを実現でき，見込み生産や少品種多量生産に適している。

c）ロット生産方式

個別生産方式とライン生産方式の中間にあたる。ある製品の1回の生産単位（ロット）ごとに，仕様・生産量・納期を設定する方式である。ライン生産がもたらす効率性の追求と，個別生産が可能とする多品種生産ニーズの両方を同時に満たすことを目的とする。過剰在庫を保有することになるコストと，ラインで製造する製品を切り替える段取替作業によるコストを考慮して，ロットサイズや段取替回数をうまく調整できるかどうかで利益が変わってくる。

d）セル生産方式

1人〜数人の作業員が，部品の取り付けから組み立て・加工・検査まですべての工程を担当する方式である。作業員は，セルと呼ばれる作業台で1人で多くの工程を担当する。生産品目を頻繁に切り替えることが可能なことから，多品種少量生産に適している。

工程管理の面では，**ライン生産方式**や**ロット生産方式**では，ライン上に生じた1つの不具合がボトルネックとなって工程全体に影響を与え，他工程の生産能力をムダにすることがある。しかし，**セル生産方式**では各々のセルが独立して稼働しているため，そのようなムダは少ない。また，1人の作業員がすべての工程を担当するため，工程内の問題点が把握しやすく，改善を行いやすい。こうした生産管理上のメリットからだけではなく，市場ニーズに迅速に対応す

ることを目的として，セル生産に取り組む企業が多い。ただし，熟練した作業
員の育成に時間がかかる。

❹情報の流れによる分類

a）プッシュ方式

計画主導型で，工程の計画と統制を一括して行い，各工程に生産指示を出す
方式である。計画と統制がスムーズに行われれば，必要な物を，必要な時に，
必要なだけ生産・供給できる。プッシュ方式生産の代表的な手法として **MRP**
（material requirements planning：資材所要量計画）がある。

b）プル方式

需要主導型で，工程間に適量の在庫を確保したうえで後工程から前工程に向
けて生産指示を出す方式である。後工程からの発注が来て初めて生産に取りか
かるため，ムダな在庫が発生しない。プル方式生産の代表的なものがトヨタ自
動車のジャスト・イン・タイム（**JIT**）である。JIT では，後工程から前工程
に対して生産指示や部品の引き取りを行う際に**かんばん**を用いる。

（4）品質管理手法

生産管理対象のうち，工程管理と並んで重要な品質管理の手法について説明
する。品質管理の手法として代表的なものには，統計的品質管理（SQC）と統
合的品質管理（TQC）がある。

❶統計的品質管理（statistical quality control：SQC）

QC 7つ道具（層別，パレート図，特性要因図，ヒストグラム，散布図，
チェックシート，管理図）などの統計的手法を用いた品質管理の手法である。
生産品すべての品質をチェックするのではなく，標本調査を行って品質特性を
評価し，その分布から母集団の品質を推定する。品質特性を検査基準と比較し
ながら，良品率や不良率で数値化する。

統計的品質管理の手法として著名なものが**シックス・シグマ**である。これは
対象となる工程が完全な状態からどの程度かけ離れているかを測定するもので，
事業経営の中で起こるミスや欠陥品の発生確率を 6σ（シグマ）（100万分の3.4）以内と

いうきわめて小さいレベルにすることを目標とする継続的な経営改革活動のことである。シックス・シグマは，日本で定着している TQC（後述）をもとに，米国モトローラ社が欧米型のトップダウン型マネジメントに適合するようにアレンジしたものであるが，GE（ゼネラル・エレクトリック）社の企業文化に取り入れられていることで有名となった。シックス・シグマの改革は，統計解析の知識を持ったブラック・ベルトやグリーン・ベルトと呼ばれる指導者のもとで進められる。

❷統合的品質管理（total quality control：TQC）

　主に製造業において，製造工程だけでなく，設計・調達・販売・マーケティング・アフターサービスといった各部門が連携をとりながら，統一的な目標のもとに組織的な活動として行う品質管理活動である。JIS（日本産業規格）の用語としては，「全社的な品質管理。品質管理に関するさまざまな手法を総合的に，かつ，全社的に展開して適用し，従業員の総力を結集してその企業の実力向上を目指すもの」と定義されている。TQC の対象を品質管理だけでなく，より広い領域で活用し，サービスや経営の質を向上させて顧客満足を達成しようとする組織活性化のための経営手法を TQM（total quality management）という。

　TQC や TQM のような組織的アプローチを実行していくには，QC サークルと呼ばれる職場内の小集団による品質管理活動が必要とされる。QC サークルは，品質向上だけでなく，従業員のモラール向上や企業体質の改善などの目的をもって行われ，QC 7 つ道具などのツールを用いて恒常的な改善活動を行う。

（5）サプライチェーン・マネジメント

❶サプライチェーン・マネジメントとは

　原材料や部品の調達から生産・流通・販売までの商品供給の流れをサプライ（供給）のチェーン（連鎖）としてとらえ，関与する組織間で情報を共有・管理しながら全体最適をめざす経営手法，あるいは，そのための情報システムのことをサプライチェーン・マネジメント（supply chain management：SCM）という（図表 1 −68）。SCM は，主に製造業や流通業において，納期の

【図表 1−68】サプライチェーン・マネジメント（SCM）

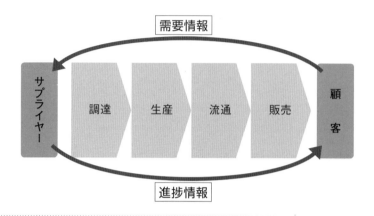

短縮，欠品による機会損失の防止，顧客満足の向上，在庫削減，物流効率化などをもたらし，結果としてキャッシュフローの最大化が可能となる。

　SCM を実現するためには，個別最適ではなく全体最適という目標に向けて，個人や組織の思考転換を図る必要がある。たとえば，メーカー（工場）だけの個別最適を追求すると，生産量が増えれば単位当たりの固定費が低下するという理由から，需要が少ないにもかかわらず生産量を増やし，不良在庫が増加するという結果になる。また，小売業者（販売側）が利益を大きくしようとして，利益率は高いが商品回転率が低い製品の販売に注力しすぎると，工場の稼働率が下がってメーカー側の遊休固定資産が多くなるという問題が発生することも考えられる。こうした問題を防ぐためには，販売実績や市場情報をもとにした精度の高い需要予測を行い，これをベースにして生産計画・在庫計画・販売計画を同期化・最適化し，計画にそった活動を行うことが前提となる。それを実現するには，サプライチェーン上にある各社がリアルタイムにデータを共有するための情報システムを構築する必要がある。

❷サプライチェーン・マネジメントの必要性

　現在の企業経営に欠かせない考え方となった SCM の重要性を認識するには，その考え方が日本に本格的に導入される以前の状況を振り返ってみる必要があ

る。1960年代の高度成長期から1980年代にかけて日本のメーカーや流通業者が採用していた戦略は，言ってみれば"プッシュ型"の供給ルートの確立であった。この時期の日本企業は，総じて需要が供給を上回るという恵まれた経営環境にあった。この「作れば売れる時代」におけるメーカーの経営課題は，いかに効率よく大量の標準化された製品を製造するか，どうやって生産能力を拡大するか，どれだけ早く全国規模の流通ネットワークを確立できるか，であった。多くのメーカーは，大規模な工場から全国に張りめぐらされた販売代理店網に至る流通チャネルを整備し，広告や販売促進などのプロモーションによって売りさばくという戦略を採用して成功した。その後，バブル経済崩壊後の1990年代からこうした経営環境が大きく変わり，市場が低迷して需要が減少し，消費者のニーズは多様化し，消費者が商品を選別する目も厳しくなった。にもかかわらず，多くのメーカーは従来のプッシュ型の生産戦略から脱却できず，その結果，工場や流通段階に陳腐化した製品が停滞し，在庫コストが経営を圧迫するようになった。つまり，市場変化のスピードと消費者ニーズや価値観の多様化によって，プッシュ型の生産戦略は機能不全に陥ったのである。

❸プル型サプライチェーン・マネジメントへの転換

今日，ハイスピードで変化する市場では，あっという間に在庫が陳腐化してしまう。また，この市場の変化は予測が難しいため，過去のデータから将来の需要を算定するのはきわめて難しい。こうした経営環境に対応できるしくみが，プル型サプライチェーン・マネジメントのモデルである。実際の需要に応じて情報が販売→流通→生産という過程をさかのぼっていくプル型モデルでは，市場や顧客の動きを的確かつ迅速につかみ，短い生産リードタイムで納品する。そのためには，これまで月次で販売計画や生産計画を立てることを基本にしていた多くのメーカーは，週次，さらには日次で計画を更新して変化に対応することが求められている。また，こうしたプル型モデルを機能させるには，企業間でリアルタイムの情報共有を可能とするシステムの導入が不可欠となる。

一方で，プッシュ型モデルの有効性も否定できない。したがって，需要のタイプをきちんと識別したうえで，プッシュ型とプル型の最適なミックスを設計する必要がある。たとえば，即納を求められる汎用品などは適正量の在庫を持

つ従来どおりのプッシュ型サプライチェーンが望ましいし，受注頻度が少なく不定期な特殊品などはプル型による受注生産を行うほうがよい。

❹サプライチェーン・マネジメントを成功に導く5つの要素

a）サービスレベルの戦略的な設定

　どんなに豊かな経営資源を有する企業であっても，すべての顧客に完全なサービスを提供することは困難であり，多大なコストがかかる。経営資源に限界があることを前提にすると，全方位的な努力をするのではなく，顧客をランクづけしたり，顧客数が多い場合にはグループ分けし，それぞれの顧客が期待するサービスレベル，つまり，QCD（品質・コスト・納期）を明確にすることで，サプライチェーン内のムダを省くことができるのである。そのためには，どのような基準で顧客の優先づけを行うのかや，顧客（グループ）ごとの標準リードタイムや適正在庫水準の明確化が求められる。

b）需要予測精度の向上

　プル型モデルのサプライチェーンを成功させるには，需要の変動に迅速に対応できる柔軟なしくみを構築することが必要である。また，その一方で，需要予測の精度を高めることも必要である。予測精度が高ければ高いほど，需要の変動幅が少なく，計画どおりの生産活動ができるだけでなく，ムダのない資材調達や必要な生産キャパシティの確保が可能になる。

c）業務フローの再設計

　効果的なサプライチェーン・マネジメントを実現するためには，業務フローを再設計することも重要である。具体的には，①業務フローとルールの明確化，②適切なサプライチェーンのデザイン，③生産計画サイクルの見直しという3つの点が必要になる。

　①「業務フローとルールの明確化」を行う目的は，機能と機能のつなぎ目で，情報共有の不足や遅れが生じないようにするためである。サプライチェーンには，受発注・調達・生産・配送といったさまざまな機能があり，それぞれの機能を別の会社が担う場合が多い。業務フローがまさにチェーン状につながっているために，1つの業務が滞ると後続する業務もすべて滞り，リードタイムが長くなってしまう。たとえば，顧客の実需情報や数量変更，納期変更の情報を

販売会社が入手しているにもかかわらず，それが流通業者やメーカーに伝わっていないと納期遅れが発生する。また，営業や生産を担う企業がそれぞれの思惑で情報を修正することがあり，たとえば，欠品を心配する販売会社が実需にプラスアルファした数量をメーカーに伝えたり，販売会社が常に多めの発注を入れてくることを知っているメーカーは少なめに生産するなどの調整をしたりして，在庫の滞留や製品の欠品などの問題が発生することがある。いずれも部分最適に陥っているからであるが，このような問題の発生を防止するには，機能横断型チームを編成して，どのような手順やルールで業務をつないでいくかを見直し，明文化やシステム化を行う必要がある。

　②「適切なサプライチェーンのデザイン」の目的は，製品や顧客の特性に応じて，プッシュ型とプル型の最適ミックスを見つけることにある。製品特性やターゲットとする市場セグメントの需要に合致したサプライチェーンをデザインする。

　③「生産計画サイクルの見直し」の目的は，市場の変化に迅速に対応することにある。これまで月次ベースで行ってきた需給調整を，より短い週次または日次に切り替え，顧客や市場から鮮度の高い情報をタイムリーに吸い上げ，少なくとも週次ベースでの需給調整をしなければならない。

d）部門別業績評価指標の見直し

　従来のプッシュ型サプライチェーンでは，設備や生産キャパシティを最大限に活用して生産量を最大化することが良しとされていたため，毎月の生産高を業績評価の主たる指標としてきた。しかし，そのために段取替が発生する小ロット品が後回しになったり，納期が軽視されるなどの弊害が生じ，顧客満足度を低下させる結果となっていた。プッシュ型からプル型のサプライチェーンに転換するに伴い，それぞれの部門がどのような基準で評価されるのかを見直し，新たな価値観を組織内に浸透させる必要がある。

e）情報通信技術（ICT）の活用

　サプライチェーンは，さまざまな企業にまたがる大規模な組織なので，情報共有にはICTの活用が欠かせない。インターネットの普及により，企業間ネットワークの構築が容易となっているが，IoTやAIなどの技術を盛り込んだサプライチェーン・マネジメント情報プラットフォームの構築が必要とされてい

る。これによって，川下（小売や卸売段階）における実需情報，在庫情報，川上（生産や原材料調達段階）における生産進捗情報，納期情報などをタイムリーにチェーン全体で共有することができ，企業間の不要な調整業務が減るとともに，プロセスのスピードを向上させることができる。

4 情報化戦略

（1）企業経営と情報システム

❶情報化戦略の重要性

情報化戦略は，全社戦略や事業戦略を実現するために，**情報通信技術**（information and communication technology：**ICT**）をどのように活用するか，そして，必要な ICT にかかわる資源をどのように調達するかという戦略である。

以前は，情報通信技術は単に業務を効率化したり，人的コストを低減させるために用いられるという面が強かった。しかし，現在では情報通信技術の適用範囲は，顧客獲得のためのマーケティングから販売，効率的な生産や物流，人や資産の管理に携わる人事総務，そして，経営の意思決定に至るまで，大きく広がっている。

昨今，DX（digital transformation：デジタル・トランスフォーメーション）が叫ばれているが，これはデジタル技術を活用することで，ビジネスや人々の生活が変容していくことを意味する。つまり，個別の業務に情報システムを導入して業務を改善するというレベルではなく，組織横断的に業務全体のプロセスを見直し，顧客価値を創出する製品や事業を開発したり，ビジネスモデルを変革するために情報化戦略が果たす役割は大きくなっている。

その一方で，顧客情報や知的資産の保護，BCP（事業継続計画）の策定など，リスクマネジメントの観点にもとづく，いわば守りの戦略も欠かせない。

❷経営情報システムと企業組織

　経営情報システムは，「IT（information technology）システム」や「情報通信システム」とも呼ばれるように，情報通信技術を駆使したシステムのことである。

　経営情報システムの運用には，現場部門だけでなく，ICT 部門や経営部門もかかわることになる。企業内の ICT 部門は，開発や保守を含む運用を担い，現場部門は経営情報システムを利用して製造活動や保管活動，営業活動を実施しながら経営情報システムに情報を蓄積していく。そして，経営部門は経営情報システムに蓄積された情報と，システムによる支援をもとに，製品製造計画や新製品投入計画などの経営にかかわる意思決定の役割を担う（図表1 −69）。

【図表1 −69】経営情報システムと企業組織

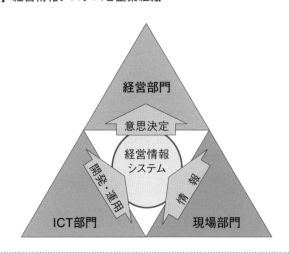

❸経営情報システムの開発と ICT 部門の役割

　経営情報システムの開発方法としては，企業内にある ICT 部門が開発する方法と，外部のシステム開発会社（**システム・インテグレータ**：SIer）に委託する方法がある。日本では，システム開発を外部のシステム開発会社に委託することが多いとされる。図表1 −70は，経営情報システムの開発におけるICT 部門とシステム開発会社の役割を示している。

【図表1−70】ICT 部門とシステム開発会社の役割

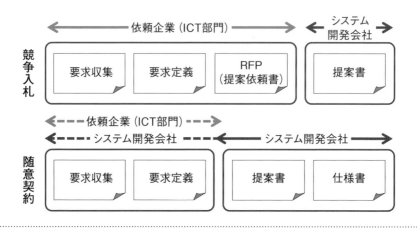

a）ICT 部門の役割

　ICT 部門には，経営部門が定める目的にそった経営情報システムを実現する責任がある。そのために，経営部門や現場からの要求を精査し，経営情報システムの目的を実現するために必要十分な要求定義を作成し，システム開発会社を選定し，システム開発を管理し，検収完了までの作業を担当する。

b）システム開発会社の役割

　システム開発会社の本来の役割は，ICT 部門が提示した要求定義にもとづいてシステムを開発することである。

　競争入札の場合，依頼企業の ICT 部門が要求定義や **RFP**（request for proposal：提案依頼書または見積依頼書）を作成し，システム開発会社からの提案書をもとに委託先を選定する。そのため，システム開発会社の役割は，専ら提案したシステムを完成させることに限定される。一方，随意契約の場合は，依頼する企業は，システム開発会社の支援をもとにしながら，システムに関するさまざまな仕様を変更していくことが多いため，システム開発会社の役割は依頼企業によって異なることが通例である。

❹内部統制と IT 統制

内部統制とは，業務の有効性と効率性の向上，財務報告の信頼性の担保，関連法規の遵守，資産の保全を目的とする管理活動である。そして，IT に対する内部統制である **IT 統制**は，企業などの組織が健全かつ有効，効率的に運用され，不正やミスがなく業務が実施されるように，業務の基準や手続きを規定して，その規定にもとづいて管理や監視を実施することを目的としている。

IT 統制は，全社的統制（IT company level control：ITCLC），IT 業務処理統制（IT application control：ITAC），IT 全般統制（IT general control：ITGC）という要素で構成されている。現在，企業の日常業務，とくに財務・会計業務は，ICT システムによって実現されているため，内部統制や IT 統制において ICT システムは重要な役割を担っている。

（2）経営情報システムの運用

経営情報システムは，自社内で運用する形態から，データセンターでの運用に切り替わりつつある。また，クラウド・コンピューティングが普及したことにより，データセンターにおける事業形態はサーバーなどの機器の提供からサービスの提供へと移行し，経営情報システムの構成形態を変化させている。さらに，グループウェアが浸透したことによって，経営情報システムにおける情報の共有化が促進されている（図表 1 −71）。

【図表 1 −71】経営情報システムの運用

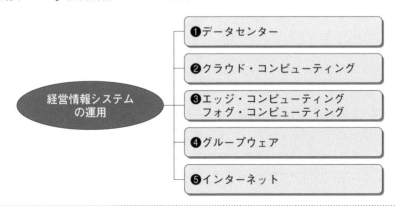

❶データセンター

　データセンターは，企業のサーバーを預かるサービスを事業としている施設のことである。データセンターのサービスには，場所とネットワークを提供するハウジング・サービスと，レンタル用サーバーや仮想サーバーによるホスティング・サービスがある。また，付加的なサービスとしては，セキュリティ対策やデータベースの保守などの維持管理サービスがある。インターネット・サービスを行っているデータセンターを，とくにインターネット・データセンター（internet data center：IDC）と呼ぶことがある。

❷クラウド・コンピューティング

　クラウド・コンピューティングは，インターネットの普及によって実現されたコンピュータ・システムの形態であり，ソフトウェアやプラットフォーム，インフラなどを提供するサービスである。NIST（National Institute of Standards and Technology：米国国立標準技術研究所）によれば，クラウド・コンピューティングの定義は，①on-demand self-service（オンデマンドのセルフサービス），②broad network access（幅広いネットワーク・アクセス），③resource pooling（リソースの共用），④rapid elasticity（急速な弾力性），⑤measured service（計測されるサービス）という5つの要素を満たすものである。つまり，クラウド・コンピューティングは，ネットワークやハードウェア，ソフトウェアなどの資源を共有プールで管理してサービスとして提供する形態のことをいう。クラウド・コンピューティングは，仮想化技術によって実現され，また，リソースの共有によって弾力的な運用を可能としている。

　クラウド・コンピューティングの環境を利用するサービスには，一般のインターネット利用者を対象とするパブリック・クラウドと，利用者が企業内に限定されるプライベート・クラウドがある。

　従来，企業情報システムは自社内で，もしくは，データセンターのホスティング・サービスやハウジング・サービスを利用して運用されてきた。比較的小さなシステムの場合には，必要となるリソースも一定であるため，自社やデータセンターでの運用に問題はない。ところが，急成長したり，多角化していく企業ではシステムを拡張していく必要があり，リソースが固定されている自社

やデータセンターでは頻繁にシステム拡張を繰り返すことになる。そこで，プライベート・クラウドを利用することによってシームレスなシステム拡張が可能となる。また，企業の web サイトの運用においては，パブリック・クラウドを組み入れることで弾力的にサービスを拡張することが可能となる。

クラウド・コンピューティングには現在，ソフトウェアをサービスとして提供する **SaaS**（software as a service），プラットフォームをサービスとして提供する **PaaS**（platform as a service），ネットワークを含むインフラをサービスとして提供する **IaaS**（infrastructure as a service）などの形態がある。

代表的な SaaS としては，グループウェア，仮想デスクトップ，会計ソフトウェア，オフィス・アプリケーションなどがある。また，代表的な PaaS の例としては，米国 Google 社の Google App Engine などがある。そして，代表的な IaaS の例としては，米国 Amazon 社 Amazon EC2 や，米国 Microsoft 社の Azure がある。

❸エッジ・コンピューティングとフォグ・コンピューティング

クラウド・コンピューティングでは，データ収集や操作の対象となるフロントエンド・デバイスが，遠く離れたクラウドに配置されたサーバーシステムと直接通信するため，通信に時間がかかる。また，接続するデバイスが増えるにつれて通信量と処理量が増大し，データ収集からデータ分析の結果にもとづく操作までの処理時間が長くなるという問題がある。これを解決するために考えられたのが**エッジ・コンピューティング**（edge computing）である。

エッジ・コンピューティングでは，データ処理や制御を行うサーバーシステムをフロントエンド・デバイスやその環境が存在するネットワークの端（エッジ）近くに配置して通信時間を短くする。そして，分散処理をすることで，通信量と処理量を抑え，リアルタイムのデータ収集からデータ分析，分析結果にもとづく操作までにかかる時間を短縮する。

一方，**フォグ・コンピューティング**（fog computing）は，米国 Cisco 社が提唱したコンピューティング手法で，フォグ（霧）がクラウド（雲）に性質が似ている一方で，より地表に近いことに由来する。フォグ・コンピューティングは，ネットワークの端（エッジ）においてクラウド・コンピューティングの

技術を使い，クラウド・コンピューティングとのシームレスな連続性を確保する手法である。

❹グループウェア

グループウェアは，企業内の共同作業者が意思疎通するためにイントラネット上で利用するソフトウェアの総称である。情報の共有，社内リソースの共有，スケジュールの共有など，以下に挙げるようなさまざまな機能がある。

①情報共有機能：電子メールやメッセージ，掲示板，アドレス帳管理，報告書管理などの機能

②ファイル管理機能：文書やデータの最新版の管理と共有化を行う機能

③スケジュール機能：個人のスケジュール管理機能，メンバー全員のスケジュール共有機能

④プロジェクト管理機能：プロジェクトにおけるタスクやマイルストーン（節目の工程）を管理する機能

⑤社内施設共有機能：会議室など社内施設の利用や予約の管理機能

⑥電子会議機能：インターネットを利用したリアルタイムのビデオ会議，音声会議，インスタント・メッセージの交換などを実現する機能

⑦ワークフロー：事務処理の流れや申請・承認プロセスを明確にする機能

現在，グループウェアの提供形態は，ソフトウェアのパッケージ販売からクラウド・サービスに移行している。

❺インターネット

a）インターネットとICT

インターネットが普及したことにより，通信技術を使ったビジネスが発展してきた。**インターネット**は，接続されているすべてのデバイスにまたがるビジネスのプラットフォームとなっている。現在，インターネットは，さまざまなサービスを生み出す基盤としてビジネスの形態を大きく変化させているだけでなく，個人の生活様式や社会基盤（インフラ）も変化させている。

インターネット上にある世界中の情報を蜘蛛の巣のように結びつけるために

作られたサービスをWWW（World wide web）という。WWW は，現在では
SNS や EC などのインターネット上のさまざまなサービスを生み出す基盤と
なっている。**SNS**（social network service：ソーシャル・ネットワーク・サー
ビス）は，インターネット上に構築された，利用者の交流を目的とする社会的
ネットワークサービスである。代表的な SNS には，Twitter，Facebook，
WhatsApp，Instagram，LinkedIn，LINE がある。SNS によって，時間と場
所の制約なしに，同じ趣味や興味，仕事などの話題をかんたんに共有すること
が可能となり，利用者の社会生活に変革がもたらされている。広義の SNS に
は電子掲示板も含まれるが，狭義の SNS はコミュニティ型の会員制サービス
に限定される。SNS を利用するのは個人だけでなく，企業や政府機関，地方
自治体などの情報発信手段としても活用されている。また，企業などの組織で
は，SNS を製品やサービスの紹介，イベントの告知，キャンペーンの紹介に
利用するだけでなく，企業内で SNS を構築し，内部の情報共有に活用してい
るケースもある。

b）EC（電子商取引）

EC（electronic commerce：電子商取引）は，インターネットの普及に伴っ
て拡大してきた。経済産業省の「電子商取引に関する市場調査報告書」では，
狭義の EC を「インターネット技術を用いたコンピューターネットワークシス
テムを介して，商取引（受発注）が行われ，かつ，その成約金額が捕捉される
もの」としている。また，広義の EC を「コンピューターネットワークシステ
ムを介して，商取引（受発注）が行われ，かつ，その成約金額が捕捉されるも
の」と表現している。

EC は主体となるのが企業か消費者かという基準によって，企業間電子商取
引である B2B（business to business），消費者向け電子商取引である B2C
（business to consumer），消費者間電子商取引である C2C（consumer to
consumer）に分けられる。

B2B は，企業間電子商取引であり，企業間の物品売買やサービス提供，企
業と金融機関との取引などが含まれる。**B2C** は，消費者向け電子商取引であり，
ソフトウェアや画像，動画，音楽，書籍などのコンテンツ販売やコンテンツ配
信に加えて，オンラインゲーム，アミューズメント，旅行契約，銀行取引，株

取引など，さまざまな取引が行われている。C2C は，消費者間電子商取引であり，中古品や新古品を取引するインターネット・オークションなどの一般消費者間の取引が含まれる。ただし，一般消費者間のオークションはインターネット・オークション運営企業のサイト上で行われており，インターネット・オークションサイトを運営するビジネス自体は B2C の EC である。

❻ビジネスプロセス改善や効率化のための業務システム

経営情報システムは，電子データ処理から始まり，コンピュータの処理能力の向上や周辺機器の進化により，ビジネスプロセスの改善や効率化のための業務システムへと進化してきた。ここでは，こうした業務システムの中で，さまざまな業務にまたがるものとして多くの企業で活用されているシステムについて，説明する。

a）ERP（enterprise resource planning）

ERP は，企業におけるさまざまな業務管理のための統合システムのことである。商品企画から開発，製造，マーケティング，販売，出荷，在庫，経理，人事まで，ビジネスのあらゆる段階のデータを共通管理することを目的としている。

b）SFA（sales force automation）

SFA は，日本語では「営業支援」と訳され，営業活動の効率化を目的とした管理システムの総称である。ICT の革新によって SFA も進化し，営業部門全体の業務効率を向上させるだけではなく，モバイルコンピューティングを使うことで顧客先における営業支援も可能になっている。

c）CRM（customer relationship management）

CRM は，「顧客関係管理」と訳され，顧客との関係性の構築・維持・向上を通じて，企業の収益を高めることを目的とする管理システムの総称である。顧客との直接的な関係を持つすべての部門において，ICT を活用しながら顧客との接点（コンタクト・ポイント）から収集したデータを共有し，AI などの技術を活かして分析・予測を行い，顧客に対する最適な対応を実現することをめざしている。

（3）ICT の新しい流れ

ICT は常に進歩を続け，新たな分野を生み出している。

仮想通貨であるビットコインの基盤技術として開発されたブロックチェーンは，企業間のビジネス・プロセスのコストと複雑性を大幅に削減する新たなデジタル取引方法の基盤になると見込まれている。また，IoT（機器同士が自動的に情報交換をするためのインフラ）を基盤として，製造業の革新的な高度化をめざすインダストリー4.0がドイツ政府によって推進されている。そして，近い将来，人間の知能を超えることが予想されている AI は，すべてのビジネスシーンで変革をもたらすと考えられている（図表1－72）。

❶ビッグデータ

ビッグデータに明確な定義はなく，「統計ソフトウェアやツールを使った解析が必要なほど大きなデータ」という意味で用いられている。

ビッグデータは，インターネットの普及と，スマートフォンなどのモバイル・コミュニケーション・ツールの浸透によってデータ収集能力が向上したことと，そのデータを分析するためのインターフェースが公開されたことによって活用が進んできた。インターネットで収集されたビッグデータが利用可能と

【図表1－72】ICT の新しい流れ

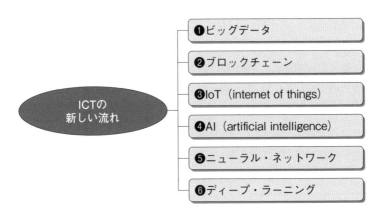

なったことにより，その認知度が上がった。ただし，ビッグデータはインターネット上で収集されるものだけではない。**POS**（point of sales：販売時点情報管理）の利用によって収集されるデータや，**ポイントカード**や電子マネーとして機能する IC カードの利用時に収集されるデータ，ETC，カーナビ，GPS によるデータなどもビッグデータに含まれる。また，広義のビッグデータは，データを活用するためのデータ処理・蓄積・分析などの技術や人材，組織を含む。

ビッグデータの特徴は，量（volume），多様性（variety），発生速度や更新頻度（velocity）という点にある。量の面では，数十テラバイトからペタバイトという大容量のデータを扱う。多様性の面では，通常リレーショナル・データベースで扱う顧客データや売上データといった構造化データだけでなく，テキスト，音声，ビデオ，ログファイルなどの非構造化データを扱う。また，データがリアルタイムに発生するため，迅速な更新処理を必要とする。

現在，インターネットで収集されるビッグデータとしては，検索サイトでの検索ワードやアクセスされるサイト，SNS 上で収集される会員情報やアクセスされる情報，EC サイトの会員情報や購買履歴などがある。これらは，企業側の商品開発やマーケティング，営業戦略に活かされているだけでなく，各会員が興味を持ちそうな情報を選択して提供するリコメンデーション（推奨）機能にも利用されている。

また，インターネット以外のビッグデータもさまざまな用途で利用されている。たとえば，小売店の場合，POS データを店舗の仕入れや商品配列などに活かすだけでなく，メーカーに対して商品開発やマーケティングのための情報として提供される場合もある。ポイントカードの利用によって収集されるビッグデータは，利用者個人の嗜好を分析することに利用される。カーナビの走行データは，渋滞を回避し，目的地へのより速いルート案内を行うために利用される。なお，インターネット上のビッグデータに関しては，Google がデータ分析サービスを提供しており，中小企業や小規模事業者でも自分たちでデータ解析ができる環境が整ってきている。

こうしたことから，ビッグデータを活用した情報化戦略は，とくにマーケティング・リサーチやプロモーションなどのマーケティング戦略に大きな影響を与えていくと考えられる。

❷ブロックチェーン

　一定時間ごとにブロックと呼ばれる順序づけられた履歴の 塊 をデータの単位として生成し，それらのブロックをチェーンのように連結していくことでデータを保管する分散型データベースである。**ブロックチェーン**は，対等の端末同士が通信を行う **P2P**（peer to peer）ネットワークと分散型タイムスタンプサーバーによって自律的に管理される。各ブロックには，タイムスタンプと前のブロックへのリンクが含まれており，ブロックの内容は直前のブロックのハッシュ値（元データから算出した固定長の値）に依存するため，チェーンに追加されたブロックを改ざんすることは，それ以降のブロックをすべて破棄しない限り不可能であるとされている。このように，ブロックチェーンは改ざんがきわめて困難であるため，これを利用すれば，第三者機関を必要としない直接取引，不可逆的な取引，少額取引における信用コストの削減，手数料の低コスト化，二重支払の防止などを実現するデジタル取引を構築でき，価値を持つすべてのモノを追跡したり，交換したりできるようになる。

　ブロックチェーンは，仮想通貨ビットコインの基盤技術として有名になったが，その用途はビットコインにとどまらない。ブロックチェーンを使うと，価値を持つすべてのモノを追跡できるようになるため，たとえば産地偽装や製造日の偽装などの問題も起こらなくなるといわれている。さらに，ブロックチェーンは信頼性，説明責任，透明性を担保しながら，企業間のビジネス・プロセスのコストと複雑性を大幅に削減する新たなデジタル取引方法の基盤になると見込まれる。

❸IoT（internet of things）

　日本語では「モノのインターネット」と訳され，インターネット上で識別可能なあらゆるモノが，利用者を介さずにインターネット上で相互接続し，情報交換するためのインフラである。**IoT** につながるモノには，実空間のデータを収集するためのセンサー機能だけでなく，実空間へのさまざまなフィードバックを実現するためのアクチュエータ機能が実装されることが想定される。IoTは，接続されるモノの数が膨大となることから，M2M（machine to machine）の延長ではなく，新たな社会インフラと考えるべきである。

IoTを可能にした基盤技術は，インターネットとクラウド・コンピューティングであり，IoTはインターネットを利用したユビキタス・コンピューティングともいえる。IoTでつながるモノは，自動車や家庭電化製品，電力メーター，ガスメーター，産業用機器にとどまらず，独立して機能しているシステムもその対象となる。IoTの利点は，いろいろな機器がインターネットを介して情報交換することにより，人間が介在することなく最適な手法や操作が選択されることである。たとえば，道路情報や交通情報，ETC，GPSを利用して，自動運転や渋滞解消を実現することが期待できる。

IoTは今後，幅広い分野で急速に浸透し，新たなビジネスを生み出す原動力になると考えられる。IoTで収集される情報はインターネット上のビッグデータとなり，AIへの入力情報ともなる。その一方で，IoTの弱点としてセキュリティ面のリスクの存在が挙げられる。IoT上のさまざまな機器がクラッキングされた場合には社会インフラの崩壊の危険性もある。たとえば，自動車自体の情報や自動車からの情報が故意に変更されると，衝突防止や自動運転，渋滞解消などのシステムが機能不全に陥ることになる。

❹AI（artificial intelligence）

AI（人工知能）の歴史は古く，1956年にさかのぼる。創成期のAIはICTに関するさまざまな技術的制約があって停滞していた。しかし，コンピュータ・システムやネットワークの高速化と大容量化，クラウド・コンピューティングやIoTの普及，統計やニューラル・ネットワーク，機械学習，推論などさまざまな分野における研究が進んだことを受けて，2000年以降は飛躍的に発展している。とくに，ビッグデータ，ニューラル・ネットワーク，ディープ・ラーニング，ファジー推論やカオス理論などの研究の進展が創生期におけるAIの課題を解決してきた。現在研究されているAIは，特化型AI（narrow artificial intelligence）と汎用AI（artificial general intelligence：AGI）に分類される。特化型AIはさらに，画像認識や音声認識などを対象とした認識系特化型AIと，ロボットやチェス，囲碁，ゲームなどを対象とした制御・推論系特化型AIに分けられる。

AIは，企業経営において，経営から営業，人事，生産まですべてのビジネ

ス・プロセスで変革をもたらすことが考えられる。経営の分野では，経営戦略の策定を支援するSISや，経営上の意思決定を支援するBI（ビジネス・インテリジェンス）などのシステムを進化させる。営業の分野では，営業活動の効率化を目的としたSFAや，顧客との関係構築・維持・向上を目的としたCRMなどのシステムを進化させる。人事の分野においては，採用やキャリアパスの最適化，タレントマネジメントなどへの活用が期待されている。生産の分野では，AIを搭載したロボットが人間の作業を代替し，自動生産を可能とする。

❺ニューラル・ネットワーク（neural network：NN）

　ニューラル・ネットワークは，人間の脳の情報処理における神経網の特徴をコンピュータで模倣した数学モデルであり，日本語では「神経回路網」と呼ばれる（neuro：神経の）。ニューラル・ネットワークは，パターン認識などに有用であり，画像認識や音声認識，手書き認識，機械翻訳などをテーマとして，さまざまな研究が行われてきた。現在，ニューラル・ネットワークは，ディープ・ラーニングの基礎技術として注目されている。ニューラル・ネットワークを使って，期待する出力結果を得るためには，入力データと出力データの関係を学習させる必要がある。この学習方法には，入力と対応する出力の目標の例を与える「教師あり学習」と，AI自身が自動的に入力パラメータの重みを調整する「教師なし学習」の2種類がある。

❻ディープ・ラーニング（deep learning）

　ディープ・ラーニングは，AIの研究における重要な基礎技術であり，日本語では「深層学習」と呼ばれる。ディープ・ラーニングは，ディープ・ニューラル・ネットワーク（deep neural network：DNN）にもとづく機械学習の一種であり，大量の画像や音声などのデータを処理しつづけることで，それらのデータの特性を分析して，データが全体として持つ特徴を検出し，対象とする課題の解決に必要な特徴量を自動的に設定できるようにするものである。今後は，ディープ・ラーニングによって，生体認証で必要となるパターン認識の精度の向上や，AIにとって特定の課題に対応した事象だけを抽出することが非常に難しいという**フレーム**問題を解決できるものと期待されている。

（4）情報セキュリティの重要性

　情報には，災害などによる喪失，なりすましなどのハッキング，クラッキングによる漏えいや改ざん，盗難などの危険性があり，実際に事件が起きると企業経営にとって重大な危機を招く。こうした事態を予防し，情報の安全性を確保することが情報セキュリティ対策である。情報セキュリティというと，電子データが対象であると考えがちであるが，紙で保管する情報のセキュリティ対策も重要である。情報セキュリティの基本は，機密性，完全性，可用性であり，情報セキュリティを実現するための重要技術として，暗号技術がある。

❶情報セキュリティの要件

　情報セキュリティ対策に必要な要件は，ISO/IEC 27001（JIS Q 27001情報技術—セキュリティ技術—情報セキュリティマネジメントシステム—要求事項）で規定されており，管理方法の実践に関してはISO/IEC 27002（JIS Q 27002情報技術—セキュリティ技術—情報セキュリティ管理策の実践のための規範）において示されている。

a）基本情報セキュリティ要件

　情報セキュリティの基本は，①情報の機密性（confidentiality），②完全性（integrity），③可用性（availability）を維持することである（図表１−73）。これらは，頭文字を組み合わせて，「セキュリティのCIA」と呼ばれる。

- ①機密性：機密と指定された情報を外部に漏えいできない状態にすることであり，権限を与えられた主体だけが権限の範囲内でアクセスできるように情報を管理することが最低限の必要条件である
- ②完全性：情報に対して改ざんや消去が行われていない状態でありつづけることを意味し，外部からの不正アクセスへの対策だけではなく，権限を与えられた主体のミスや怠慢，悪意による変更への対策，偶発的な故障や災害への対策などが最低限の必要条件である
- ③可用性：必要なときに常に情報へアクセスできる状態でありつづけることであり，外部からの攻撃だけでなく，偶発的な故障や災害への対策が最低限の必要条件である

【図表1−73】 情報セキュリティの基本（セキュリティの CIA）

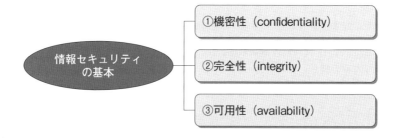

b）拡張セキュリティ要件

　ISO/IEC 27002（JIS Q 27002）では，上記の機密性，完全性，可用性に加えて，真正性（authenticity），信頼性（reliability），責任追及性（accountability），否認防止（non-repudiation）に言及している。真正性（情報にアクセスする組織や個人が許可された者であること）を担保するには，デジタル署名や二段階認証などの対策がとられる。信頼性（データやシステムを利用して意図した結果が出ること）のためには，システムやソフトウェアを不具合のないように設計・構築する必要がある。また，責任追跡性や否認防止のためには，アクセスログやシステムログ，操作履歴やログイン履歴を残す必要がある。

❷セキュリティ対策の基本

　セキュリティ対策は，脅威を理解し，脅威に対する脆弱性を特定することでリスクを特定し，脅威と脆弱性からリスクを分析・評価して，リスク対応を検討し，管理策を策定し，管理を実行するという手順で実施する。

a）脅威（threat）

　JIS Q 27000では，**情報セキュリティにおける脅威**を「システムまたは組織に損害を与える可能性がある，望ましくないインシデントの潜在的な原因」と定義している。ここで**インシデント**とは，セキュリティにかかわる事案のことであり，具体的には，実際に発生したウイルス感染や不正アクセス，情報漏えいなどを意味する。

【図表1−74】脅威の種類

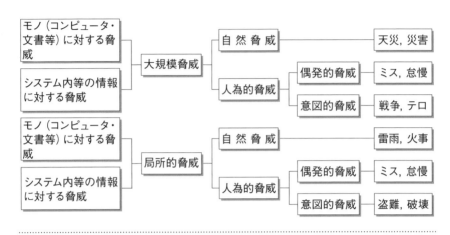

　脅威には，大規模な脅威と局所的な脅威がある。大規模で偶発的な脅威には自然災害などがあり，大規模な人為的脅威には戦争やテロなどがある。また，脅威の対象には，書類やコンピュータなどのモノに対する脅威と，システム内やネットワーク上の情報に対する脅威がある。そして，人間に起因する人為的脅威には，意図しない偶発的脅威と悪意のある意図的脅威があり，意図しない脅威にも避けることが容易な脅威と避けることが困難な脅威がある（図表1−74）。

b）脆弱性（vulnerability）

　JIS Q 27000では，**情報セキュリティにおける脆弱性**を「1つ以上の脅威がつけ込むことのできる，資産または資産グループが持つ弱点」と定義している。脆弱性は脅威に対応して存在し，企業ごとの対策によってその差は大きい。

　たとえば，コンピュータ・システムが単一，もしくは，同じ地域にのみ設置されている場合，大規模脅威である地震や津波，大規模水害，大規模火災，大規模停電などに対する脆弱性が存在する。こうした脆弱性に対して，企業は拠点を離れた複数の箇所に設置したり，**BCP**（business continuity plan：事業継続計画）を策定するなどして，平時から備えておく必要がある。

　一方，鍵のかからない場所に機密書類を配置している場合，人間に起因する局所的なモノに関する脅威に対する脆弱性が高いということになる。図表1−

【図表1－75】セキュリティ対策のプロセス

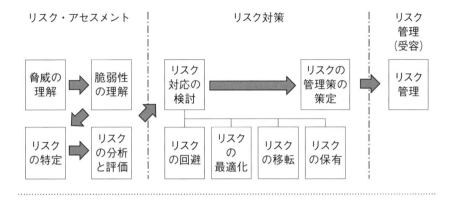

75に脅威や脆弱性の理解から始まるセキュリティ対策のプロセスを示す。

c）リスク（risk）

JIS Q 27000では，**情報セキュリティにおけるリスク**を「資産または資産グループの脆弱性につけ込み，そのことによって組織に損害を与える可能性」と定義し，「これは，事象の発生確率と事業の結果との組合せによって測定できる」としている。つまり，たとえば，大規模災害の脅威に対するコンピュータ・システムの設置場所によるリスクはどの企業にも存在するが，それぞれの企業の事業展開規模によって，そのリスクの重大性は異なることを意味する。

ISO（国際標準化機構）における情報セキュリティ管理の手引書であるGMITS（Guidelines for the Management for IT Security）では，リスク・マネジメント（risk management）を「リスクに関して組織を指揮し管理する調整された活動」と定義している。リスク・マネジメントは，リスク・アセスメント，リスク対応，リスクの受容，リスク・コミュニケーションで構成されている。

図表1－76において，**リスク・アセスメント**（risk assessment）とは，「リスク分析からリスク評価までのすべてのプロセス」のことである。また，リスク対応とは，「リスクを変更させるための方策を選択および実施するプロセス」のことであり，リスク・アセスメントの結果，リスクに対して対策を選択して実施することを意味する。リスク対応には，①リスクの回避，リスクの最

適化，リスクの移転，リスクの保有がある。①リスクの回避とは「リスクのある状況に巻き込まれないようにする意思決定，又はリスクのある状況から撤退する行為」である。②リスクの最適化とは「リスクに関連して，好ましくない結果及びその発生確率を最小化し，かつ，好ましい結果およびその発生確率を最大化するためのプロセス」である。③リスクの移転とは「リスクに関して，損失の負担または利益の恩恵を他者と共有すること」であり，保険もリスクの移転の1つである。④リスクの保有は「あるリスクからの損失の負担または利益の恩恵の受容」であり，リスク対策のコスト，適用可能性，法的要求事項を検討しながら，損益計算をもとに許容可能なリスクを保有することである。

　リスクの受容は，「リスクを受容する意思決定」のことであり，リスク対応後の残留リスクを積極的に受容する意思決定を意味する。また，リスク・コミュニケーション（risk communication）とは「意思決定者と他のステークホルダーの間における，リスクに関する情報の交換または共有」であり，リスク対応やリスクの受容を実施した企業と，そのリスクの影響を受ける可能性のあ

【図表1−76】リスク・マネジメントの構造

リスク・マネジメント			
リスク・アセスメント			
	リスク分析		
		リスク因子の特定	
		リスク算定	
	リスク評価		
リスク対応			
	①リスクの回避		
	②リスクの最適化（リスクの低減）		
	③リスクの移転		
	④リスクの保有		
リスクの受容			
リスク・コミュニケーション			

るステークホルダーとの間の情報交換や情報共有である。

d）具体的なセキュリティ対策

　リスクの最適化（リスクの低減）のためには，さまざまな情報セキュリティ対策が必要となる。

　日本では「内部は安全であり，外部は危険」と一般的に考えられ，セキュリティ対策は外部からのクラッキングやサイバー・テロなどに対するネットワーク・セキュリティ対策に重点が置かれてきた。しかし，「内部は安全」という考え方は過信であり，どこにでもリスクは存在し，機密書類の持ち出しなどのリスクも存在する。

　具体的なセキュリティ対策としては，①機密性と完全性のためのネットワーク・セキュリティ対策，②機密性と完全性のためのユーザ認証によるセキュリティ対策，③機密性と完全性のための物理的セキュリティ対策，④可用性のためのセキュリティ対策がある。また，セキュリティを守るための重要な基本技術の1つである暗号技術を用いて，デジタル認証や無線LANのセキュリティ対策を進めることも必要である。

①機密性と完全性のための**ネットワーク・セキュリティ対策**とは，ネットワークを経由した不正アクセスへの対策であり，ファイアウォール，DMZ，ウイルス対策などが有効である。ここで，DMZ（demilitarized zone）とは「非武装地帯」を意味し，内部と外部の間にWebサーバーやメールサーバーなどを置き，外部から直接には内部ネットワークにアクセスできない設定にしておく手法である。

②機密性と完全性のためのユーザ認証によるセキュリティ対策とは，システムやサイト，ネットワークに対するユーザのアクセス権を制御するための技術であり，ユーザIDとパスワードによるユーザ認証などの知識認証，生体認証，ICカード認証のような所有物認証がある。

③機密性と完全性のための物理的セキュリティ対策は，セキュリティ・ゾーンの設定や鍵の設置，持ち出し制限などの対策であり，とくに内部犯行に対して必要不可欠なものである。

④可用性のためのセキュリティ対策には，データ・バックアップ（data backup），2つのシステムで同時に同じ処理を行わせるデュアル・システ

ム（dual system），システム全体への負荷を分散させるロード・バランシング（load balancing），災害からの早期復旧を意味するディザスタ・リカバリ（disaster recovery）などがある。

| 参考文献 |

秋本芳伸・岡田泰子『図解で明解ネットワークセキュリティのキホン』毎日コミュニケーションズ，2002年。

上西研監修，岡本和也・福代和宏著『MOT 研究開発マネジメント入門』朝倉書店，2020年。

浦川卓也『イノベーションを目指す～実践研究開発マネジメント』日刊工業新聞社，2010年。

竹安数博・石井康夫・樋口友紀『現代経営情報システム』中央経済社，2013年。

日本品質管理学会監修，猪原正守著『新 QC 7 つ道具』日本規格協会，2016年。

日本品質管理学会監修，高橋勝彦著『生産管理―多様性と効率性の応える生産方式とその計画管理』日本規格協会，2020年。

藤本隆宏『生産マネジメント入門Ⅰ生産システム編』日本経済新聞出版社，2001年。

藤本隆宏『生産マネジメント入門Ⅱ生産資源・技術管理編』日本経済新聞出版社，2001年。

宮川公男・上田泰編著『経営情報システム〔第 4 版〕』中央経済社，2014年。

B. イーガー著，オープンインターフェイス編訳『インターネット徹底活用』ダイヤモンド社，1995年。

第 **4** 章

組織のマネジメント

ポイント

● 協働体系としての組織が効果的に目標達成を図るためには，適切な組織形態をデザインする必要がある。

● 企業の典型的な組織形態としては，職能部門別組織，事業部制組織，カンパニー制，マトリックス組織などがあり，企業はそれぞれ最適と考えられる組織デザインを選択している。

● 近年，経営環境の変化が大きくなる中で，M&A などによる組織の統合が増えている。これに伴って，組織文化というものへの関心も高まっている。

┃ キーワード ┃

組織編成の原則，ライン・アンド・スタッフ組織，
職能部門制組織，事業部制組織，カンパニー制組織，
持株会社，マトリックス組織，プロジェクト・チーム，
クロスファンクショナル・チーム，組織文化，M&A，
PMI（post merger integration）

1 組織デザイン

組織デザインとは，協働体系としての組織がその目的を果たすために，どのような組織形態が適しているか，を考えることである。

（1）組織デザインのアプローチ

❶原則論的アプローチ

組織の目的を達成するのに，有効かつ効率的な組織をデザインするため，組織編成における管理原則を定式化しようとするアプローチである。

a）組織編成の原則

「管理原則の父」と呼ばれるファヨールの管理原則（第2部第4章参照）に始まり，現在でも組織編成において考慮する要件（**組織編成の原則**）と考えられているものには，次のような原則がある（図表1−77）。

①指揮・命令の一元性：組織内の各メンバーは，ただ1人の上司から命令を受け，その上司に対して報告義務を持つとする原則である。この原則が保たれないと，組織の秩序や規律を維持することが難しくなる。

②専門化：組織メンバーの職務を規定したり，部門を編成する場合に，職能上の専門的知識やスキルを重視する考え方である。

③統制範囲の限界：統制範囲（span of control）の限界とは，1人の上司が直接的に管理・監督できる部下の人数には限りがあるという意味である。そのため，構成メンバーが多くなると組織は必然的に管理階層を増やさなくてはならなくなる。最適な部下の人数がどれくらいか，については，業務の性質や上司の能力，部下の能力などによって異なる。

④管理階層：統制範囲の幅を狭くし，上司が管理する部下の人数を減らすと，部下に対してきめ細かな管理・監督ができる。しかし，他の条件が同じであれば管理階層は多くなってしまう。管理階層が多くなると，経営トップから現場への命令伝達や，現場情報が経営トップに伝わるのに時間がかか

【図表１－77】組織編成の原則

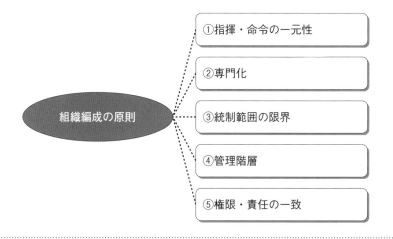

組織編成の原則

①指揮・命令の一元性

②専門化

③統制範囲の限界

④管理階層

⑤権限・責任の一致

り，しかも伝達する情報の正確性が低下する。このように，統制範囲と管理階層にはトレードオフの関係が存在するため，統制範囲と管理階層の最適化を図ることが，組織デザイン上で重要な課題となる。

⑤権限・責任の一致：職務遂行に必要な権限と職務遂行義務としての責任は，表裏一体の関係にある。また，組織内の個人に割り当てられる職務と権限および責任は三位一体であり，そのバランスが重要である。

b）組織編成の原則と実際の組織形態

組織編成の原則の中で，組織メンバーはただ１人の上司から命令を受け取るべきであるという**指揮・命令の一元性**という原則に忠実に従うと，組織形態は**ライン組織**になる。

これに対して，職能上の**専門化**という原則にもとづいて部門を編成し，管理者・監督者が限定された専門分野についてだけ下位部門・部下に指示・命令を行使するような組織は**ファンクショナル組織**と呼ばれる。ファンクショナル組織には，専門的知識を組織全体で活用する利点がある反面，指示・命令系統が錯綜し，秩序や規律の維持が難しくなるという問題が生じる。

そこで，「指揮・命令の一元性」を保持しながら「職能上の専門化」の利点をも活用する組織として考えられたのが**ライン・アンド・スタッフ組織**である。

【図表1−78】ライン組織／ファンクショナル組織／ライン・アンド・スタッフ組織

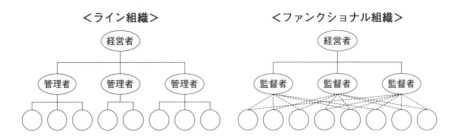

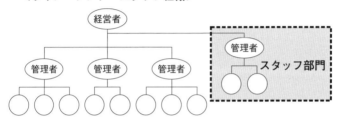

ライン・アンド・スタッフ組織は，生産や営業などの基幹部門はラインを中心に編成しながら，人事や経理などの専門的知識やサービスが必要なところにスタッフ部門を配置した組織形態である。現在でも単一の事業を営むような中小規模の企業において，ライン・アンド・スタッフ組織が採用されている（図表1−78）。

❷コンティンジェンシー・アプローチ

　原則論的アプローチには，原則相互の間に矛盾する内容が含まれており，科学的検証も欠如しているという批判がされている。そこで，「有効な組織や管理のあり方は状況によって異なる」という基本的認識にもとづき，組織が置かれている状況（コンテクスト）や組織特性をもとにして，状況要因と組織特性の間の適合関係を模索する方法論が**コンティンジェンシー・アプローチ**である。

　たとえば，経営環境や組織の状況が安定的である場合，官僚制組織のような機械的組織が有効とされ，逆に不安定な環境のもとでは柔軟な有機的組織が有

効とされる。技術という要因で考えると、単品生産や小バッチ生産には有機的組織が適合し、大バッチ生産や大量生産では機械的組織が有効であるとされる。また、従業員数という規模という要因で考えると、規模が拡大するにつれ管理階層や部門の数が増加し、職能の専門化が進み、規則や文書を用いた管理が行われるために、官僚制の程度が強くなる。そして、必要以上に官僚制の程度が強くなるといわゆる「大企業病」に陥る懸念がある。

❸形態アプローチ

　形態アプローチとは、「組織として内部的一貫性や整合性を持つ組織形態を構築できれば高い成果を実現できる」という仮説にもとづく。何かしらの原理を貫徹して組織をデザインしようという考え方である。

　たとえば、マックス・ウェーバー（Weber, M.）が想定した官僚制組織は「形式合理性」を基本原理とし、これを貫徹するために「規則にもとづく業務処理」「規則にもとづく権限の分配・行使」「職務階層制」「文書主義」を貫いた組織形態である。その結果、業務処理の確実性、迅速性、継続性といった面の技術的優秀性が確保される。

　一方で、官僚制組織の対極にある企業家的組織においては、強烈な使命感、明確なビジョンなどを基本原理とし、強力なリーダーシップによってもたらされる意思決定のスピード、小回りのきく機動性、柔軟性などの価値観が優先され、その結果として急成長を遂げる可能性がある。

　ただし、形態アプローチには、特定の価値観が一面的に強調されすぎると、モノカルチャー化するという問題があるとされる。

❹パラドックス・アプローチ

　従来のアプローチが、いずれも合理性や論理的一貫性を重視したり、特定の原則や原理、基準を貫徹しようとしすぎることに対する反省・批判を背景に登場してきたアプローチである。パラドックス（paradox）とは「逆説」とか「背理」という意味であるが、**パラドックス・アプローチ**は、「組織が有効であるためには、矛盾したり、相互に排他的である属性を同時に持たなければならない」という仮説にもとづく。

155

実際の企業経営においては，「集権化か分権化か」「長期的利益か短期的利益か」「結果かプロセスか」「低コストか高品質か」「個人の自主性かチームワークか」「グローバル化か現地化か」といったさまざまな対立軸が生まれる。ここで「AかBか」どちらか一方の価値を選択することが容易ではあるが，コリンズとポラス（Collins, J. C. & Porras, J. I.）は『ビジョナリーカンパニー』において，このような「or の抑圧」から解放され，両方を取り込む「and の才能」が優れた経営には必要としている。

実際の企業経営では，たとえば大規模な多角化企業に適合する組織は事業部制組織やカンパニー制組織を導入して対応している。こうした組織においては，「集権化か分権化か」という対立軸が生じやすいが，実際には，長期的・戦略的課題はトップに集中するが，個々の事業に関する意思決定や権限は下部組織の長（事業部長やカンパニー・プレジデント）に委ねるという，集権化と分権化が同時に行われている。

また，「グローバリゼーションかローカライゼーション（現地化）か」という問題については，世界的な戦略構想はグローバルな観点から行うが，顧客の特性や競争環境，法的制度などが異なるため，各国における事業活動に関しては現地に権限移譲（エンパワーメント）をして現地化対応するという「グローカル経営」が行われている。

（2）組織デザインの対象

❶職務設計

職務（job）とは，組織の各成員に割り当てられた仕事であり，各成員が組織において占める組織上の地位を**職位**（position）という。組織成員が自分に割り当てられた職務を遂行するために行使できる公式的なパワーを「権限」（authority）といい，職務を遂行すべき義務を「（遂行）責任」（responsibility）という。組織成員が自己の職務遂行について，上司や関係者に対して報告や説明を行う義務を「説明責任」（accountability）という。

組織デザインを考えるうえにおいて，組織の各成員に割り当てられた「職務」，その職務遂行上必要と認められた「権限」，職務遂行義務としての「責任」，職務遂行にかかわる「説明責任」は，量的に対応していなければならな

い。

　個人主義的傾向が強い欧米の企業においては，各個人・職位ごとに職務や権限が明確に規定され，「職務記述書」，「職務明細書」，「職務権限規程」などに詳細に記載されている。これに対して，集団主義的傾向が強い日本企業においては，職位や個人ごとに職務が厳密に規定されているのではなく，部・課・係などの部門や集団を単位として所管業務や仕事の範囲がおおまかに規定され，「業務分掌規程」などに記載されている。また，部長・課長・係長・主任など職制上の役割や位置づけは「職制規程」によりおおまかに定められている。

❷集団・部門・組織階層の編成

　組織全体の編成，つまり，組織デザインを検討するにあたっては，統制範囲の限界と管理階層のバランス，組織構造を規定する専門化・標準化などの要因，ライン職能とスタッフ職能の関係，調整メカニズムの必要性などを考慮する必要がある。

a）統制範囲の限界と管理階層のバランス

　企業における組織は，全体のコントロールを維持するために，適正な規模の職場集団を編成し，その集団を管理する現場管理者を任命し，さらにその上位に中間管理者を任命する，というプロセスを繰り返す。そして，企業規模（組織成員の数）が大きくなるにつれて，組織が階層化していく。

　先に述べたように，組織デザインを決める際に，組織編成や管理の原則を定式化しようとするアプローチによれば，**統制範囲の限界**と**管理階層**のバランスが重要となる。これらの原則は，相反する側面を持っており，たとえば，きめ細かな管理をめざして1人の上司が管理する部下の人数を少なくすれば，組織階層が増えてしまい，組織のトップと現場のコミュニケーションが迅速で円滑に進まなくなる。反対に，風通しの良い組織にしようと組織階層を減らすと，1人の上司が管理する部下の人数が多くなり，上司と部下のコミュニケーションに支障をきたすことになる。

b）組織構造を規定する要因

　組織構造は，組織の成員，集団，部門間の関係の安定的なパターンを示しているが，この関係は決して固定的ではなく，時の経過とともに変化する。絶え

ず変化しながらも安定的なパターンを持っているという意味では「渦」にたとえられるが，組織構造を規定する要因としては，次のようなものがある。

①専門化（specialization）：専門化とは，組織内における分業の程度である。アダム・スミス（Smith, A.）が『国富論』においてピン製造の例で示したように，1人がすべての作業を担当するよりも，作業全体をいくつかの工程に細分化して，別々の作業者が担当したほうが全体の生産量が増加する。この分業の成果は，作業範囲を限定することによって，知識や技能の習熟効果が現れ，あわせて作業方法や作業手段を専用化することで作業効率が高まることをもたらす。ただし，過度の専門化は仕事の単調さを生み出し，モチベーションの低下につながることがある。

②標準化（standardization）：標準化とは，規則，プログラム，マニュアルなどにもとづいて，意思決定や行動が一様になされることである。仕事が標準化されていると，誰が業務を担当しても対応が同じで，結果のばらつきも少なくなると同時に，計画と実際の差異が小さくなって組織行動が安定化する。ただし，標準化が過度に進むと，行動が定型化したり，惰性となったりして，改善や変化をしづらくなる。

③公式化（formalization）：公式化とは，組織における情報伝達や規則などが文書化されていることを意味する。情報伝達の正確性・記録性・継続性などの観点から，ある程度の規模の組織において公式化は不可欠である。ただし，公式化が行きすぎると，「レッドテープ」といわれる書類万能主義的な形式主義を生むことになる。

④集権化（centralization）と分権化（decentralization）：組織における意思決定の権限が経営トップに集中しているか，それとも，下部階層に権限が委譲されているかを意味する。現実的には，どのような内容の権限を経営トップに集権化し，どれだけの権限を下部に委譲するかという程度の問題となる。一般的には，事業内容が多角化したり，企業活動が地理的に分散化したり，経営環境の変化が大きくて迅速な行動が必要であったり，組織成員の専門性が高くなったりすると，分権化が進行する傾向がある。

c）ライン職能とスタッフ職能の関係

　企業において，事業目的や損益の発生に直接的にかかわる基幹的職能を**ライン職能**という。製造業の場合，調達（購買），製造，販売などの部門が，商業では仕入や販売などが典型的なライン職能である。

　一方，ライン職能の遂行を促進・支援するために，専門分野について助言・勧告やサービスの提供を行うのが**スタッフ職能**である。スタッフ職能は，ラインに対して指示・命令などの強制力を行使することはできず，間接部門と呼ばれることもある。資金の調達と運用を行う財務，人的資源の採用，訓練，配置を行う人事などがこれにあたる。

　スタッフ職能には，経営者や全般管理者が行う経営活動や全般管理活動に対して助言・支援を行う**ゼネラル・スタッフ**（企画，法務，調査，監査，予算統制など）と，中間管理層以下が行う業務執行活動に対して専門的支援・助言を提供する**専門スタッフ**（教育訓練，経理，原価管理，品質管理，技術など），組織全体に対して共通のサービスを提供する「サービス・スタッフ」（運送，保全，衛生）などに分けることができる（ライン職能とスタッフ職能の実際の組織形態における関係については，図表1-78を参照のこと）。

d）調整メカニズム

　組織においては個人・集団・組織間で役割分担や分業が行われているが，このような分業は調整メカニズムの存在なしでは成り立たない。そして，専門化や分業化が進めば進むほど，より高度の調整メカニズムが必要になる。

　組織単位間の相互依存関係がゆるやかな場合は，規則，プログラム，マニュアル，標準化，権限階層，計画などの機械的な調整メカニズムだけでも対応できるが，相互依存関係が緊密になるにつれ，関係者が直接協議する会議や，**ホウ・レン・ソウ**（報告・連絡・相談）のような有機的な調整メカニズムを追加する必要がある。企業にとって，既存の調整メカニズムでは対応できないような状況において，最後の調整メカニズムとなるのが，理念や経営哲学などの価値観である。これらが組織メンバーに十分に浸透し，共有されている組織にすることで，意思決定の判断がぶれることがなくなる。

（3）企業組織の形態

❶職能部門制組織

　職能部門制組織は，トップ・マネジメントである社長の下に，研究開発，購買，製造，販売，財務，経理，人事など職能別に部門化された組織単位が配置された組織である（図表1－79）。組織デザインのアプローチとしては，先に図表1－78で示したライン組織やライン・アンド・スタッフ組織にあたる。

　それぞれの職能部門の長は，自分が担当する職能領域について責任を負うが，職能部門間の調整は，部門長相互での合議のほか，最終的にはトップである社長に委ねられることになる。このように職能部門制組織においては，全般的管理・調整はトップに集中するため，集権的管理の傾向が強くなる。

　職能部門制組織の長所として，次のような点がある。

　①職能的専門化による専門的知識の蓄積・深化や業務の効率化がしやすい

　②設備や人員を集中利用することで，「規模の経済」が実現しやすい

【図表1－79】職能部門制組織（例）

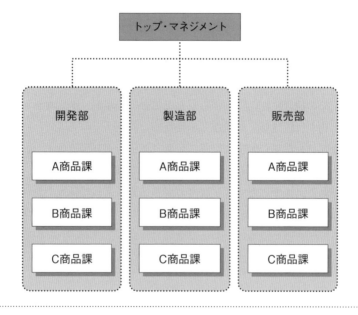

③職能的専門家の育成に適している

一方，この組織形態の短所として，次のような点がある。

①全般的管理や部門間調整がすべてトップに集中するため，トップの負担が過重になり，重要な戦略的意思決定に専念できない

②各職能部門の利益責任や経営責任を明確にすることが難しい

③ゼネラリストや全般管理者を育てにくい

このような特徴があるため，職能部門制組織は，中小規模の企業や，大規模であっても専業型や本業中心型の企業に多くみられる。

❷事業部制組織

事業部制組織は，社長の下に製品別・顧客別・地域別などの基準で編成された事業単位である「事業部」（division）と，全般管理にかかるスタッフ機能を担う「本社スタッフ部門」から成る組織形態である（図表1－80）。

各事業部は，開発，製造，物流，販売などの基本的職能を備えた，自己充足的な**プロフィット・センター**（利益責任単位）として位置づけられる。事業部長は，担当する事業部の運営に関しては大幅な裁量権・自主性が与えられる反面，事業部の業績に対する経営責任を問われる体制になっている。一方，本社スタッフ部門（人事，財務，法務，企画，広報など）は，全社的な企業戦略や経営計画の策定，事業部への資源配分，業績評価，人事，全社的共通サービスの提供などの役割を果たす。

事業部制組織は，1920年代の米国において，デュポン社やゼネラル・モーターズ社などの大企業が，事業の多角化に対応しながら，異質的な多くの事業を効率的に管理するための組織形態として生み出された。日本では，1933年に松下電器産業（現・パナソニック）が製品別の事業部制を導入したが，本格的に普及し始めたのは1950年代〜1960年代にかけてである。日本企業の事業部制は，独立性の高い「事業部」を謳っていても，利益責任単位となっていなかったり，製造や販売の職能を全社的に一元化していたり，新規事業や本業以外の事業分野だけに部分的に適用されていたりするなど，実際にはさまざまな形態がみられる。

事業部制組織の長所として，以下の点がある。

①事業ごとの利益責任が明確になる

②事業部長に大幅に権限委譲（エンパワーメント）することにより，市場の変化に迅速に対応できる

③全社的な企業戦略と統制は本社トップが担当し，事業戦略は事業部長が担当することによって，トップ・マネジメントの負担が軽減され，本来の任務である全社的・長期的戦略に専念できる

④事業部間の競争意識が生まれ，うまくいけば組織全体が活性化する

⑤事業部長には事業経営全般の知識や経験が求められるので，次期経営陣の育成の場を提供することになる

一方で，事業部制組織の短所として，次の点がある。

①事業部門の**セクショナリズム**が強くなり，全社的統一が難しくなる

②利益責任単位となる事業部の経営が短期的視野で行われる傾向が強くなる

③事業部長が優秀な部下を囲い込み，人事が硬直化する

【図表1－80】 事業部制組織（例）

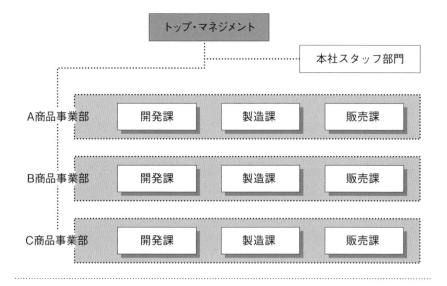

④事業部間で，設備，人員，投資などの面で重複が生じる

　このような特徴を持つ事業部制組織は，顧客や競合他社が異なる複数の事業を抱え，ある程度の規模を持つ企業に適した組織形態である。

❸カンパニー制組織

　カンパニー制組織は，1994年にソニーが従来の事業本部制を改革して導入したことで知られるようになった組織形態である。同社は，従来19あった事業本部を10のカンパニーに再編成した（図表1−81）。各カンパニーには利益責任だけでなく，資産を割り振って，規模に応じた資本金を与え，1つひとつの事業単位があたかも独立した会社（カンパニー）であるかのような組織編成を行った。カンパニーの長（カンパニー・プレジデント）には，投資決裁権や人事権など，従来の事業本部長よりも大きな権限を与えた。

　カンパニー制には，従来の事業部制と比べて次のような特徴がある。

①従来の事業部よりも，経営の独立性が大きい

②会社の資産と資本金が各カンパニーに割り振られ，損益面だけでなくバランスシート（貸借対照表）面でも評価される

③従来の事業部は必ずしも自己充足的な事業単位となっていなかったが，カンパニーは研究開発から製造，販売まで，事業単位としての自己完結性が大きい

　このようにカンパニー制は，事業部制組織よりも自己充足性や独立性を追求し，社内分社化したものである。フロー（損益計算）とストック（資金調達とその運用）という両面で経営責任を明確化する組織形態である。

❹持株会社

a）純粋持株会社

　持株会社（holding company）は，傘下にある会社を支配・管理することを目的とし，その会社の株式を保有している会社である。自らは事業を営まない**純粋持株会社**と，自らも事業を営む**事業持株会社**に分けることができる。持株

【図表1−81】カンパニー制組織（ソニーによる1994年導入当時の組織図）

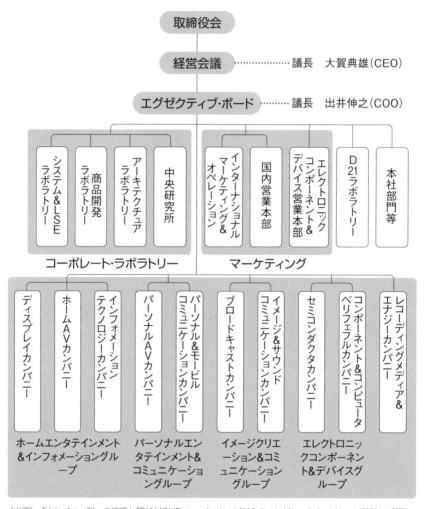

（出所）「カンパニー制への挑戦」『DIAMOND ハーバード・ビジネス・レビュー』Apr-May, 1996年，29頁。

会社は「子会社の株式の取得価額の合計額の当該会社の総資産の額に対する割合が百分の五十を超える会社」（独占禁止法第9条第4項第1号）と定義されている。

日本では，戦前の財閥による経済支配への反省から，独占禁止法第9条において長らく純粋持株会社の設立は禁止されていた。したがって，大企業の多くは，事業持株会社として多くの子会社・関連会社を支配・管理してきた。しかし，国際競争が激化する中で，諸外国では認められている純粋持株会社の設立を日本でも認めるべきであるという要求が高まり，1997年に独占禁止法が改正され，事業支配が過度に集中する場合を除いて，純粋持株会社の設立が自由化された。

　純粋持株会社は企業グループの経営に適した組織形態といわれており，純粋持株会社を利用する利点として，以下の点が挙げられる。

①グループ経営機能と事業経営機能を制度的に分離し，持株会社の戦略機能を強化するとともに，子会社の経営責任を明確化できる

②新規事業の育成，買収，不採算事業の売却など，事業の**リストラクチャリング**を機動的に進めることができる

③分社経営を徹底し，それぞれの事業分野の特性や実情にあった人事制度（雇用形態，労働条件など）を設定できる

④親会社と子会社の間で，リスクを分断・分散化できる

⑤子会社に対する競合他社などからの敵対的買収を防ぐことができる（この点は，事業持株会社でも同じ）

　その反面，純粋持株会社の利用には，次のような問題点も存在する。

①いったん別会社化してしまうと，子会社の事業領域を変えたり，資金や人材を交流させたりするのが難しくなり，組織が硬直化するおそれがある

②子会社の労働組合が，親会社である持株会社の経営陣と労使交渉できるかなど，労働者保護の問題が残る

③従来の親会社の株主が純粋持株会社の株主になると，子会社の情報を入手しにくくなるなど，株主保護への配慮が必要である

b）共同持株会社

　独立した企業どうしが結合して，規模の経済，相補効果，シナジー効果などを実現しようとする場合，従来は合併という方法が一般的であった。しかし，新設合併にせよ，吸収合併にせよ，合併という方法は組織を統合するのに多大

【図表1−82】共同持株会社による経営統合（イメージ）

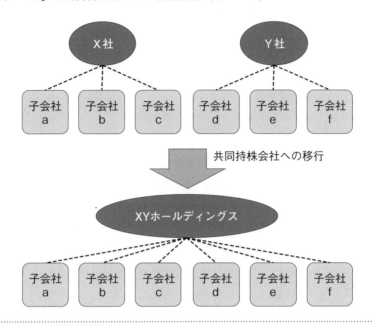

そこで，近年は合併に代わって**共同持株会社**を設立して経営統合するケースが目立っている（図表1−82）。持株会社の設立は，現物出資や営業譲渡による「抜け殻方式」が一般的であった。抜け殻方式とは，既存の会社が子会社を新設し，事業部門のすべての資産・負債を現物出資あるいは営業譲渡し，自らは持株会社となる方法である。1999年4月に日本の上場企業で初めて純粋持株会社に転換した大和証券グループ本体もこの方式であった。しかし，現物出資には裁判所が選任する検査役による検査が必要であり，営業譲渡する場合は債権・債務を引き継ぐための対抗要件を備える必要があり，資産の含み益に課税されるという問題もあった。その後，株式交換・移転制度（1999年），会社分割制度（2001年）などが導入されたことによって，こうした問題を回避しなが

なコストとリスクを伴うものである。とくに，対等合併の場合，会社の名称，役員人事，人事制度，情報システムの統合などめぐって主導権争いが生じやすく，企業文化の融合というさらに困難な問題にも直面する。

ら持株会社を設立することができるようになった。

　共同持株会社を利用する経営統合の場合，持株会社傘下のそれぞれの会社は資本的・経営的には統合されているが法人組織としてはそれぞれ独立しており，組織的な統合は当面必要とされないので，統合のコストやリスクは小さい。ただし，合併に比べると相補効果やシナジー効果は限定されざるを得ない。そこで，みずほフィナンシャルグループのように，まず第1段階で共同持株会社を設立しておき，第2段階で事業内容に応じて組織を再編成して統合効果を高めるという利用方法も出てきた。

❺マトリックス組織

　マトリックス組織は，職能・事業・製品・地域などの複数の基準を組み合わせて編成される格子状の組織形態である。たとえば，横軸を職能別，縦軸を事業別に編成すると，職能×事業を組み合わせた組織編成となる。図表1−83のように，ある組織単位に参加するメンバー1名に対して，所属する職能単位と事業単位においてそれぞれ別の上司2名を同時に持つことになる（**ワンマン・ツーボス・システム**）。

　マトリックス組織は，1960年代に米国の航空宇宙産業から生まれてきた組織形態であり，急速な技術革新や環境変化のもとで，限られた経営資源を用いて，大規模で複雑なプロジェクトを効果的かつ効率的に遂行していくために考案された。マトリックス組織の長所として，次の点が挙げられる。

①職能別編成の持つ専門性・効率性と，事業別・地域別組織の持つ統合性・機動性を同時に実現できる
②人的資源の共有化や効率的活用が図れる
③情報共有が促進され，創造的な問題解決が可能になる

　その反面，マトリックス組織には次のような短所があるとされる。
①組織編成の原則の1つである「指揮・命令の一元性」に反した組織形態であり，命令系統の混乱が想定される
②縦軸と横軸，つまり，職能・事業・製品・地域間のパワーバランスの取り方が難しい

【図表1-83】 マトリックス組織

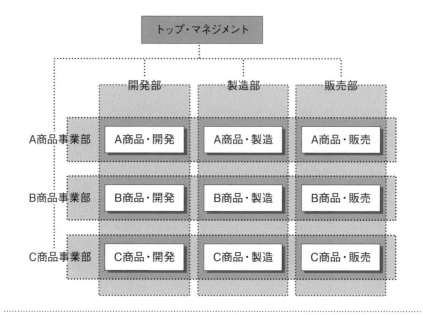

③職能・事業・製品・地域間の調整に多大なエネルギーが必要とされ，管理者の負担が増大する

④2人の上司の下に置かれるメンバーのストレスが大きくなる

　したがって，このマトリックス組織を維持するには，どういう場合にどちらの指揮系統の命令が優先されるのかといった指揮命令系統のルール化や，高度なコンフリクト処理体制などが前提となる。

（4）柔軟性のある組織形態

　経営環境の変化が激しい現在では，職能部門制組織や事業部制組織のような固定化された組織形態に加えて，プロジェクト・チームやプロダクト・マネジャー制のように柔軟性のある組織形態を組み合わせている企業も多い。

❶プロジェクト・チームとタスク・フォース

プロジェクト・チームは，特定の課題（プロジェクト）を達成するために組織横断的にメンバーを選抜し，編成される臨時的組織である。プロジェクトを遂行するのに必要なメンバーは関連する部署から選抜され，プロジェクトの目的が達成されるとチームは解散し，メンバーはもとの部署に戻る場合が多い。

「機動部隊」を意味する**タスク・フォース**（task force）もプロジェクト・チームとほぼ同様の意味を持つ組織である。タスク・フォースは，プロジェクト・チームに比べて，解決すべき課題がより限定的で，より少人数の精鋭部隊といった印象があるが，実際には，両者の区別は曖昧で，企業によってその呼び名が異なっている。

プロジェクト・チームは，重要なプロジェクトの達成に必要な人材をプロジェクトの仕事に従事させ，その進行にあわせて適宜メンバーを入れ替えるなど，柔軟かつ機動的な運用ができる。しかし，プロジェクト・チームが効果を上げるには，以下のような問題や課題が存在する。

①同時に多数のプロジェクト・チームが編成されてしまうと，メンバーを送り出す部署の通常業務に支障が出るおそれがある

②メンバーをプロジェクトに専念させず，所属部署との兼任にしてしまうと，出身部署からの影響がプロジェクト・チームの意思決定に反映されてしまう

③選抜されたメンバーにとって，将来の異動で不利になるような懸念を払しょくする人事制度が必要となる

④異なる部署や分野から選抜された多様なメンバーをうまくまとめていくリーダーの手腕が不可欠となる

❷クロスファンクショナル・チーム

クロスファンクショナル・チーム（cross-functional team：CFT）は，特定の課題について検討し，解決策を探るためにさまざまな部門や職位から多様な経験・スキルを持ったメンバーを集めて部門横断的に編成される組織形態である（図表1−84）。プロジェクト・チームのように一時的・臨時的な組織として設置されることもあれば，常設されることもある。

【図表1−84】クロスファンクショナル・チーム

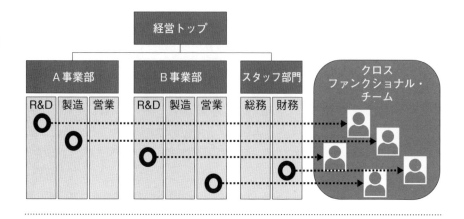

　もともとは，「日本の製造業企業において，職能をまたいだ組織横断的なチームの存在が高い生産性や品質を実現する要因である」と考えた欧米の研究者によって，体系化された制度であるとされる。日本でクロスファンクショナル・チームが再認識されることになったのは，日産自動車のカルロス・ゴーン元社長が，再建のためのリバイバルプラン策定にあたって，クロスファンクショナル・チームを活用して画期的な成果を上げたことによる。当時の同社においては，部門間のセクショナリズムが蔓延していたとされ，再建にとって不可欠とされた「事業の発展」，「一般管理費」，「財務コスト」，「車種削減」など9つのテーマについて，企画，国内営業，海外営業，技術開発，生産，購買，管理，海外子会社，関連会社などから幅広く部門横断的・地域横断的に人選がされた。このときのチーム・メンバーは，専属ではなく所属部署との兼務であったため，多忙を極めたというが，短期間で会社を再建するために不可欠なアイデアを次々に出し，再建の推進力となった。

　この事例のように，クロスファンクショナル・チームは，トップダウンの改革を推進する場合に用いられることが多いが，経営トップによる過度の介入，メンバーの出身組織間の利害調整の不足などが原因で大きな効果が得られない場合もある。クロスファンクショナル・チームが有効に機能するためには，次のような課題があるとされている。

①改革に対する経営トップの意思が明確であること

②改革に向けて，クロスファンクショナル・チームの達成すべき目標が明確になっていること

③クロスファンクショナル・チームのリーダーへの権限移譲

④部門間の利害関係の調整

⑤高いファシリテーション力を持つチーム・リーダーの存在

❸プロダクト・マネジャー制

プロダクト・マネジャーとは，1つの製品やサービスに関して，企画開発などのマーケティングから，製造，販売などあらゆる面で，製品ライフサイクル全体にわたって一貫して組織横断的な管理（プロダクト・マネジメント）をする役割である（図表1−85）。職能部門制組織などにおいて，各職能部門が自部門の利害を優先させ，情報のやりとりや業務の流れが滞るセクショナリズムを排除し，顧客にとって最良の品質を実現するための制度である。プロダクト・マネジャー制は，消費財メーカーだけでなく，ソフトウェア開発などでも導入されている。

【図表1−85】プロダクト・マネジャー制

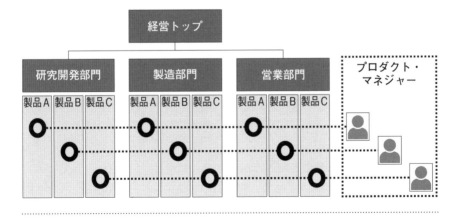

2 組織文化と組織変革

（1）組織文化

❶組織文化の意義

　組織文化とは，組織のメンバーに共有された価値観や信念，行動規範や行動様式などを意味する。

　図表1－86に示したように，組織文化の中核には価値観がある。価値観は，「わが社が最優先すべきは，品質か，利益か，安全性か」といった企業の根本的な存在価値にかかわる判断の基準となる。このような価値観は経営者が行う戦略的意思決定に指針を与えるだけではない。組織として最優先すべき価値が組織メンバーに共有されていれば，ルールやマニュアルが存在しない想定外の事態に現場が直面した場合でも，判断のぶれが生じない。こうした意味で，組織文化は最も本質的なところで組織行動を規定している。

　組織文化は，このような価値観や信念が組織の規範に影響を与え，さらに思考や行動様式となって体現し，ロゴマークやシンボルカラーなどの表層文化（視聴覚文化）となって表れたものと考えることができる。

❷組織文化の志向

　組織文化は価値観や信念を中核として，組織の規範や思考様式，行動様式が表れたものであるが，いくつかの志向（基軸価値）でその特徴を類型化することができる（図表1－87）。

a）「内部志向」と「外部志向」

　内部志向が強い組織においては，経営者や組織メンバーの関心はもっぱら組織内部に向けられ，組織構造や管理のしくみ，業務処理の効率化などの課題が強く意識される。そして，経営環境とのかかわりにおいては，市場や顧客嗜好の変化に対して受動的に適応する姿勢が強くなる。内部志向が強すぎると，経

【図表1-86】組織文化の表出

視聴覚文化

思考・行動様式

組織規範

価値観・信念
企業哲学, 経営理念
社是・社訓

儀礼, 慣行, 制度, 規則

接客態度, 社風

制服, ロゴマーク, シンボルカラー

営環境の変化に鈍感になり，市場の変化に対応できない「井の中の蛙」になったり，外部環境から遮断され独自の進化を遂げた結果，技術やサービスが世界標準からかけ離れてしまう**ガラパゴス化**という現象に陥るリスクがある。

　一方，外部志向が強い組織では，経営者や組織メンバーの関心は外部環境に向けられ，経営環境の変化にいかに対応するか，外部から経営資源や支援をいかに取り込むかといった課題が強く意識される。外部志向が強すぎる場合，消費者ニーズの変化や競合他社との差別化に翻弄されたり，アウトソーシングに頼りすぎて自社の中核能力を弱体化させてしまうなどのリスクがある。

b）「安定志向」と「変化志向」

　安定志向が強いと，組織は官僚制化する。官僚制組織の本質的特徴は規則にもとづく業務処理にあり，それは業務処理の確実性・効率性・一貫性や，手続きの公平性，文書管理の正確性などの長所を持つ。しかし，安定志向や官僚制

【図表1−87】組織の基軸価値

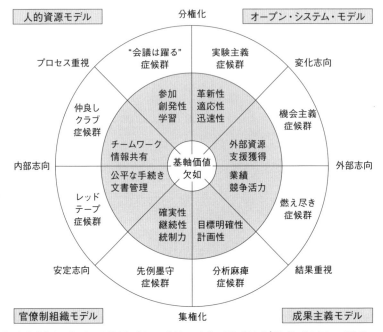

（出所）　経営学検定公式テキスト第3版「2．マネジメント」p.157（松本芳男作成）をもとに一部修正。

化が行きすぎると，硬直性，先例墨守の保守性，リスク回避や革新不在，規則遵守の自己目的化など，いわゆる「大企業病」や**官僚制の逆機能**として知られる問題が発生する。

　一方，変化志向が強いと，果敢にリスクに挑戦し，新技術や新規事業を開発したり，革新の担い手となるなど，積極的で挑戦的な経営姿勢が強くなる。これらは成長・発展の過程にある企業にとって不可欠の要件であるが，反面，失敗のリスクも大きくなる。技術系の経営者が率いるベンチャー企業が，世界初・業界初の技術開発に成功したものの，市場ニーズを軽視したり，内部の管理をおろそかにして成長できないケースは珍しくない。

c）「結果重視」と「プロセス重視」

　結果重視の姿勢は，典型的には成果主義に現れる。企業は目的を持った組織

であり，どのような結果や成果を達成したかによって評価するのは合理的である。しかし，高い成果を持続させるためには，結果に至るプロセスが重要であることも事実である。成果が，担当する顧客や職種など，個人ではコントロールできない要因によって左右されることを考えると，成果だけで評価することには疑問が残る。

　成果主義には，「目先の業績だけが優先されるので，長期的視点から将来のビジネス・シーズ（種）をまくような活動がおろそかにされる」「部下や後輩の指導・育成がおろそかになる」「ノルマに追われて燃え尽き症候群に陥る」といった指摘がされているが，いずれのケースも，結果だけを一面的に強調することから問題が生じている。

d）「集権化」と「分権化」

　集権化か，分権化か，という基軸は，組織構造を規定する要因としても挙げられる（158ページ参照）。

　権限やパワーをトップに集中する集権化が進んだ組織には，決断の早さや大胆な変革が可能という長所がある。その反面，トップが判断を誤ったり暴走した場合，組織が致命的なダメージを被るリスクもある。その意味で，集権化を進める際には，チェック・アンド・バランスの機能を持つコーポレート・ガバナンスのしくみを備える必要がある。

　一方，権限やパワーを組織の下部に委譲したり（エンパワーメント），組織に広く分散させる分権化が進んだ組織では，トップの加重負担が避けられるとともに，個人や組織単位の自主性や自律性を活かせるという長所がある。その反面，意思形成の統一が難しく，意思決定に時間がかかり，責任の所在が曖昧になるというリスクがある。

　集権化／分権化は相対的な程度の問題であり，実際の経営では状況に応じて使い分けることが多い。たとえば，事業部制組織は分権管理に適した組織形態であるとされているが，事業部レベルのパワーが強くなりすぎて全社的な統一性が損なわれる兆候がみえてくると，本社サイドは事業部に対するコントロールを強化し，集権的管理の傾向を強める。また，経営環境が良好なときは分権管理を進めるが，業績が極端に悪化したような場合に危機的状況を乗り切るために集権的管理に移行するケースもある。

（2）組織変革

❶組織の境界の変更（M&A や会社分割）

　近年，多くの産業において「業界再編」の名のもとに世界的規模でM&A（合併・買収）が活発に行われている（64〜67ページ参照）。

　合併とは，2つ以上の会社が1つの会社になることである。合併の当事会社が解散し，もう一方の存続会社に吸収される場合を吸収合併といい，合併当事会社がすべて解散して新会社を設立する場合を新設合併という。

　買収とは，営業譲渡あるいは株式取得により企業の全部または一部を取得することである。株式を取得する手段には，相対取引，公開市場での株式買付，公開買付などで株式を取得する方法と，株主割当増資，第三者割当増資，転換社債，ワラント債などで新株を引き受ける方法がある。

　株式公開買付は，買付価格，買付数量，買付期間などを一般に公開して，被買収企業の株式を市場外で不特定多数の株主から買い付ける方法であり，テンダー・オファー（tender offer）あるいは TOB と呼ばれている。買収価格は市場価格（株価）より高く設定されるが，この買収価格と市場価格の差を買収プレミアムという。一方，被買収企業の資産を担保に資金を調達して買収する方法が LBO である。

　双方の企業（経営者）の合意にもとづいて行われる買収を友好的買収といい，被買収企業（経営者）の同意なしで行われる場合を敵対的買収という。

　企業が M&A を行う理由・動機としては，①自社にない経営資源の即時調達，②規模の経済の追求，③範囲の経済やシナジー効果の追求，④リスクの分散などが挙げられる。1999年に株式交換・移転制度が導入され，自社株を対価としてM&A が行いやすくなり，自社にない経営資源や事業をスピーディに取得することができるようになった。

❷組織機構改革

　組織機構とは，組織を組み立てているしくみやメカニズムのことであり，具体的には組織の部門編成や集団編成などの枠組みを意味している。企業は，技術革新や市場ニーズ，競争状況などの経営環境の変化に対応して組織機構の改

革を行う。組織機構の改革はいわば枠組みの変更に過ぎないが，「組織構造は戦略に従う」というチャンドラー（Chandler, A. D.）の命題が指摘しているように，経営戦略の変更を反映しているはずであり，また誰の目にも見えるので，経営者の意思をシンボリックに示す手段という側面を持っている。企業が行う組織機構改革は，次のような広範な内容に及んでいる。

a）組織形態の変更にかかわる改革

監査役設置会社から指名委員会等設置会社への変更，執行役員制度の導入や廃止，カンパニー制や事業部制など組織形態の変更，部課制廃止，グループ制導入など。

b）事業部門や職能部門の新設・統廃合・名称変更

新規事業部門の設置，成熟事業部門の統廃合，事業部門の分割や外部化，事業部・部・課の名称変更など。

c）戦略組織の強化

経営諮問会議の設置など。

❸組織文化の変革

a）企業変革のステップ

組織機構の変更という目に見える改革とは異なり，価値観・信念・行動規範など，目に見えない要素を中核とする組織文化の変革ははるかに難しい。コッターとコーエン（Kotter, J. P. & Cohen, D. S.）は，大規模な企業改革に成功した多数の事例を調査し，改革が成功するためには次のような8つのステップを踏むことが必要であると指摘している。

①関係者の間に危機意識を高める

②変革推進のためのチームをつくる

③ビジョンと戦略を掲げる

④ビジョンと戦略を周知徹底する

⑤行動の障害を取り除く

⑥短期的成果を生む

⑦目的が完了するまでさらなる変革を推進する

⑧新たな文化を生み出し，新たな行動を根付かせる

b）組織の持つ慣性

　コッターとコーエンによれば，組織変革にとってとくに難しいのが「行動を変える」ことである。そして，行動を変えるためには分析結果を示して理性に訴えるよりは，目に見えるかたちで真実を示して感情に訴えることが重要であるとしている。

　あらゆる組織は慣性（inertia）を持っており，さまざまな変化に対して抵抗する力が働く。組織の規模が大きくなればなるほど，この慣性は強くなり，変化への抵抗も大きくなる。この組織の慣性を生み出している最も大きな要因が企業文化（企業全体の組織文化）である。企業文化の中核をなす価値観・信念・行動規範などは相当な時間をかけて醸成され，組織メンバーの間に浸透してきたものであり，企業文化を変えるためには経営トップの強いコミットメント（目的を達成するための責任を伴う関与）が不可欠である。

　たとえば，1990年代にゼネラル・エレクトリック（GE）社で経営に携わったジャック・ウェルチは，従業員40万4,000人を擁し，副社長以上の肩書きを持つエグゼクティブが130人以上，マネジャーは2万5,000人以上，現場社員から会長まで12もの組織階層を持つ巨大な官僚制組織の変革を断行した。そのために，「小企業の精神を大企業に植えつける」という基本方針や「バウンダリレス（組織間の壁をなくす）」「スピード」「ストレッチ（自分が描いている以上のことをなし遂げる）」などのスローガンを掲げ，「現実重視」「率直な姿勢」「公正さ」などの価値を強調する変革を遂行した。そうした組織改革の結果，12あった組織階層は6階層以下に削減され，GEは俊敏な組織に生まれ変わった。CEO就任後5年足らずの間に30の工場を開鎖し，232の事業を売却し，11万8,000人の人員削減を実施したウェルチに対して，ニューズウィーク誌が「ニュートロン・ジャック」（建物は破壊せず，中の人間だけを殺傷する中性子爆弾のような経営者という意味）というニックネームを付けたように，容赦ないリストラ策がクローズアップされた。その一方で，在任20年間にGEの売上高を5.2倍に，純利益を8.4倍に，株式時価総額を30倍以上に押し上げた業績を評価する声は高い。また，後にウェルチは「経営者にとって人を切るほどつらい決断はない」と述懐し，「人を切るのを楽しむ人間や，人を切れない人間は会社を経営すべきではない」とも述懐している（ジャック・ウェルチ著，宮本

喜一訳『ジャック・ウェルチ わが経営（上・下）』日本経済新聞出版社，2001年，上巻204頁）。また，ウェルチは，社員に職を保証できるのは会社ではなく，製品を買ってくれる消費者だけであるという趣旨のことも述べている。これは，制度化された企業の最大の責務は存続することであり，企業が存続するためには「顧客を創造」するという目的を実現しなければならないというドラッカーの考え方に通じている。

　ただし，いかに強力なリーダーシップを発揮するトップ・マネジメントといえども，トップだけで企業文化の変革をなし遂げることはできない。変革の引き金を引くのはトップであるが，それを組織全体に浸透させるためには，組織の各階層・各部署からメンバーを集めた変革推進チームを編成し，組織全体を巻き込んでいくことが必要である（169ページ／クロスファンクショナル・チーム参照）。

ｃ）組織統合後の課題

　多角化などを目的として **M&A**（合併・買収）を行った場合，その過程の手続きも重要であるが，M&A 実行後に大きな課題が残ることがある。こうした課題としては，異なる業務プロセスの統合，企業グループとしての価値観やビジョンの統一，企業文化の融合，コミュニケーションの醸成，従業員の意識統一，人材交流，給与体系など人事面の処遇など，さまざまなものが挙げられる。

　そうした M&A 後に統合の効果を高めるプロセスが **PMI** である。とくに，敵対的買収によって企業統合を行ったとき，被買収企業（買収される側の企業）のモラール（士気，やる気）が低下する場合が多く，買収前から統合の目的や意義を明確にしながら，PMI を計画化しておく必要がある。

| 参考文献 |

ジャック・ウェルチ＆J. A. バーン著，宮本喜一訳『ジャック・ウェルチ わが経営（上）』日本経済新聞出版社，2001年。
ジャック・ウェルチ＆J. A. バーン著，宮本喜一訳『ジャック・ウェルチ わが経営（下）』日本経済新聞出版社，2005年。
日経ビジネス編，伊藤良二解説『ゴーンが挑む７つの病―日産の企業改革』日経BP社，2001年。
野中郁次郎・紺野登『知識経営のすすめ―ナレッジマネジメントとその時代』ちくま新書，

1999年。

野中郁次郎・竹内弘高著，梅本勝博訳『知識創造企業』東洋経済新報社，1996年。

J. P. コッター＆D. S. コーエン著，高遠裕子訳『ジョン・コッターの企業変革ノート』日
　経 BP 社，2003年。

第 2 部

人的資源管理

　企業などの組織が目的を果たし，経済社会に貢献する存在となるためには，そこで働く人の能力を引き出す人的資源管理（HRM）が重要である。

　この第2部では，第1章（人的資源管理の原則）において，HRMというコンセプトの，時代による変化について学ぶ。

　つづく第2章（人事制度と雇用管理）では，日本企業で体系的なしくみとして根付いてきた職能資格制度を中心として，採用や異動，退職，評価，能力開発などの雇用管理のプロセスについて学ぶ。

　第3章（労務管理と労使関係）においては，報酬や福利厚生，労働時間など，組織と人の能力を引き出すしくみについて学ぶ。

　さらに，第4章（人と組織に関するマネジメント理論）では，現在の組織マネジメントにおいても知見が活かされている重要なマネジメント理論について理解を深める。

第 **1** 章

人的資源管理の原則

ポイント

◉人事労務管理と呼ばれていた「ヒトの管理」は，現在では人的資源管理と称されるようになった。そして，経営戦略との関連を提唱する戦略的人的資源管理へと展開してきた。

◉本章では，人的資源管理について，米国での理論展開を紹介し，さらにそうした変化が，日本でどのように反映されたのかを取り上げる。

◉学習のポイントは，人的資源管理の原則を理解し，さらに日本での展開について，本質的に変わらない部分と環境変動とともに変化する部分，さらにはその理由について理解することである。

┃キーワード┃

人事労務管理（PM），人的資源管理（HRM），人的資産，
戦略的人的資源管理（SHRM），
コンティンジェンシー・アプローチ，
ベストプラクティス・アプローチ，
QWL（quality of working life），人的資本経営

1 人的資源管理の原則と展開

（1）人的資源管理の原則

　企業組織は，ヒト，モノ，カネの3つ，あるいは情報を加えた4つの経営資源で構成される。企業は，さまざまな管理活動を通じてこれらの経営資源を効果的に活用して事業目的を達成するが，「ヒト」を対象に行う管理活動もその1つである。この「ヒトの管理」は，企業の事業目的達成のために，「必要なヒトを雇い入れ，仕事を割り当て，その仕事ぶりを評価し，報酬する」ことを通じ，従業員などに最大限の業績達成を実現させるものとして，零細・中小・大企業の区別にかかわりなく実践されている。

　人的資源管理とは，「企業の事業展開に必要な人材を調達し，人間尊重の立場からその合理的な利活用を図ると同時に，その職務満足を高める管理活動」と定義できる。

　この「ヒトの管理」には，企業から見た側面と働く従業員から見た側面がある。企業は，限られた資金を有効に活用しながら，人々から最大の貢献を受け取ろうと，適切な人材の採用，配置，評価と報酬配分を行うように努める。従業員は，そうした管理を通じて，自らの能力を発揮して企業の目標達成に貢献しながら，自らの能力をさらに拡大し，キャリアを構築する。

（2）管理の伝統から能力発揮へ：HRMの登場

　こうした「ヒトの管理」の原型は，1920年頃の米国で調査・雇用・教育訓練・作業条件・賃金・従業員サービス（福利厚生）・労使関係といった職能で構成された総合的な管理制度として形成された。以来この管理活動は，伝統的に**人事労務管理**（personnel management：PM）といわれ，専門スタッフ部門が担ってきた。だが，1970年頃を前後して，新たに**人的資源管理**（human resource management：HRM）と称される動きが活発になり，今日では学

術・実務の両領域で浸透してきている。

HRMの理念は，2つに分解することができる。1つは，従業員の生産能力に着目し，企業の経済的成功に価値ある貢献をなす重要な経済的資源であるとする「経済的資源としての人間重視」の理念である。もう1つは，従業員の生産能力の活用における動機づけの原理として，従業員を個人的人格として取り扱っていこうとする「人間的存在としての人間重視」の理念である。

人間的存在としての人間重視とは，労働者を潜在的に高度な能力を持つ「人間的存在」であり，その能力の開発と活用を通じて企業により大きな付加価値をもたらす投資価値のある**人的資産**（human asset），ないしは「未開発資源の宝庫」（reservoirs of untapped resources）とする認識である。米国でPMからHRMへと変化する中でとくに重要だったのは，管理理念（労働者観）が，人間的存在としての側面を強調するようになったことである。

なお，本書では「労務管理」を賃金や福利厚生，労働時間，職場環境の管理という狭義で用いることとする（第3章）。

（3）経営戦略との関係性：SHRMへの移行

米国ではさらに，1980年代半ば頃からHRMを経営戦略と結びつけて議論する動きが生じ，**戦略的人的資源管理**（strategic human resource management：SHRM）なる用語が生まれた。この用語は，「HRMは戦略的に考えていかなければならない」というメッセージを含むが，その理由は大きく2つある。その1つは，経営環境全般の急激な変化である。2つ目に，ライバル企業との競争上の劣勢の挽回に向けた企業リストラクチャリングの要請である。

SHRMの特徴は，戦略的経営過程における組織職能の役割を問うものとして，企業の財務的業績へのHRMの直接的な貢献を求める点にある。その実現の道筋として，**コンティンジェンシー・アプローチ**（contingency approach）と**ベストプラクティス・アプローチ**（best practices approach）がある（図表2-1）。

「コンティンジェンシー・アプローチ」にもとづくSHRMとは，「環境戦略―組織構造―組織過程―業績」という公式に則り，「戦略―HRM」の整合が企業業績の向上に資するという立場から，その整合のパターンを追求するもので

【図表2−1】人的資源管理の時代による展開

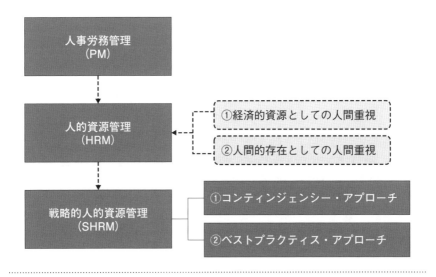

ある。

このアプローチの代表例には，競争優位の達成に必要な3つの基本的な競争戦略として，①ライバル企業と異なる製品やサービスの開発を求める「革新戦略」，②製品やサービスの品質の向上を通じて差別化を図っていく「品質向上戦略」，③コスト削減を通じて低価格化で差別化を図っていく「コスト削減戦略」を掲げ，各々に対応した異なるHRM制度を求めるものがある。

「ベストプラクティス・アプローチ」に基づくSHRMは，企業業績を達成する上で，ある特定のHRM施策は他の施策よりも良い成果を上げるという意味で「最善の施策」（best practices）があり，それはSHRMの「コミットメント・モデル」（commitment model）であるとする立場である。組織の有効性の増大には，企業や仕事に対する従業員のコミットメント（企業や仕事への愛着）の獲得が不可欠である。また，従業員との長期的関係を維持する視点に立ち，教育訓練を通じて育成される有能な従業員は，ライバル企業と差別化する「コア能力」（core competencies）になる資産であると認識する。この立場では，競争優位の源泉は，組織，従業員，その働かせ方といった「企業のソフト面」

にあるとする。現代の外部環境の激しい変動によって，競争優位の源泉となる技術や外部環境との適合はすぐに変化してしまう。一方で，この企業のソフト面から生ずる優位性は，ライバル企業からは，その原因が目に見えず把握しにくく，また同様なシステムを作るのも困難で模倣できず，持続的な優位性の源泉となる。

このアプローチは，HPWP（high performance work practices：高業績をあげる労働施策）といわれる一連の HRM 施策を生み出した。この HRM システムの特徴は，労使間の利害対立を克服し，従業員のコミットメントの増大を通じて，**QWL**（quality of working life：労働生活の質）を高めながら彼らの企業への献身的な行動を引き出す HRM システムということである。

2 日本における HRM/SHRM

（1）日本における HRM

1990年代に入って，日本でも「人的資源管理」という用語を使用する動きが顕著になった。しかしこの動きは，必ずしも産業・実務界に普及し定着しているとはいえない。たとえば，組織職制上，人事部はあくまで「人事」部であり，「人的資源」部と名称変更するような企業はほとんどみられない。

米国で HRM が強調されるようになってから導入された制度や慣行の中には，従来の日本の人事労務慣行と類似するものも多かった。たとえば，①従業員重視の管理理念（人は財産，企業は人なり），②長期的雇用関係の提唱（終身雇用），③内部労働市場の重視（＝内部昇進制），④従業員の多能的育成と活用（ゼネラリスト育成，ジョブ・ローテーション），⑤従業員関与・参画管理の施策（職場小集団活動，改善提案制度，稟議制度），⑥協力的労使関係の確立（企業別労働組合），⑦従業員のコミットメントの確保（労使協議制，ホウ・レン・ソウ），⑧従業員の地位格差の解消（処遇の平等主義），などが指摘できる。

こうした制度が多少なりとも海外企業で取り入れられた背景には，とくに1970年代末頃から1980年代にかけて欧米諸国に生じた「日本的経営ブーム」の影響もあった。この中で日本企業の人事労務慣行が注目され，行動科学や組織行動論の観点からポジティブに評価され，HRM の施策として現地化されながら組み込まれていった。

（2）日本における SHRM

日本では，1990年代以降，バブル経済崩壊後の長期不況の中で，競争力向上のため戦略適合の SHRM（前述したコンティンジェンシー・アプローチ）が注目された。たとえば「企業経営の根幹となる経営戦略の実行に必要な人材を育成・維持・活用する人的資源管理を構築せよ」とするメッセージは，誰もが直感的に納得するものであろう。

終身雇用や年功賃金といった硬直的な雇用・賃金慣行は，変化の激しい企業環境の中で，柔軟性が求められる企業経営には不十分であり，SHRM はこうした面でも示唆を与えている。たとえば，社内人材を経営戦略の実行に資するコア人材とそうでない非コア人材に峻別し，コア人材は正規社員で，非コア人材は非正規社員でといった人材のポートフォリオにもとづく SHRM 構想が提案され，雇用や人件費の柔軟性の確保が志向される（第2章第1節参照）。また，人事評価におけるコンピテンシー評価や，採用面におけるメンバーシップ型雇用からジョブ型雇用への転換などは，SHRM の考えにもとづく人事施策である。

SHRM は，トップ・マネジメントの人的資源管理制度づくりへの積極的な関与を強調し，これまで行われてきた日本の慣行の改革を迫るものとして意味を持つ。しかし一方で，理論として提案される戦略適合の SHRM は，なかなか実用的なものになっていない。たとえば，現実の企業では複数の異なる競争戦略をとる事業を同時に行っており，戦略とそれに適合した HRM を全社的に統合することが難しい。

（3） 人的資本経営

　人材やヒトのマネジメントを戦略的に考えるという観点からすると，**人的資本経営**という考え方が注目されている。

　経済産業省によれば，人的資本経営とは「人材を資本としてとらえ，その価値を最大限に引き出すことで，中長期的な企業価値向上につなげる経営のあり方」とされる。人材を人的資本（human capital）ととらえる考え方は以前からあり，持続的に企業価値を向上させるにはビジネスモデルや経営戦略と人材戦略が連動していることが重要であることはいうまでもない。そうした人材戦略の実効性を保つために人的資本経営では，経営陣の中でも CHRO（chief human resource officer：最高人事責任者）を任命し，そのイニシアティブで人材戦略を構築することを強調している。また，CHRO は従業員や投資家な

【図表2−2】従来型の HRM から人的資本経営へ（変革の方向性）

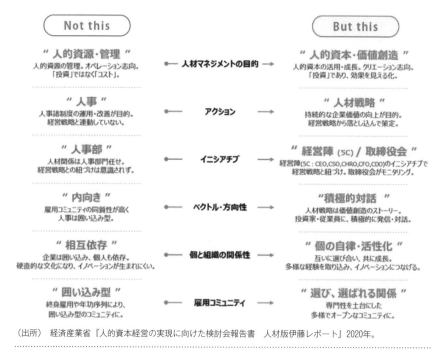

（出所）　経済産業省『人的資本経営の実現に向けた検討会報告書　人材版伊藤レポート』2020年。

どのステークホルダーに向けて，発信・対話する役割を担う。そして，各企業における人材戦略は産業や企業自体によって異なるものの，人的資本経営を進めている企業の共通点としては，3つの視点と5つの共通要素があるという。

　ここで，3つの視点とは，①経営戦略と人材戦略の連動，② As is-To be ギャップの定量把握（As is：現状／To be：あるべき姿），③企業文化への視点である。そして，5つの共通項とは，①動的な人材ポートフォリオ，②知・経験のダイバーシティ＆インクルージョン，③リスキル・学びなおし，④従業員エンゲージメント，⑤時間や場所にとらわれない働き方とされる。

　従来型の人的資源管理の考え方（Not this）と人的資源経営への方向性（But this）をまとめると，図表2－2のようになる。

| 参考文献 |────────────────────────────

岩出博『アメリカ労務管理論史』三嶺書房，1989年。

奥林康司編著『入門人的資源管理〔第2版〕』中央経済社，2010年。

佐藤博樹・佐藤厚編『仕事の社会学〔改訂版〕』有斐閣，2012年。

Barney, J., Firm Resources and Sustained Competitive Advantage, *Journal of Management*, 17-1, 1991, pp. 99-120.

Fombrun, C. J., The External Context of Human Resource Management, in Fombrun, C. J., Tichy, N. M. & Devanna, M. A., *Strategic Human Resource Management*, John Wiley & Sons. 1984, pp. 3-31.

Megginson, L.C., *Personnel and Human Resource Administration, 3rd ed.*, Irwin 1977.

Pfeffer. J., *Competitive Advantage through People*, Harvard Business School Press, 1994.

Schuler. R. S. & Jackson, S. E., Linking Competitive Strategies with Human Resource Management Practices, *Academy of Management Executive*, 1-3. 1987, pp. 207-219.

第 **2** 章

人事制度と雇用管理

ポイント

◉ 本章では日本企業が伝統的に用いてきた職能資格制度を中心とした一連の雇用管理，すなわち，採用管理，配置と異動の管理，退職管理，人事評価，能力開発とキャリア形成の制度的内容について理解する。

◉ 人事評価や能力開発のしくみは，その運用が企業の組織マネジメントに大きく影響する。従業員のコミットメントを引き出すため，目標管理制度や360度評価の導入や自己啓発の支援を行っている企業は多い。

┃ キーワード ┃

ゼネラリスト，スペシャリスト，人事制度，職能資格制度，
目標管理制度（MBO），コンピテンシー，リスキリング，
雇用調整，人事評価，ハロー効果，中心化傾向，OJT，
Off-JT，自己啓発，CDP，
グローバルタレント・マネジメント

雇用形態の多様化と人事制度

（1）雇用形態の多様化と社員区分

　企業が求める人材像は，経営効率の追求，経営の高度化，戦略の方向性など，企業サイドの人材ニーズに応じてさまざまである。同時に，働く人の価値観やキャリア志向の変化によって，働き方の選択肢も多様化している。このように多様化する人材像であるが，企業に対する帰属意識と，個人が依拠するもの（準拠集団）が組織なのか仕事なのかによって，図表2－3のように4つのタイプに分けることができる。

　ゼネラリストは，企業に対する帰属意識の強い人であり，安定的な雇用を望んでいる。こうしたゼネラリストは，幅広い職務経験を経て育成され，将来の管理者や経営幹部となることが期待される人材グループである。

　スペシャリストは，企業に対する帰属意識はあるものの，組織よりも仕事や自分の市場価値を重視する。こうしたスペシャリストは，研究開発，技術，法務，経理・財務などの専門分野で能力を発揮する人材であり，企業の競争優位を左右する専門職となる人材グループである。ゼネラリストとスペシャリスト

【図表2－3】多様化する人材像

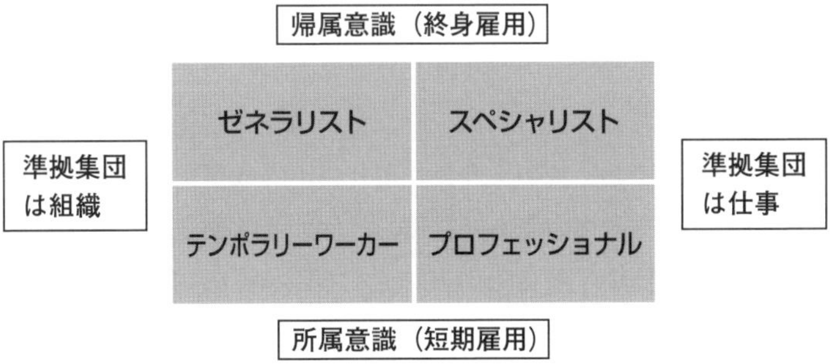

	帰属意識（終身雇用）	
準拠集団は組織	ゼネラリスト	スペシャリスト
	テンポラリーワーカー	プロフェッショナル
	所属意識（短期雇用）	**準拠集団は仕事**

は，準拠集団が組織であるか仕事であるかというちがいはあるものの，会社に
対する忠誠心や帰属意識があり，正規社員として働いてくれるストック型人材
という面が強い。

これに対して，パートタイマーや派遣労働者を中心とする**テンポラリーワー
カー**と，市場価値のある高度な専門性を有した**プロフェッショナル**は，会社に
対する忠誠心や帰属意識が低いフロー型人材である。こうしたフロー型人材と
しての働き方は，仕事志向の高まりやキャリア志向の多様化を背景として，社
会的に認知されるようになっている。また，企業側から見れば，雇用の柔軟性
の確保や高度専門能力の活用という面において，欠かせない存在となっている。

現在，多くの企業では上記のような多様な人材がいっしょに働いており，こ
うした人材の能力を引き出し，経営資源として有効活用するには，人事制度に
代表される人的資源管理の考え方も変革していく必要がある。従来のように，
学卒一括採用した社員がゼネラリストをめざすことを前提として，管理職の育
成を中心課題として一元的な人事制度を維持したり，能力開発のために一様な
教育訓練を行うことは難しい。一方で，非正規従業員の雇用管理や能力開発は
まだまだ制度が確立しているとはいえない。そこで，以下では，正規社員の管
理を中心に説明することとする。

（2）人事制度の定義と全体像

❶人事制度とは

人事制度は，人的資源管理の目的を達成するために設計されるしくみである。
そのために，従業員それぞれの組織内での位置を示し，求められる役割や必要
となる能力を明らかにして，能力向上や昇格・昇進をめざす従業員のモチベー
ションを継続的に確保するものでなければならない。

人事制度の根底にある考え方には，欧米型の属仕事主義人事と日本的な属人
主義人事がある。**図表２−４**のように，属仕事主義人事は人事制度の編成基準
を職務（仕事）に置く考え方であり，職務評価による職務の相対的序列づけに
よって，地位序列や賃金（職務給）を決定する職務等級制度がその中心となっ
ている。一般に，欧米では個人の職務概念が明確であり，「まず先に職務があ
り，その職務に人をつける」（assign a person to a job）という職務中心の考

【図表2－4】人事制度編成の考え方の比較

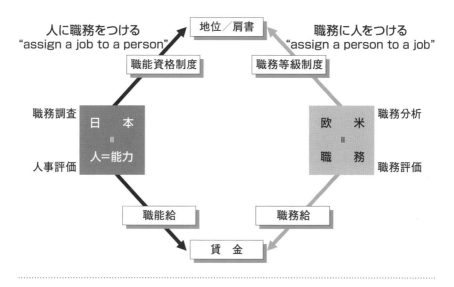

え方が強い。そのため，職務分析を行って，職務内容を明確に定義づけること（ジョブ・ディスクリプション）が重要となる。

　これに対して，日本的とされる属人主義人事は人事制度の編成基準を人の能力と配置に置く考え方であり，従業員個々人の能力に応じて社内の地位序列や賃金（職能給）を決定する職能資格制度がその中心となっている。つまり，「人が仕事をつくり，人に職務をつける」（assign a job to a person）という考え方に根ざしている。

❷職能資格制度を中心とする人事制度の全体像

　属人主義人事の傾向が強いわが国の人事制度は，1970年代以降，**職能資格制度を中心に据えた能力主義的人事制度**として整備されてきた。職能資格制度の周囲には，人事評価制度，能力開発，能力活用（配置・異動），賃金制度という密接に関連した4つのサブシステムがあり，統合的な人事制度となっているところに特徴がある（図表2－5）。それぞれの制度の目的と機能を示すと，以下のようになる。

【図表2－5】 人事制度の全体像

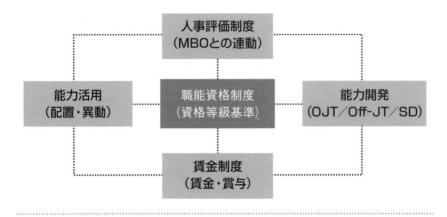

a）職能資格制度

　職能資格制度とは，職能についての資格等級を基準とした人事システムである。従業員の能力の発展段階に応じて，公正な格づけ（等級づけ）を実施し，それをベースに，より適切な能力開発，配置・異動，賃金決定を行っていくための人事処遇の統合的なしくみである。

b）人事評価制度

　人事評価制度とは従業員の能力や業績を適正に評価し，その結果を処遇や人材の有効活用につなげていくしくみである。従業員個々の職務遂行能力の発揮や伸長の度合い，勤務態度，業績や成果などを一定の基準に照らして評価する。その結果は，昇進・昇格，異動・配置，能力開発，賃金などに反映される。近年，従業員の納得性を高める観点から，個人が管理者や企業側とすり合わせて設定した目標を基準として，達成度や未達成の原因などを考えていく**目標管理制度**（management by objectives：MBO）と連動して，人事評価制度を組み立てている企業も多い。

c）能力開発

　能力開発は，長期的な視点から従業員1人ひとりの能力を伸長させたり，不足している能力や知識を獲得してもらう目的で実施される。個々の従業員に対する教育ニーズを判断するには，職能資格制度で示された等級基準や職能要件，

人事評価の結果などが用いられる。具体的な教育方法としては，OJTを中心としながら，Off-JTや自己啓発（SD）を組み合わせて実施される。

d）能力活用（配置・異動）

能力活用とは，従業員の能力や適性に応じて配置・異動させることを意味し，人事評価の結果や自己申告制度などをベースに実施される。欧米と日本では配置に関する考え方が大きく異なっているとされ，職務の概念が明確な欧米では，顕在化している職務能力に応じた適材適所という職務中心的な配置施策がとられている。これに対して，職務の概念が曖昧なわが国では，将来のキャリアアップや能力向上，経験蓄積のための人間中心的な配置施策がとられる傾向にある。

e）賃金制度

職能資格制度における賃金制度は，職務遂行能力の発揮や伸長の度合いによって賃金が上昇する職能給の体系であり，資格等級と賃金を対応させた職能給表を運用する。人事評価の結果を，個人の資格等級にもとづいて賃金に反映させ，個人のモチベーションにつなげることをねらいとしている。また，賃金が「職務」ではなく**資格等級**と連動していることから，課長や部といった役職（ポジション）が賃金とは切り離されていることに特徴がある。

（3）職能資格制度の今日的意義とその限界

❶職能資格制度の全体フレームと機能

職能資格制度を設計するには，以下のプロセスが必要である。また，実務における運用には，図表2－6のような基準や定義，書類などが必要となる。

①**職務調査**を行って，職務ごとに必要とされる職務遂行能力を抽出する

②抽出された職務遂行能力を複数の等級（資格）に分け，必要とされる能力要件を定義する

③こうした能力要件の定義に照らして，個々の従業員を評価し，該当する等級に格づけする

職能資格制度は，次のような利点があるため，多くの企業で採用されている。

【図表2−6】 職能資格制度を運用するための構成要素

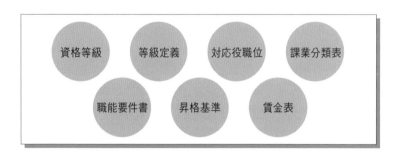

a）人事運用や処遇に対する公平性や納得性がある

　職能資格制度においては，知識・技能，理解・判断力，立案・企画力，表現・折衝力，指導・育成力などさまざまな能力基準の観点から，能力の明細書ともいうべき**職能要件書**を，職種別や役職別に作成する。個人は，この職能要件書と，職種横断的な能力の発展段階を表した等級定義をもとに序列づけされ，賃金（**職能給**）が決定される。このように，能力開発や処遇と連関性が強く，基準が明確で客観性が確保されていることから，職能資格制度は公平性や納得性を得ることができるしくみとされている。

b）資格と職位の分離により，組織の柔軟性と処遇安定の調和を図る

　職能資格制度では，能力や賃金の高さを表す資格等級が仕事（役職や職務）と直接的に対応しているわけではない。賃金は，職務内容ではなく，資格と連動するため，賃金の変動を伴うことなしに配置転換や職種転換を行うことができる。このように，賃金を仕事から切り離すことによって，処遇の安定化を確保しながら，組織編成を機動的に行うことができる。ジョブ・ローテーションを行いながら人材育成を図っていくという，わが国の伝統的な雇用慣行にフィットした制度といえる。

c）従業員のインセンティブが組み込まれている

　職能資格制度においては，従業員に期待される能力要件や昇格基準が明らかにされており，個人が，自分の能力の到達度や育成すべき能力の方向性などを知ることができる。また，能力の上昇による「昇格」と，役職者の定員枠に左

右される「昇進」が分離して運用されており，昇進しなくとも能力開発→能力（資格）アップ→賃金上昇というインセンティブが組み込まれていて，個人のモチベーションが高まるしくみになっている。

d）人事トータルシステムとして統合性を備えている

先に図表2－5で示したように，能力主義的人事制度である職能資格制度は，人事評価制度，能力開発，配置・異動，賃金制度と関連性が強い。人事評価の結果が賃金や能力開発に影響したり，能力開発のために配置・異動が行われたりという，相互作用がはたらくように設計されている。つまり，職能資格制度は，さまざまなサブシステムが連動する統合的な人事トータルシステムとなっている。

❷職能資格制度の矛盾と限界

1970年代中盤以降，大企業を中心に導入されてきた職能資格制度であるが，時間の経過とともに，以下のようなさまざまな矛盾や問題点を生み始めている（図表2－7）。

a）潜在的能力を基準としているため，運用が年功的になりやすい

職能資格制度における「能力」は，職務調査から抽出された，仕事を遂行するうえで必要とされる職務遂行能力である。そのため，「能力」が仕事で発揮された顕在的能力というよりは，「～ができる（はずである）」というタイプの潜在的能力となりやすい。結果として，職能資格制度の運用は形式的で年功的なものに陥りやすくなる。

こうした傾向に対して，潜在的能力でなく，**コンピテンシー**（competency）を評価するしくみを取り入れる企業もある（216ページ参照）。コンピテンシーとは，「個人が高い成果を生み出すための行動に結びつく安定的に発揮される能力」という意味である。実務では，組織内で実際に高業績を安定して達成している個人の行動や能力，思考，態度などを分析してコンピテンシーを明らかにする。そして，明文化されたコンピテンシーを基準にしてロールモデル（コンピテンシー・モデル）として社内に周知したり，評価項目を設定したりする。

b）賃金と能力・生産性のギャップが拡大しつつある

先に説明したように，職能資格制度には能力開発→能力（資格）アップ→賃

金上昇というインセンティブが組み込まれており，このことが従業員の能力向上へのモチベーションを高めていた。しかし近年では，職能資格制度自体の年功的な運用や，外部環境における経済成長の停滞，技術革新の急速な進展などが要因となって，賃金が上昇しているのに，必ずしも能力や生産性が向上していないという問題が発生している。

こうした問題に対して企業は，管理者層の人事評価を業績主体に切り換えて組織としての生産性向上に対する意識を高めたり，新しい技術を身につけるための教育訓練を実施するなどの取り組みで対応している。DX（デジタル・トランスフォーメーション）と呼ばれる技術の大転換期において，2020年に開催された世界経済フォーラム年次総会（通称：ダボス会議）を契機として，新しい知識やスキルを根本から習得しなおす**リスキリング**の重要性が強調されるようになっている。

c）従業員の多様な価値観や求められる人材像の変化に対応できない

職能資格制度は，下位職能から上位職能への内部昇進を土台としており，ゼネラリスト育成の志向が強い。そのため，具体的な人的資源管理において，たとえば階層別研修のような画一的な施策を生みやすくなる。

一方で，従業員の価値観やキャリア志向が多様化し，企業が求める人材像も

【図表2-7】職能資格制度の利点と限界

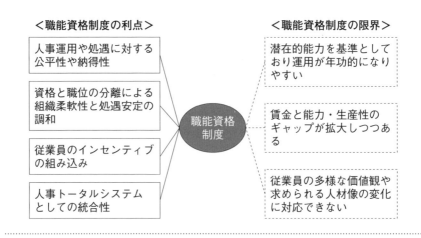

各企業の戦略によって多様になりつつある現在，ゼネラリストだけでなく，スペシャリストの処遇や能力開発も制度に組み込んだ**複線型人事制度**のようなしくみが求められている。

2　雇用管理（採用，配置・異動，退職）

（1）要員計画

　雇用管理は，要員計画を策定することから始まる。**要員計画**とは，自社にとって，どのような人材が，何人必要となるかについての計画である。

　要員計画は，中長期計画（5〜10年先）と短期計画（1年）に分けて考える必要がある。いずれの計画も，各部門・部署からの要望を反映する一方で，全社的な視点からの調整を行って策定する。

　中長期の要員計画の策定にあたっては，中長期にわたる経営戦略を達成するのに必要となる人材像や人数を企業全体のレベルと各部門レベルで検討する。短期の要員計画は，中長期の要員計画にもとづいて策定されるものであり，単年度ごとにどのような人材をどの程度確保するかについての計画である。

　要員計画の策定と前後して，現在の企業内の人材と要員計画で求められる人材像と人数のギャップを埋める方法を検討する。ギャップを埋める方法としては，以下の4つが挙げられる。

①現有の企業内人材に対して，能力開発を行って，組織として求められる能力を新たに身につけてもらう

②異動や配置転換を行い，人材に余裕のある部門から不足している部署へ人材の配置換えを行う

③余剰となっている人材を企業外へ放出し，必要な人材を企業外部から採用する

④有期雇用者として専門性の高い人材を採用したり，業務委託契約を結んで

　　有能な個人のスキルを組織のために活かしてもらう

　このように，採用管理，配置・異動，退職管理といった雇用管理は，能力開発と並んで，整備された要員計画にもとづいて行う必要がある（図表2－8）。

【図表2－8】要員計画と雇用管理，能力開発の関係

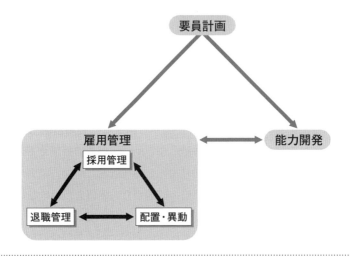

（2）採用管理

　採用管理のプロセスは，おおむね図表2－9のように進められる。

❶採用対象の決定

　要員計画を策定して外部から獲得すべき人材像や人数が定まったら，採用対象を誰にするのかを決定する。採用対象の区分として最も一般的に用いられているのが，新卒を対象とするのか中途を対象とするのか，という基準である。
　新卒者を採用することには，以下のようなメリットがある。
　①他社の組織文化に染まっていない人材を獲得することができるため，自社の企業文化に合った人材に育成することが可能である
　②職業上の専門性が確立されていないため，さまざまな職務につけて個人の

【図表 2 − 9】採用管理のプロセス

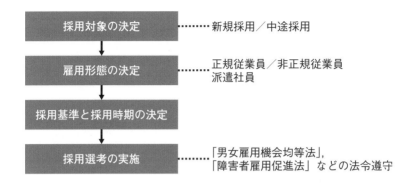

適性を見定めることができる

③若い人材が入職することで，社内に活気を生み出すことが期待できる

④現場管理者であるロワーマネジメント層や，中間管理者にあたるミドルマネジメント層にとって，部下を未経験の段階から育成する機会を与えることになり，監督者や管理者自身の育成にもつながる

　一方で，中途採用の場合，上記のようなメリットは必ずしも享受できないが，能力や専門性を身につけた，即戦力となる人材を確保することができる。ただし，職能資格制度のような積み上げ式の昇格制度を採用している企業では，初任格づけが難しいという課題もある。

❷雇用形態の決定

　採用対象が決まったら，次に，どのような雇用形態で雇い入れるかを検討する。雇用形態は，**正規従業員**と**非正規従業員**に大きく分けられる。

　正規従業員とは，雇用期間に定めのない**無期雇用**の従業員のことであり，組織の中核的な人材として長期的に勤務してもらうことが期待されている。一方，非正規従業員とは，雇用期間を定めた**有期雇用**の従業員であり，契約社員やパートタイマーなどの雇用形態がある。企業サイドから見れば，非正規従業員を雇い入れる最大のメリットは，必要に応じて雇用することができるため，業

務の繁閑の差などに応じて弾力的に人材を活用できる点にある。

　有期雇用の労働契約については，「労働契約法」や「労働基準法」，「パートタイム・有期雇用労働法」（短時間労働者及び有期雇用労働者の雇用管理の改善等に関する法律）に規定されている。たとえば，非正規従業員の雇用契約期間は最大で3年（専門知識を有する労働者や満60歳以上の労働者の場合は5年）とされている（労働基準法第14条）。そして，有期労働契約が反復更新されて通算5年を超えたときは（高度専門職・継続雇用の高齢者や大学等の研究者には特例が適用），労働者の申し込みによって，有期労働契約が無期労働契約に転換される（労働契約法第18条）。

　また，必要に応じて人材を確保するという点では，派遣社員の受け入れも選択肢の1つである。派遣社員の場合，派遣先企業に指揮・命令権はあるが，雇用関係は派遣元企業との間で結ばれる。派遣という労働・雇用の形態については，「労働者派遣法」（労働者派遣事業の適正な運営の確保及び派遣労働者の保護等に関する法律）に規定されている。

　働き方の多様化に呼応するように，上記のような法律が整備されていくので，人事部門や管理者は，法改正や政策変更の骨子に留意しておく必要がある。

❸採用基準と採用時期の決定

　採用対象と雇用形態が決まったら，次に，採用基準を決定する。企業が期待している能力や職務態度などの採用基準は，採用対象や雇用形態によって異なる。

　たとえば，新卒採用の場合，専門的な知識や技能よりも，仕事に対する意欲，コミュニケーション力，マナー，社会常識，組織への適応性などが重視される。一方で，中途採用では業務に役立つ職業経験や，これまでに獲得した知識と技能がより重視される。

　また，正規従業員に対しては，組織に対する忠誠心や組織との一体感など，組織に対するコミットメントが求められる。一方で，パートタイマーや契約社員に対しては，仕事の能率や正確さが求められる傾向が強い。

　採用時期については，従来，新卒採用は4月，中途採用は欠員に応じて適時行われてきた。近年では，新卒採用であっても，海外の大学を卒業した学生を

対象とした秋期採用や，採用時期を固定しない**通年採用**を行っている企業も多い。

❹採用選考上の注意

採用選考においては，必要な能力・態度を基準に選考を行うべきである。企業が獲得しようとしているのは，何もプライベートな生活を含めた全人格ではなく，人材が保有している職務遂行にかかわる能力や態度が主である。採用選考では，本人の現時点での能力や性格を職業適性検査などで測定し，その結果をもとに「入社後に当社の業績向上に貢献できるか」あるいは「当社の企業文化や組織風土に適応し，目的やビジョンを共有できるか」などについて評価する。

法律上，どのような人材を採用するかは，原則として企業に選択の自由が保障されている。ただし，一定の制限があって，たとえば「男女雇用機会均等法」は募集や採用について，女性に対して男性と均等の機会を与えなければならないことを定めている。また，「障害者雇用促進法」は，障害者を一定の割合で雇用するように義務づけている。採用管理において，こうした法律を遵守しなければならないことはいうまでもないが，たとえ法律に抵触しなくても，差別は行われるべきではなく，あくまでも職業上の能力や態度を基準として選考を行うべきである。

また，必要な能力・態度を基準とした選考を損なう要因にも留意する必要がある。ステレオタイプ化や，人事評価でも起こるハロー効果（221ページ参照）といった認知の歪みによる評価の誤りや，知らないうちに差別をしている可能性である。差別は個人的な偏見や信条のちがいからも起こるが，個人的信条にもとづかない**統計的差別**も起こりうる。統計的差別とは，必要な能力・態度の程度を明らかにするためのコストを低減しようとして，安易に学歴や職歴などの代理指標を用いて判断してしまうことである。

❺メンバーシップ型雇用とジョブ型雇用

これまで多くの日本企業では，ゼネラリスト人材へのニーズが強く，期間の定めのない雇用契約（無期雇用）にもとづいて，会社への強い帰属意識が重ん

じられてきた。社内キャリアの面では，ジョブ・ローテーションを繰り返す中で，個人の希望や適性に合った仕事を見つけ出していくという人材開発のしくみが確立していた。このように，入社時には仕事が確定しておらず，企業への帰属が優先される雇用は，**メンバーシップ型雇用**と呼ばれる。

しかし，近年は，若年層を中心に，将来スペシャリストやプロフェッショナルとして活躍したいという仕事志向が強まっている。また，技術革新のサイクルが速い現在，企業にとっても専門性の高い人材に対するニーズが強くなっている。そこで，採用時から職務の性格を明確に示し，その仕事に適した人材を採用，配置，育成する**ジョブ型雇用**に転換しようという流れがある。

ジョブ型雇用には，専門性の高い人材を獲得できるという利点のほかに，企業の人材ニーズと個人の希望とのギャップから生じるミスマッチを抑止できるというメリットがある。その一方で，企業側にとっては，せっかく育成した専門性の高い人材であっても，より良い条件を提示した他社に容易に転職してしまうというリスクがある。また，個人にとっても，経営戦略の転換による事業のリストラクチャリング（再構築）などによって専門性のある仕事が必要とされなくなるというリスクがある。

（3）配置・異動

❶初任配属

初任配属とは，新たに採用した従業員を企業内の各部署に配置することである。どのような配属を行うのかは企業の考え方によって異なるが，初任配属がその後の能力発揮に大きな影響を与える可能性は高く，従業員の希望や適性，その後のキャリアプランなどを考慮したうえで慎重に決定する必要がある。

中途採用の場合は，即戦力を必要としている部門に配属されるのが一般的であるが，新卒採用の場合には，以下のように，いくつかの選択肢が考えられる。

①本業として収益を生み出している部門や職種に配属し，一定期間はラインの現場を知ることで後のキャリア形成に役に立ててもらうという考え方

②新入社員を対象とした導入研修の結果や本人の希望を考慮して配属し，個人の適性や希望に合った仕事をしてもらうという考え方

③選考〜採用決定時に予定していた部門や職務にそのまま配属するもので，

採用段階において職種別採用を行う企業で一般的な考え方

❷異　　動

　異動とは，企業内における職場の変更のことである。住居の変更を伴う異動を転勤というが，一般に，日本企業は欧米企業に比べて職能分野を超えた異動や転勤を積極的に行っているといわれている。

　異動は，従業員の能力や適性に見合った職務を見い出すことや，多様な経験によって従業員の能力を向上させることを目的として定期的に行われる（**ジョブ・ローテーション**）ほかに，組織や職務を再編成したり，既存部門の拡大や縮小などの結果として行われる場合もある。

a）異動のメリット

　異動を行うことによるメリットとしては，以下のような点が挙げられる。

①さまざまな職能を開発することができる：企業という組織において，1つの職務を円滑に進めようとすれば，その職務の遂行に必要な能力だけでなく，それ以外の職能も身につけておいたほうが役に立つ場合が多い。また，将来上位の役職についたとき，複数の部門を経験しておいたほうが管理しやすいこともある。ただし，異動を無計画に行っても必要な能力が身につくとは限らない。そこで，最終的に身につける能力のゴールを明確にし，必要な職務経験や能力開発のキャリア・ルートを計画的に定めた CDP が重要となる（本章第4節（**2**）を参照）。

②部門間統合を促進する：部門間統合とは，部門や職能の垣根を越えて密接に調整や連携がとれている組織状態のことである。部門間統合の度合いが高い組織では，社内の情報交換が円滑となり，効率的かつ効果的に顧客ニーズに対応することができる。日本企業は概して，欧米企業に比べて部門間統合の度合いが高く，これが国際的な競争力の源泉の1つと考えられている。

③従業員が適性のある職能分野に出会う可能性が高まる：個人にとって，初任配属された職能分野が必ずしも適性を活かせる部門とは限らない。企業によっては，適性のある職能を見い出すために，キャリアの初期に積極的にジョブ・ローテーションを行うところもある。

④マンネリや癒着を抑止する：同じ職場に同じメンバーが滞留してしまうと，同じような意見しか出なくなったり，なれ合いが生じたりして，組織の活力が停滞してしまう懸念がある。また，同じ部門や部署に長くいると，顧客や取引業者との癒着が問題となることもある。異動には，こうした問題を抑止するための手段の1つという側面がある。

b）異動のデメリット

上記のようなメリットを持つ異動であるが，一方で，いくつかのデメリットもある。

デメリットの第1は，現場に対して過度に人材教育の重荷を強いてしまうことである。異動は，円滑な業務遂行や部下の育成を妨げない範囲で行うべきである。

デメリットの第2は，職種変更を伴う異動を頻繁に行った結果，個人の専門性が損なわれる可能性である。日本企業の多くは従来，ゼネラリスト志向が強かったため，技術者にも営業部門の経験を，経理の専門家にも工場現場の経験をというように，職能分野を越える異動が行われてきた。しかし，企業のメンバー構成上は専門性の高いスペシャリストの育成も重要な課題であり，一律に頻繁なジョブ・ローテーションを行うことにはリスクがある。

c）異動の決定

従業員の異動を決定するのは，従業員本人，人事部，ラインの管理職などである。従業員本人の意向が強く反映されれば，個人のモチベーションや満足の上昇につながる。その一方で，個々の従業員の希望を優先させると，組織全体としての人数バランスがとれなくなってしまう。

逆に，人事部が決定者であれば，企業全体としての整合性をとることができるが，本人の意向や現場の事情が反映されにくくなる。また，ラインの管理職が決定者であれば，現場の事情は反映されるが，優秀な人材をラインが囲い込んでしまうことになりかねない。実際には，職能内の異動では現場の責任者や管理者が実質的な権限を持っており，企業全体からみた調整を人事部が主体となって行う企業が多いようである。

d）自己申告制度と社内公募制度

異動に際して，従業員個人の意思を尊重し，自発的なキャリア形成を促進す

る目的で，自己申告制度や社内公募制度を採用している企業がある。こうした制度を導入する企業の目的としては，ほかにも，モチベーションの向上や，新規事業や重要なプロジェクトを立ち上げるため，などが挙げられる。

自己申告制度とは，従業員が上司や人事部門に対して，定期的に異動の意思や希望について申告し，人事部門などが面接を行う制度である。

社内公募制度とは，人材が必要となった職務やポストに関して，企業内部で公募を行うものである。自発的なキャリア形成との関連から注目されるが，自己申告制度よりも部門間調整や秘匿厳守などの制度的要件が複雑で，普及の程度は限定的なようである。

自己申告制度や社内公募制度のようなしくみが機能するためには，能力やコンピテンシーをアップするための教育訓練を行ったり，報酬体系に職務給的な要素を取り入れたり，人事部門が中心となって社内におけるキャリア相談を導入するなど，関連する他の制度も整備する必要がある。

❸出向・転籍

異動が企業内の人材移動であるのに対して，出向や転籍は企業を越えた人材移動である。**出向**は，移動元企業との雇用関係を継続したまま，移動先企業の指揮・命令のもとで仕事を行ってもらうことである。これに対して，**転籍**は，移動元企業との雇用関係を解消し，移動先企業と新たに雇用関係を結ぶものである。

出向や転籍のパターンとして最も多いのは，大企業からその関連企業への移動である。そうした出向や転籍の目的としては，以下のような点が挙げられる。

①大きな企業グループ内での人材交流を行い，グループ内企業間の結びつきや情報共有を強化する

②優秀な技術者やマネジメント力を有する人材を出向・転籍させ，移動先企業の技術力や経営力を強化したり，プロジェクトの推進力を高めたりする

③移動先企業において現在よりも高いポジションに就いてもらい，管理層のマネジメント能力を高める（出向の場合）

④移動元企業におけるポスト不足や人件費の高止まりを解消する

（4）退職管理

❶自発的退職と非自発的退職

　従業員の退職は，従業員自身の意思による自発的退職と，従業員の意思によらない非自発的退職に分けることができる。

a）自発的退職

　自発的退職のうち，企業側が自発的退職を促すために設けた制度による退職以外のものを，**自己都合退職**と呼ぶ。従来，日本企業の多くは，新卒者を一括採用し，企業内で育成して定年まで雇用するという「人材の内部化」を志向していたため，自己都合退職を極力少なくしようとしていた。その結果として，たとえば，自己都合退職の場合に退職金の支給率が低く抑えられていた。しかし，現在では，適度な雇用流動化を促すために，企業によっては自己都合と会社都合の間にあった退職金支給率の格差を見直すところも出てきている。

　また，人件費削減や適度な雇用流動化を促進するために自発的退職を促す制度として，**希望退職制度**がある。これは，退職金の割り増しなどのインセンティブを設けて自発的な退職者を募る制度である。希望退職制度は，人件費の高い中高年層を対象に行う場合が多いが，一定の年齢以上を対象として恒常的に行う早期退職優遇制度という制度もある。近年では，このような自発的退職の促進を事業として請け負う**アウトプレースメント**（再就職支援）と呼ばれるビジネスもあるほど，自発的退職の制度化は進んでいる。

b）非自発的退職

　自発的な退職によらない退職は，定年によるものとそれ以外の解雇の2つに分けられる。そして，それ以外の解雇は，懲戒解雇と人件費削減など雇用調整を目的とした解雇にさらに分けられる。

　定年制とは，一定の年齢に達した従業員を対象として，無差別に自動的に解雇する制度である。日本企業の多くが定年制を採用しているが，米国では年齢による差別が法律で禁止されており，定年制を設けること自体が違法である。日本においても，少子化と若年人口の減少が続く中で，意欲と能力がある高齢者が働きつづけられる社会への転換に対するニーズが高まりつつある。

　「高年齢者雇用安定法」（高年齢者等の雇用の安定等に関する法律）では，

2021年の改正によって，70歳までの定年の引き上げ，定年制の廃止，70歳まで
の継続雇用制度の導入，70歳まで継続的に業務委託契約を締結する制度の導入
など，企業がいずれかの措置を講ずることを努力義務としているが，これは70
歳までの定年年齢の引き上げを義務化したものではない。

c）継続雇用制度

上記のように，働く意欲のある高年齢者がその能力を十分に発揮できるよう
にするために，法律上も1つの選択肢となっている**継続雇用制度**には，勤務延
長制度と再雇用制度がある。

勤務延長制度とは，定年制を適用せずそのまま雇用することであり，通常は
労働条件の大幅な見直しは行わない。**再雇用制度**は，定年に到達した従業員を
いったん退職させ，改めて雇用する制度であり，労働条件の見直しを比較的容
易に行うことができる。

技能伝承の観点や，顧客に対する接遇レベルの高さなど，高齢者を経営資源
として活用する企業の意図もさまざまであるが，エイジ・フリー化に対する社
会的要請は今後も強くなると考えられ，高齢者の雇用は多くの企業にとって重
要な課題となっていくことが想定される。

❷雇用調整としての退職管理

企業が継続的に高い業績をあげて存続していくためには，経営環境の変化に
柔軟に対応していく必要がある。これは，従業員数についても同様であり，製
品やサービスの需要変動に応じて，人件費や労働力の量を弾力的に増減してい
く必要がある。企業が行う従業員数の調整を**雇用調整**と呼ぶが，従来，日本企
業の多くは雇用調整に対して積極的でないといわれてきた。その理由の1つに
は法律上の問題がある。

a）法律上の解雇と解雇権の濫用

「労働基準法」では，労働者保護の観点から，解雇には30日間の予告期間
（もしくはそれに代わる解雇予告手当の支払い）を定めている（労働基準法第
20条）。また，客観的な合理性を欠き，社会通念上相当であると認められない
解雇は，権利の濫用（**解雇権の濫用**）とみなされ，無効となることが明文化さ
れている（2003年改正時）。その後，この条文は，2007年の「労働契約法」制

定時に，労働基準法から労働契約法に移設されている（労働契約法16条）。

　具体的にどのような場合が解雇権の濫用にあたるのかについては，これまでの判例から「整理解雇の4要件」が判断基準になっている。**整理解雇の4要件**とは，①経営の悪化で人員削減の必要性があること，②配置転換や希望退職者募集の実施など解雇を回避する努力が行われていること，③解雇対象者の選定に合理性があること，④労働者に対して説明・協議を行うなど手続きに妥当性があること，であり，1つでも満たしていない場合には，解雇権の濫用にあたる可能性がある。

b）雇用調整の手段

　日本企業の多くでは，雇用調整の手段としていきなり解雇に至ることは少ないとされる。その理由を説明する考え方の1つが，**心理的契約**である。

　心理的契約とは，書面によって明文化された契約でなくても，当事者双方が暗黙の了解をしている状態である。従来，日本企業の多くでは，従業員が企業に対して忠誠心を持ち，組織のために努力する一方で，企業側は従業員に対して安定した雇用や賃金を保証してきた。明文化されたものではないが，心理的契約の内容を互いに期待している状況で，企業側が従業員の期待に反して解雇を行うということは，法的には問題がなくても心理的契約の一方的な破棄と受け取られる。

　多くの企業では，やむを得ず雇用調整を行う場合には，まず残業規制を行う。次に，それでも人件費が減らない場合は，賞与の減額や支給停止を行う。ほかにも，退職者の充当を行わない，新規採用を削減・停止する，中途採用を削減・停止する，配置転換を行う，関連会社への転籍を進める，派遣労働者を削減するなどの方策がとられる場合がある。そして，これらでも効果が十分でない場合は，一時帰休や操業日数の削減などによって対応する。さらに削減する場合には，まず希望退職者を募り，解雇は最後の手段となる（図表2−10）。ここで，希望退職については，上司が対象者をしぼって肩たたきをしたり，職場内に居づらい雰囲気を作るなどして退職を強く促すと，解雇と同様になってしまう可能性がある。

【図表2－10】雇用調整の手段

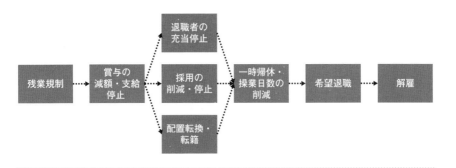

3 人事評価と昇進・昇格

（1）人事評価の基本概念

❶人事評価とは

人事評価とは，人的資源管理における諸活動の基礎情報として活用することを目的として，能力・適性・業績などの個人差を測定することである。人事評価は，個人差を測定するプロセスと，測定した結果を諸活動に適用するプロセスから構成される（図表2－11）。前者のプロセスは，人事アセスメントと呼ばれることもある。

個人差の測定プロセスにおいては，信頼性や妥当性，被評価者である従業員の納得性を確保することが重要であり，適切な手段や方法を用いて個人差を正確に測定することが求められる。また，評価結果を諸活動に適用するプロセスにおいては，評価結果の情報を採用選考，配置・異動，昇進・昇格，昇給・賞与の決定，能力開発などに効果的に活用することが求められる。

【図表2−11】 人事評価とその活用

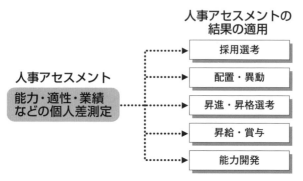

（出所）　二村英幸『人事アセスメント入門』日本経済新聞出版社，2001年，15頁。

❷評価要素と職務遂行プロセス

人事考課とは，人事評価として上司が部下を定期的に評価することを意味する。人事考課は，評価時点からさかのぼって，半年や1年といった評価期間における個人の働きぶりを過去形で測定・把握するものである。

図表2−12は，評価要素と職務遂行プロセスの関連を示している。年齢や勤続年数という「年功」を重ね，職務を遂行するために必要な「能力」を有した従業員は，適正な「職務」や「役割」に配置される（インプットの段階）。企業は，目標管理制度（MBO）を制度化するなどして，評価期間ごとに個人の「目標」を設定する。「意欲・態度」の面で各々が異なる従業員は，設定された目標の達成へ向けて「行動」するが，その行動は景気や顧客志向の変化などの「環境要因」によっても影響を受ける（スループットの段階）。そうしたプロセスの結果として，「業績」が生み出される（アウトプットの段階）。

ここで，インプット段階（年功や能力），スループット段階（行動），アウトプット段階（業績）のどこに評価の重点を置くかという点に，企業それぞれの評価に対する考え方が反映される。同一組織の中でも，職種や職位によって評価要素の重みづけを変える場合もある。

【図表 2 −12】評価要素と職務遂行プロセス

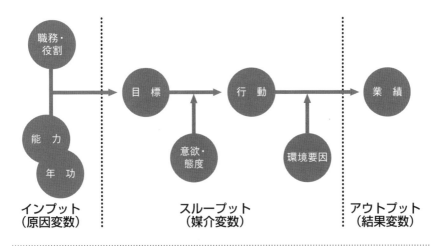

（2）人事考課制度の目的

　人材に対する評価の手順や原則などを定めたものが人事考課制度であるが，人事考課の活用目的について，人事部門，ライン管理者，従業員個人それぞれの視点から考えると，以下のようになる（図表 2 −13）。

❶人事部門にとっての活用目的

　人事部門は，人事考課に必要な制度を整え，適切な運用に努める。ライン管理者が行った人事考課の結果を集約し，全社的な人的資源管理のバランスをとりながら，昇給・賞与や昇進・昇格などの処遇，能力開発や配置・異動などに人事考課の情報を活用する。

❷ライン管理者にとっての活用目的

　ライン管理者にとって，人事考課から得られる情報は，以下のように職場のマネジメント活動に活かされる。

　①部下に職務を的確に割り当てる判断材料として，1 人ひとりの持っている能力や意欲，態度，過去の業績などの情報を活用する

【図表2−13】人事考課の活用目的

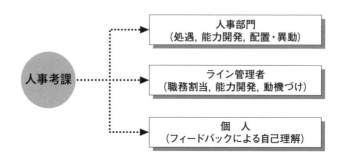

②部下の能力開発支援に役立てるために，職務適性を見極めたり，能力的な不足を発見したり，育成上の課題を明確にする

③部下を動機づけるために，長所や短所，仕事に対する取り組み姿勢などを把握する

❸個人にとっての活用目的

個々の従業員は，人事考課の結果について，直接の上司などからフィードバックを得る。そうすることで，客観的に自身の現状について振り返り，来期の目標設定や自らのキャリア形成に役立てることができる。

（3）人事考課制度のしくみ

❶一般的な評価基準

多くの企業では，能力・情意・業績という3つの評価基準を組み合わせて人事考課を行っている（図表2−14）。

a）能力評価

能力評価とは，職務基準や職能要件などに照らして，業績を生み出すために必要とされる能力の高低を評価することである。能力評価の結果は，主として能力開発ニーズの把握，配置・異動の基礎情報として活用されるほか，昇進・昇格者の選考にも活かされる。昇進・昇格者の選考時には，人事考課に加えて筆記試験，適性検査，面接試験，多面観察，アセスメント研修，上司の推薦な

【図表2-14】 3つの評価基準とその内容

	能 力 評 価	情 意 評 価 （意欲・態度評価）	業 績 評 価
評価内容	業績を生み出すために必要とされる能力の高低を評価する	能力を業績達成へ向けて的確に方向づける意欲や態度を評価する	職務活動の取り組みの結果としての業績の事実を評価する

【図表2-15】 3つの評価基準とその活用

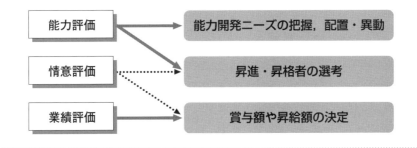

ど，他の評価手法が併用される場合が多い。

b）情意評価（意欲・態度評価）

　情意評価とは，能力を業績達成へ向けて的確に方向づける意欲や態度を評価することである。情意評価の結果は，昇進・昇格者選考の補完的な判断材料とされたり，賞与額や昇給額の決定に用いられる（図表2-15）。

c）業績評価

　業績評価とは，一定の評価期間における仕事の量や質，目標の達成水準を評価することである。その評価結果は，期間評価として主に賞与額や昇給額の決定に活用する。

　先に，図表2-12において評価要素と職務遂行プロセスの関係を示したが，インプット段階における職務・役割や能力，スループット段階における意欲・態度や行動，そして，アウトプット段階のおける業績のそれぞれと，能力，情意，業績という3つの評価基準の関係を示すと，図表2-16のようになる。

【図表2-16】評価要素と評価基準の関係

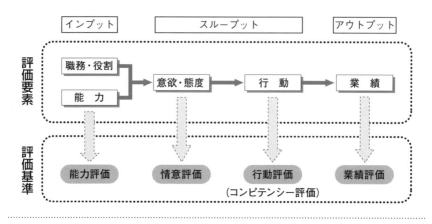

職能資格制度にもとづく人事評価において，能力という評価要素は職務遂行プロセスにおけるインプットにあたり，意欲や態度もインプット寄りの評価要素である。しかし，能力や意欲・態度がいくら高くても，高い業績を生み出すとは限らない。そこで，近年では能力や情意などの評価基準に代えて，よりアウトプット側に近く，第三者からも観察しやすい行動評価（**コンピテンシー評価**）を評価基準に加えたり，行動評価と業績評価の2本立てで評価基準を構成したりする企業もみられる。

❷評価項目とランク

人事考課制度では，評価基準の構成に続いて，「評価項目」と「ランク」を設定する。評価項目とは，評価基準をより具体的に細分化したものであり，企業ごとにその設定や組み合わせはさまざまである。

たとえば，能力基準の評価項目としては，企画力，判断力，指導力，折衝力などが設定される。情意評価の評価項目としては，積極性，責任性，協調性，規律性，コミュニケーション力などが設定される。

また，ランクとは評価の尺度を示す評価段階のことであり，一般的には，S・A・B・C・Dとか，5・4・3・2・1などの間隔尺度で表される。

❸人事考課の一般的な手順

実際の人事考課は，図表2−17のような手順で実施される。

【図表2−17】人事考課の一般的な手順

部下の自己評価

↓

ライン管理者による評価

↓

評価面接の実施

↓

第1次評価の決定

↓

第2次評価の決定

↓

最終フィードバック

a）部下の自己評価

ライン管理者が評価を行う前に，部下が自己評価を行い，それをもとに評価面接を実施する。そうすることで，部下である被評価者の自己認識を評価者が援助するという関係になり，比較的スムーズに評価やフィードバックに臨むことができる。

b）ライン管理者による評価

部下が自己評価するのと同時に，ライン管理者も部下に対する評価を行っておく。部下にとって納得性のある評価をするためには，仕事に対する取り組みのほか，顧客や同僚に対する接し方など日常の職務行動を観察し，記録を残しておく。部下が作成した企画書や資料など具体的な成果物や，目標の達成度を示すデータなどを評価材料にするとよい。

ライン管理者からの評価に加えて，周囲の多くの人が個人を評価する**360度評価**を取り入れている企業もある。

c）評価面接の実施

部下の自己評価とライン管理者の評価をもとにして，評価面接を実施する。多くの場合で双方の評価に食い違いが起こるが，そうした評価項目を中心に合

意づくりのために話し合いを行って，調整する。

d）第1次評価の決定

　部下全員との評価面接を終えた段階で，ライン管理者が第1次評価を決定する。ライン管理者は，直接的に部下の指導を行っており，職務遂行の状況や業績の確認など，事実を把握できる立場にある。第1次評価は，以下の手順にそって行われる。

　　①評価事実の特定：評価期間における事実を特定する。評価者が客観的に観察でき，かつ，評価期間内に限定される職務遂行上の行動や業績データが評価の対象となる。

　　②評価項目の特定：それぞれの事実がどの評価項目に該当するかを検討する。そのために評価者は，各評価項目の定義について理解しておくことが必要である。また，1つの事実を同じ評価基準の中の複数の評価項目に反映させることは避けなくてはならない。ただし，評価基準が異なれば，1つの事実を2つ以上の評価項目で取り上げることはかまわない。

　　③ランクの決定：最後に，ランク（評価段階）を決定する。被評価者の経験，職務基準，職能要件などによって期待レベルが異なるので，評価者は部下に対する期待像を勘案したうえで，どのランクに該当するかを決定する。

e）第2次評価の決定

　中堅～大規模の企業における人事考課では，ラインの上司による第1次評価だけでなく，直接に指揮・命令権のない評価者による第2次評価が行われることが多い。これは，異なる立場や角度から複数の評価者が人事考課にかかわることによって，多面的に被評価者を評価できるからである。そして，第1次評価の結果と第2次評価の結果を総合して処遇に結びつけることで，評価の客観性や被評価者の納得性を高めることができる。

　客観的な評価を行うためには，第1次評価の結果を第2次評価者が話し合いもなく修正するようなことは避けるべきである。第1次評価者と第2次評価者が評価の相違点について十分に話し合って調整することが望ましい。その一方で，この調整がなれ合いになってしまい，評価結果がどの従業員についても同じようになってしまうことは避ける必要がある。

ｆ）最終フィードバック

　上記のプロセスを経て決定された評価結果は，被評価者にフィードバックして，次期の目標設定や今後の能力開発に反映させるようにする。フィードバックを行う目的は，単に評価結果を伝達するだけにあるのではなく，話し合いを通じて被評価者に対する期待を伝えたり，今後の能力開発に役立てることにある。また，評価者にとってはマネジメントに必要なコミュニケーション能力を高める場にもなる。

（4）人事考課制度の運用

　人事考課には，公平性，公正性，そして，被評価者の納得感が求められる。これらを高めるようにするには，以下のような点に留意して運用し，評価づけを行う必要がある。

❶評価項目や評価結果の情報公開を行う

　情報公開には，評価項目の公開と，評価結果のフィードバックという２つの面がある。評価項目を非公開にしておくと，被評価者はどんな基準にもとづいて評価されているのかわからず，不信感を持つことになる。また，ライン管理者から部下への評価結果のフィードバックがなく，自分の知らないところで賞与などの処遇が決まってしまうと，部下は納得感を感じることができない。フィードバックにおいては，面接のような双方向性を確保し，評価結果を伝達するだけではなく，部下との話し合いを通じて，今後の育成や能力開発，キャリアプランにつなげることが望ましい。

❷具体的な行動事実にもとづいた評価を行う

　とくに評価段階の決定にあたっては，判断材料として職務活動における行動や業績に限定する。よく誤解されるが，人事考課は人物評価ではなく，職務上の行動だけを対象とするものである。

❸自社の基準にもとづいて一貫性のある評価を行う

　いくら人事考課の制度が整っていても，評価者がそのしくみや手順，原則を

正しく理解して運用しなければ，公正な評価はできない。また，評価者自身が持っている人生観や価値観によることなく，企業が定めた評価基準や評価項目，ランクづけのルールに従って，誰に対しても一貫性のある評価を行うことで公平性や公正性が確保される。

❹評価期間を厳守して評価を行う

人事考課では，半年とか1年など，評価期間が定められている。あくまでもその期間中の被評価者の行動や業績を評価しなければならない。たとえば，被評価者が数年前にあげた高業績や，何年も前に起こしたミスが今期の評価に影響するようだと，公正性や納得性を得ることができない。

❺育成的な観点から評価を行う

人事考課の大きな目的の1つは，評価結果を部下指導の材料に用いて人材育成につなげることである。被評価者の弱点や欠点だけではなく，強みや特性，評価期間中の積極的な行動も明らかにして評価する視点が必要である。

❻日常のマネジメント活動の一環としてとらえる

評価者は，人事考課の判断材料を期末の評価時にだけ収集するのではなく，日常のマネジメント活動に組み入れてこそ効果が上がる。被評価者に対する日常的な観察，評価，記録を行い，曖昧な記憶や推定による評価を避けるべきである。

（5）陥りやすい評価エラー

公平で納得感のある人事考課を行うためには，評価者の評価能力を磨くことが欠かせない。評価者は，以下に挙げたような陥りやすい**評価エラー**について知っておく必要がある。こうした評価エラーの理解や評価のルールなどについては，評価前に十分な**評価者訓練**を実施し，評価者の理解を深めておくことが重要である。

❶ハロー効果

ハロー効果とは，評価者が被評価者のある特性について「優れている」とか「劣っている」という印象を抱いた場合，その印象に惑わされて他の特性も同様に「優れている」あるいは「劣っている」と評価してしまうエラーである。たとえば，入社試験の成績が抜群であったとか，有名大学を卒業しているという理由で，入社後もあらゆる面において優秀と評価してしまうことである。

❷寛大化傾向・厳格化傾向

被評価者の能力や特性について，実際より甘く（良く）評価をしてしまうエラーを**寛大化傾向**という。逆に，寛大化傾向を避けようとして，実際よりも辛く（悪く）評価をしてしまうエラーを**厳格化傾向**と呼ぶ。

❸中心化傾向

どの被評価者に対する評価結果も「標準」とか「普通」などの中央値ばかりになってしまう傾向である。被評価者についてよく理解していなかったり，評価する際の基準が不明確であったり，評価者が無難な評価をしようとしたりする場合に**中心化傾向**に陥る。中心化傾向が顕著であると，とくに賞与などの処遇で差がつかなくなり，「がんばっている人とそうでない人が同じ評価である」ことに対して，被評価者の不満が生じることになる。

❹対比誤差

評価者が自分自身の経験や職務態度，実績などを基準として評価を下してしまうエラーを**対比誤差**という。「自分の若い頃はもっとがんばっていたのに」というネガティブな評価になる場合と，「自分にはない優れたスキルを持っている」というポジティブな評価になる場合があるが，いずれも自分と比較した主観的な判断が原因である。

❺論理的誤差

「仕事が速い人間は，企画力が高い」といった，評価者の頭の中で論理的に関係があると考えられる複数の評価項目について，同じような評価をしてしま

【図表 2 −18】 典型的な評価エラー

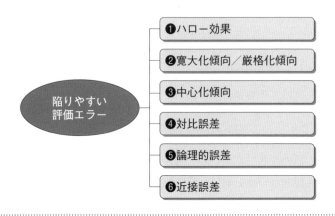

陥りやすい
評価エラー

❶ハロー効果

❷寛大化傾向／厳格化傾向

❸中心化傾向

❹対比誤差

❺論理的誤差

❻近接誤差

う傾向が，**論理的誤差**である。仕事をこなすスピードと企画力の間に，高い相関があるとは限らない。

❻近接誤差

　評価表において，近い位置にある評価項目の評価結果が類似してしまう傾向が，**近接誤差**である。また，評価者が業績結果を知らされた直後に能力評価を行った結果，能力評価と業績評価に類似性がみられるような時間的な接近性によるエラーも近接誤差にあたる。

（6）昇進と昇格

　昇進とは，係長→課長一部長のように職位を上昇することである。ただし，役職ポストには定員があり，誰もが一様に昇進できるわけではない。

　昇格とは，職能資格制度上でより上位の資格等級に上昇することをいい，資格等級には定員はない（図表 2 −19）。したがって，職能資格制度を導入している企業では，すべての昇格者が昇進するわけではない。そうした状況を「昇進と昇格の分離」と呼ぶ。たとえば，管理者としての能力は十分にあっても何らかの会社都合で課長になれない（昇進できない）社員でも，課長と同じ資格等級に格づけされ（昇格できた），基本給などの面で同等の処遇が受けられる。

【図表 2 −19】昇進と昇格のちがい

	昇　　　進	昇　　　格
定　　義	係長→課長→部長のように，職位制度上を上昇すること	資格制度上でより上位の資格等級に上昇すること
制　　度	役職ポスト数に定員あり	資格等級に定員なし
処遇の基本	降職あり	原則として，降格なし
手　　続	登用「……を命ずる」	任用「……に任ずる」
給　　与	役職手当に反映	基本給に反映

　昇進と昇格が分離しているおかげで，第1次オイルショック（1973年）以降，多くの企業において問題となっていたポスト不足による従業員の不満を軽減できるという側面があった。しかし，こうした運用は，本章第1節 **(3)** で説明した職能資格制度の限界を生み出し，企業側の賃金コスト負担を重くした。その後，バブル崩壊による景気後退期（1990年代）には，成果主義賃金などの賃金制度改革やコンピテンシー評価が注目されるようになった。

 # 4 　能力開発とキャリア形成

（1）能力開発の形態とその特徴

❶能力開発の形態

　一般に，企業における能力開発の形態は，OJT，Off-JT，自己啓発（self development：SD）の3つに分けられる。以下では，それぞれの能力開発形態の特徴について説明する。

a）OJT（職場内教育）

　OJT は "on the job training" の略で，日常業務を通じて，上司や先輩が職

【図表 2 −20】 能力開発の形態

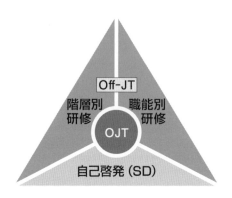

務遂行上必要な知識や技能などを計画的，継続的に習得させる職場内教育である。OJT は，多くの企業にとって能力開発の柱ともいうべきもので，従業員の個性や能力にあわせてきめ細やかな教育ができる点に大きな特徴がある。また，配置転換や新しい技術・技能を導入する場合など，業務上の変化に即応して，新たに必要とされるスキルやノウハウを伝授できる効果もある。その一方で，OJT には上司や先輩の知識や経験，意欲に大きく左右されてしまうリスクがある（図表 2 −21）。こうした OJT の欠点を補うものが，次に説明する Off-JT（職場外集合教育）であり，OJT は Off-JT と連動してその効果が高まるといえる。

【図表 2 −21】 OJT の長所と短所

OJT の長所	OJT の短所
◉集合教育と比べてコストが安く，時間的にもゆとりがある ◉社員の個性や能力，現状にそってきめ細やかな個別指導ができる ◉後継者育成に適している	◉仕事中心であるため，短期志向的，視野狭窄に陥りやすい ◉上司，先輩の知識，経験に依存する ◉一度に少人数しか教育することができない ◉体系的な知識・技能の習得が困難である

b）Off-JT（職場外集合教育）

Off-JT は，"off the job training" の略で，仕事や職場を離れて，外部講師や教育担当者による集合教育のかたちで実施される職場外集合教育のことである。OJTとのちがいは，ある人数の人が一堂に会して集合教育を行う点，日常の業務遂行には直接的ではなく間接的に役に立つ点などである。

Off-JT は，従業員を勤続年数や職位などの階層に分けて行う**階層別研修**と，それぞれの職能に求められる専門的知識や実務知識の習得を目的とする**職能別研修**に大別される。階層別研修には，新入社員研修，中堅社員研修，管理職研修などがあり，職能別研修としては，営業研修，技術者研修などがある。階層別研修の運用は人事部門が担当するのに対し，職能別研修は各職能部門の教育担当者が担当することもある。

c）自己啓発（self development：SD）

自己啓発は，個人の自己成長を促すという意味で，企業内教育における重要な柱の1つである。近年の企業間競争の激化やグローバル化の進展に伴って，職務遂行に求められるスキルや知識が多様化・高度化しており，以前にも増して自己啓発が重要になってきている。自己啓発の施策としては，通信教育の斡旋と費用の補助，資格取得の援助，セミナーや外部講演会への参加，大学院や異業種交流会への派遣などが挙げられる。

❷日本の能力開発の特徴

日本の多くの企業が，OJT を中心として，Off-JT や自己啓発を組み合わせてきたが，このような能力開発には以下のような問題も指摘されている。

a）個人のキャリア形成という視点に欠けている

一般に，日本企業の能力開発は OJT 中心となっているため，現場における職務遂行に必要なスキルや知識の習得が主体であり，従業員個人の職業生活を通したキャリア形成のためのしくみにはなっていない。

b）階層別研修による Off-JT では，専門家や経営者が育ちにくい

管理職研修に代表される階層別研修は，複数の部門や職能から集まったメンバーが受講する場合が多い。そのため，研修内容がどうしても部下の指導や仕事に対する心構え，ハラスメントについての注意喚起などに偏りやすく，高度

な専門能力や経営に必要なマネジメント力を養う内容になりにくい。

c）教育内容が職務遂行上のスキルや知識の獲得中心であり，近視眼的である

　本来ならば，能力開発は経営戦略を実現するために，ヒトという重要な経営資源を育成する目的で行われるべきである。経営戦略や競争戦略，組織のあり方などを具体的に構想する力をつけるような，長期的な視点に立った教育内容が望ましい。しかし，どちらかというと，短期的な視点から，職務遂行上のニーズに焦点を当てて教育メニューが構成されていることが多い。

d）教育の場が企業内に限定されていることが多い

　職場内で行う OJT や，各部門から参加者を選ぶ Off-JT が中心であるため，教育の場が企業内という狭い領域に限定される傾向がある。雇用の流動化への対応や市場価値の高い高度な専門性を有する人材を育成・輩出するためには，今後は企業の壁を越えた幅広い教育も必要となってくると考えられる。

e）個人の能力開発と組織の活性化の結びつきが希薄である

　個人のスキルや知識の向上に焦点があてられており，個人の周囲にある行動環境に配慮が施されていない面がある。個人に対する能力開発が効果を上げるためには，その行動環境である組織や組織風土の活性化も必要である。

（2）キャリア形成

❶キャリアとは

　能力開発を効果的に展開していくためには，**キャリア**に対する正しい認識と長期的かつ系統的な視点に立った人材育成計画が必要である。キャリアが意味するところはさまざまであるが，ホール（HalL D. T.）は，行動科学の見地から次の4つに分類している。

　　①昇進・昇格の累積としてのキャリア：組織の中の階層を上昇するプロセス

　　②専門的職業としてのキャリア：法律家や医師，牧師，教授などの専門職業

　　③生涯を通じて経験した一連の仕事としてのキャリア

　　④生涯を通じたさまざまな役割経験としてのキャリア

　ホールによる分類では，非仕事生活を含めた役割経験を含んでいるが，一般的には③が「キャリア」の意味として用いられている。

❷キャリア形成と CDP

a）CDP とは

　仕事を通じてキャリアを個人に獲得させていくことを，「キャリア形成」あるいは「キャリア・ディベロップメント」という。従来のキャリア形成は，企業側の論理や組織のニーズが優先していた。しかし，現在では働く人の価値観が多様化し，仕事志向がかなり強まっている。仕事志向の有能な人材は，キャリア形成における自律性が高く，企業は従来のキャリア形成と能力開発のあり方を再検討する必要がある。

　企業が従業員のキャリア形成を長期的な視点から体系的に支援するしくみをCDP（career development program）という。CDP は，米国のキャリア形成の問題を審議するために設置されたフーバー委員会の勧告にその端を発している。日本に導入されたのは1960年代前半である。

b）CDP の構成要素

　CDP を策定するには，①経験すべき道筋である**キャリアパス**，②職務や役割の難易度を示す**キャリアレベル**，③経験すべき職能分野を表す**キャリアフィールド**を設定する必要がある。

【図表 2 −22】組織の 3 次元モデル（キャリア・コーン）

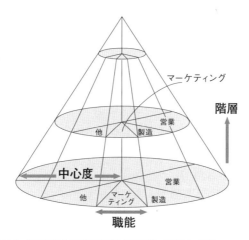

（出所）E. H. シェイン著，松井賚夫訳『組織心理学』岩波書店，1989年，19頁。

シェイン（Schein, E. H., 一般的には，「シャイン」とも呼ばれる）は，**キャリア・コーン**と呼ばれる組織の3次元モデルを用いて，キャリアパスやキャリアフィールドの設定について，以下に挙げる3つの方向性を示している（図表2-22）。

①階層の次元：昇進・昇格によって組織階層を上がっていく「タテの移動」
②職能の次元：営業→製造などの職種間の「ヨコの移動」
③中心化の次元：組織にとってより重要な部門への移動

❸自律的なキャリア形成意識の高まり

仕事志向に裏打ちされた若年層は，自らのキャリア・ビジョンを持ち，セルフマネジメントの原則にもとづいて，主体的にキャリアを形成することを強く望んでいる。従来のように，一律にゼネラリスト育成を志向する単線型のキャリアパスやそれを前提とした人事制度では，優秀な人材が求めるキャリア形成のニーズに応えていくことはできない。今後は，自らの意思で仕事や職場を選択できる**FA（フリーエージェント）制度**や，自律的なキャリア形成を推進する**ジョブ・チャレンジ制度**，自律性を原則とした選択型の教育研修の導入などが進んでいくと考えられる。

（3）能力開発をめぐる新しい傾向

日本経済の低成長や国際競争の激化など，厳しい経営環境下で企業が持続的な成長を遂げるためには，①自ら考え，自ら行動する人材，②定型的な発想から脱却し，新たな価値やビジネスモデルを創造し，実現できる人材，③特定分野における高度な専門性を成果につなげることのできるプロフェッショナル意識の高い人材を，育成・輩出していくことが求められている。その一方で，働く人々の価値観や職業観は大きく変化しており，スペシャリスト志向やプロフェッショナル志向に象徴的にみられるように，組織への準拠や帰属よりも仕事に対するコミットメントを重視する傾向が強まっている。

こうした経営環境の変化や仕事志向の強まりに対応するため，多くの企業が新しい能力開発の取り組みを進めている。以下に，近年の能力開発の新たな傾向をいくつか取り上げる。

❶階層別・指名方式の研修から自律型・選択型研修への転換

画一的な階層別研修から脱却し，自律的に選択できる研修メニューが提供されるようになっている。そうした**選択型研修**のタイプとしては，参加者の対象に限定がなく，受講が本人の意思に任されている「自律型研修」や，資格や職位などに応じて受講が義務づけられているが，どの研修を受講するかは本人が選択する「必修型選択研修」，潜在能力の高い人材を早期に選抜して行う「選抜型研修」などがある。とくに，自律型研修についてはeラーニングをベースにしたオンデマンド型のオンライン研修を実施する環境が整ってきており，導入が進んでいる。

選択型研修が効果を上げるためには，先に説明したCDPや，**キャリア・カウンセリング制度**，多様なキャリア選択が可能となる複線型人事制度，フレキシブルな労働時間や労働形態（在宅勤務やリモートオフィス）など，周辺のしくみも整備していく必要がある。

❷潜在能力型教育から顕在能力型教育への転換

企業内教育に求められているのは，個人の潜在的な能力を眠らせることなく，仕事上の成果や業績に結びつく顕在的な能力を意味するコンピテンシーをいかに開発するかである。人事部門が中心となって，コンピテンシーの対象となる高業績者の行動や能力，態度などを抽出・分析し，「コンピテンシー・ディクショナリー」のようなかたちで明文化し，そうした能力の開発を具体的な目標として教育プログラムを再編成し，内容の深化を図る必要がある。

❸企業固有の技能習得からエンプロイアビリティ獲得への転換

従来，日本における能力開発は，終身雇用を前提として，企業固有の職業能力やスキルの習得をゴールとしてきた。しかし，若年層やミドル層は優秀な人材であるほど，スペシャリストやプロフェッショナルとしての自分の市場価値に関心が高い。また，そうした人材は給与や処遇などの「外的報酬」だけでなく，自己実現につながるような「内的報酬」に対する志向が強い（235ページ参照）。

個人が外部労働市場において通用するために備えるべき能力のことを，**エン**

【図表2-23】エンプロイアビリティ

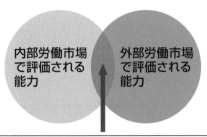

内・外の労働市場で評価される能力 (employability)

（出所）諏訪康雄「エンプロイアビリティとは何を意味するのか」『季刊労働法』No. 199, 2002年, 87頁。

プロイアビリティ（employability）という。このようなエンプロイアビリティは，企業組織内（内部労働市場）で評価される能力と，外部労働市場で評価される能力が重なり合う部分と考えてよい（図表2-23）。

エンプロイアビリティは「雇用されうる能力」という意味であり，もともとは1990年代に失業率が高かった欧米で生まれた考え方である。日本では，1998年に日経連（現経団連：日本経済団体連合会）を中心に，個人が自律的にキャリアパスの方向性を考え，企業がそれを支援するという考え方にもとづき，企業主導のキャリア形成や能力開発から，個人の主体的なキャリア形成と企業からの支援のあり方について提言を行っている。

エンプロイアビリティを獲得するには社内におけるOJTや階層別研修，職能別研修では限界がある。具体的な対応としては，グループ企業では企業内大学（corporate university）を設置したり，さまざまな職種・経歴の人が集まる大学院におけるMBA（経営学修士号）の取得を奨励したり，という一企業の枠を超えた取り組みが行われている。

❹個人開発から組織開発への転換

これまでの企業内教育は，個人の能力開発に重点が置かれてきた。しかし，組織の目標を達成するためには，個人の行動環境である組織開発も必要である。

組織開発には，経営トップが主体となってビジョンや理念を示しながら行う

広範なものと，管理者層がつくり上げる職場風土という 2 つの側面がある。従来の組織開発は，生産部門などを対象にした小集団活動の例に見られるように，職場開発的な色彩が強かった。今後は，経営トップがリーダーシップとコミットメントを示し，ミドル層の意識改革を行いながら，全社的な組織活性化を行うことが重要となっていくと考えられる。

❺管理職育成から次世代経営者育成への転換

　OJT や階層別研修を中心とする多くの日本企業の能力開発は，現場リーダーや管理職の育成に重点が置かれてきた。しかし，これからの時代に企業の存続と成長をめざすためには，グローバルな視点で事業を創造し，企業価値を高めることのできる，変革型の次世代経営者の育成という視点も重要である。

　そうした人材を養成するために，早期選抜型の人事制度に転換したり，企業内大学を設置したり，海外のビジネススクールへの派遣を含めて外部の教育機関と連携した自社版 MBA プログラムを編成している企業がある。このような次世代経営者の人材育成プログラムは，しばしばグローバルタレント・マネジメントと連携している。

　グローバルタレント・マネジメントとは，多国籍企業のように販売拠点や生産拠点を海外に有する企業において，最新の戦略知識や市場情報，経営のベストプラクティスなどの共有を制度化したり，人材の採用，配置・異動，キャリアパスの設定，能力開発などをグローバルな視点から行うことである。

　グローバルタレント・マネジメントを効果的に運用するためには，人材教育プログラムを変革するだけでなく，グローバル人事ポリシー，運営委員会，等級制度，評価制度，報酬制度，サクセッション・プランニング（継承計画）などの制度を準備する必要がある。また，グローバルな人材育成や交流を行うために，国際的な配置・異動のしくみなど，人的資源管理全体にわたる整備を進めていく必要がある。

| 参考文献 |

石井脩二編著『知識創造型の人材育成』中央経済社，2003年。
石田英夫・梅澤隆・蔡芢錫・石川淳『MBA 人材マネジメント』中央経済社，2002年。

今野浩一郎『人事管理入門』日経文庫，1996年。

今野浩一郎『勝ちぬく賃金改革』日本経済新聞出版社，1998年。

今野浩一郎・佐藤博樹『人事管理入門〔第2版〕』日本経済新聞出版社，2009年。

今野浩一郎著，中央職業能力開発協会編『ビジネス・キャリア検定試験標準テキスト　人事・人材開発3級』中央職業能力開発協会，2007年。

今野浩一郎監修，中央職業能力開発協会編『ビジネス・キャリア検定試験標準テキスト　人事・人材開発2級』中央職業能力開発協会，2007年。

太田隆次『アメリカを救った人事革命コンピテンシー』経営書院，1999年。

奥林康司編著『入門人的資源管理〔第2版〕』中央経済社，2010年。

金井壽宏・高橋潔『組織行動の考え方』東洋経済新報社，2004年。

金津健治『人事考課の実際』日本経済新聞社，2005年。

楠田丘『職能資格制度』産業労働調査所，1986年。

楠田丘・平井征雄『職能資格制度』中央経済社，1986年。

雇用システム研究センター編『日本型コンピテンシーモデルの提案』財団法人社会経済生産性本部生産性労働情報センター，2000年。

これからの賃金制度のあり方に関する研究会編『複線型賃金・人事管理』財団法人雇用情報センター，1991年。

関口倫紀・竹内規彦・井口知栄編著『国際人的資源管理』（ベーシック＋）中央経済社，2016年。

高橋潔「雇用組織における人事評価の公平性」『組織科学』34(3)，2001年，26-38頁。

永野仁『企業グループ内人材移動の研究』多賀出版，1989年。

日経連能力主義管理研究会編『能力主義管理』日経連出版，2001年。

日本経営者団体連盟『新時代の「日本的経営」』日経連広報部，1995年。

日本能率協会マネジメントセンター『人材教育』1995年2月号。

二村英幸『人事アセスメント入門』日本経済新聞出版社，2001年。

根本孝『ラーニング・シフト』同文舘出版，1998年。

根本孝『ワークシェアリング』ビジネス社，2002年。

服部治・谷内篤博編『人的資源管理要論』晃洋書房，2000年。

平野光俊『キャリア・ディベロップメント』文眞堂，1994年。

平野光俊「雇用の境界―労働市場の三層化」上林憲雄・平野光俊・森田雅也編『現代人的資源管理』中央経済社，2014年，86-99頁。

本寺大志『コンピテンシー・マネジメント』日経連出版，2000年。

谷内篤博「新しい能力主義としてのコンピテンシーモデルの妥当性と信頼性」『文京学院大学経営論集』第11巻，第1号，2001年。

谷内篤博「移りゆく新入社員気質と企業内教育の今」『あさひ銀総研レポート』2002年2月号。

労務行政研究所『労政時報』第3441号（2000年4月21日発行）。

若林直樹・松山一紀編『企業変革の人材マネジメント』ナカニシヤ出版，2008年。

Beckhard, R., *Organization Development: Strategies and Models*, Addison-Wesley, 1969.

Beer, M., *Organization Change and Development*, Goodyear Publishing, 1980.

Hersey, P. & Blanchard, K. H., *Management of Organizational Behavior, 6th ed.*, Prentice-Hall, 1993.

Lewin, K., *Field Theory in Social Science*, Harper, 1951.

Milkovich, G. T. & Newman, J. M., *Compensation, 5th ed.*, Irwin, 1996.

S. P. ロビンス著，高木晴夫監訳『組織行動のマネジメント』ダイヤモンド社，1997年。

Spencer Jr., L. M. & Spencer, S. M., *Competency at Work*, John Wiley and Sons, 1993.

E. H. シェイン著，松井賚夫訳『組織心理学』岩波書店，1989年。

第 3 章

労務管理と労使関係

ポイント

● 本章では，従業員の働きを十分に引き出し，それに報いるために重要な要素である報酬制度，その補完を図る福利厚生制度，および職場の労働環境とも密接にかかわる労働時間，休暇・休日の管理などの労働条件に関連する項目を学習する。

● 現代では職場の労働環境の中にストレスへの対応が盛り込まれるなど，勤務や職場をめぐる環境も大きく変わっている。ここでは新しい職場環境の問題として，ストレス，メンタルヘルスについて理解を深めるとともに，労働条件の決定と深くかかわる労使関係のしくみについて学習する。

┃ キーワード ┃

外的報酬，内的報酬，賃金，職務給，職能給，成果主義賃金，
賃金体系，フリンジ・ベネフィット，役割給，年俸制，
福利厚生，ストック・オプション，ESOP，
カフェテリア・プラン，36協定，変形労働時間制，
メンタルヘルスケア，ワーク・ライフ・バランス，労使関係

1 報酬制度と福利厚生

（1）報酬・賃金の性格と決定基準

❶報酬と賃金

　企業は労働市場から労働力を調達し，経済活動に結びつけている。企業はこうした経済活動を通じて剰余価値を生み出し，労働者に労働力の対価として賃金を支払う。一方，労働者にとっては，賃金は生活していくための糧であると同時に，自らが労働力を再生産するための費用でもある。

　人的資源管理においては，賃金は金銭的，経済的インセンティブ，すなわち**外的報酬**（extrinsic reward）として位置づけられている。しかし，企業や事業組織が労働の対価として支払うものは，何も金銭的な外的報酬に限定されるものではない。たとえば，やりがいのある仕事への挑戦，能力開発の機会の提供，新しいプロジェクトへの参画，さらには権限委譲による自主裁量の拡大なども，企業が与えうる報酬の1つである。こうした報酬は，金銭的なインセンティブ（誘因）である外的報酬に対し，**内的報酬**（intrinsic reward）と呼ばれている。内的報酬は形式的には企業側から提供されるものであるが，仕事の価値や魅力，さらには自己の能力拡大への挑戦といったように，働く個人が得る心理的な報酬としての色彩が強い（図表2−24）。

【図表2−24】報酬の体系

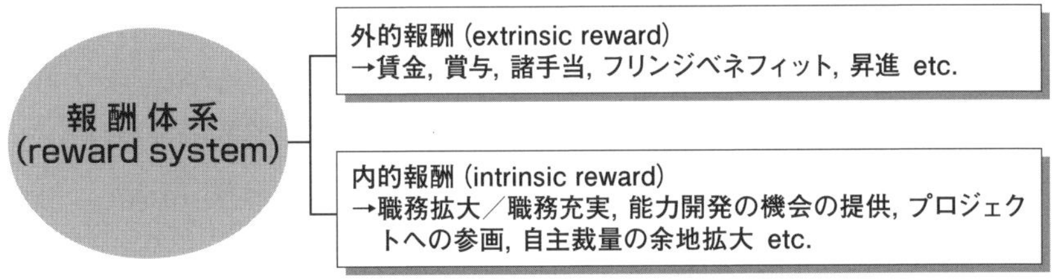

報酬体系
(reward system)

外的報酬 (extrinsic reward)
→賃金, 賞与, 諸手当, フリンジベネフィット, 昇進 etc.

内的報酬 (intrinsic reward)
→職務拡大／職務充実, 能力開発の機会の提供, プロジェクトへの参画, 自主裁量の余地拡大 etc.

❷賃金の性格

　賃金には，一般に次のような３つの性格があると考えられている。

a）労働の対価としての性格

　従業員は，労働力の所有者として所定の時間，労働力を使用者（企業）に提供し，その対価として賃金を受け取る。「労働基準法」では，このような賃金を「賃金，給料，手当，賞与その他名称の如何を問わず，労働の対償として使用者が労働者に支払うすべてのもの」と定義している（第11条）。

　労働の対価として支払われる賃金は，一般の商品と同じように，労働の質・量の需給バランスによって決まるという面がある。たとえば，労働力の買い手（需要）が売り手（供給）を量的に上回れば労働の値段は上昇し，労働者に有利に働くが，不況期にみられるように，売り手（供給）が買い手（需要）を上回るような場合は労働の値段が下がり，企業の要求が通りやすくなる。

b）生計費としての性格

　従業員は，労働の対価として受け取った賃金により，生計を立てていかなければならない。生計の維持ができなければ，従業員による労働力の再生産が困難となる。つまり，賃金は生計費としての性格と労働力の再生産としての性格の両面を持っている。

　日本国憲法では，「すべての国民は健康で文化的な最低限度の生活を営む権利を有する」と規定されており（第25条），それを受けて労働基準法や最低賃金法により労働者が人たるに値する生活を営むための法的整備がなされている。当然，従業員は豊かな生活を希求する立場から，高い賃金と時間的余裕や健康的生活の維持を望む。

c）企業活動のコストとしての性格

　賃金は，企業の経済活動推進のための必要経費で，生産活動における原材料の費用と同じように位置づけられる。したがって，効率的な経済活動を展開するためには，企業は低コスト，すなわちより低い賃金の提供を望むようになる。このように，賃金の第２の性格である「生計費としての性格」と賃金の第３の性格である「企業活動のコストとしての性格」は相反する場合がある。

❸賃金の決定基準

　賃金の決定基準には2つの考え方がある。1つは賃金水準の決定に関するもので，もう1つは個別賃金の決定基準である。

　一般に，**賃金水準**は，図表2−25のように，生計費を下限とし，企業の生産性を上限とする幅の中で，労働市場における労働力の需給状況や労使交渉（団体交渉）によって決定される。労使交渉において重視されるのは，企業の支払能力の基礎となる「企業業績」と社会全般的な賃上げ動向を意味する「世間相場」である。これまでは春闘がその役割を果たしてきた。現在では，世間相場よりも個別企業における企業業績にもとづく個別交渉が賃金水準決定の大きな要素となりつつある。

　もう1つの個別賃金は，企業や個人の業績・成果によって変動する賞与や業績給などと，基本給からなる。

　基本給の決定基準として「内部公平性」と「外部競争性」の2つが挙げられる（図表2−26）。

　内部公平性（internal equity）とは，基本給を決定するにあたり，一定のルールに則って公平性が担保されていることを意味する。これまでのわが国の基本給は年功給にみられる勤続年数，職能給にみられる職務遂行能力にもとづき決定されてきたが，最近ではコンピテンシーや成果主義の浸透により，顕在能力が重視されつつある。

　一方，外部競争性（external competitiveness）とは自社の賃金水準を表すもので，良質な人材を外部の労働市場から調達するためには競争力を持った賃金水準にする必要がある。従来のわが国の労働市場は閉鎖的な内部労働市場をベースにしているため，賃金水準も初任給の決定においては外部競争性を考慮

【図表2−25】賃金水準決定の4要因

237

【図表2−26】基本給の決定基準（内部公平性と外部競争性）

に入れ決定されるものの，それ以外の賃金は実質的には外部競争性を有していなかった。それに対し，欧米の賃金水準は横断的な産業別労働市場をベースに決定されてきたため，外部競争性に富んだものとなっている。

（2）日本における賃金の変遷

　戦後の日本における賃金制度の変遷をおおまかに示すと，図表2−27のようになる。1945年から60年までは戦後復興期で，人々は日々の生計に大きな関心を寄せ，生活給を中心とする生活保障に重点が置かれていた。その生活給の象徴が1946年に成立した「電産型賃金体系」で，賃金の約4分の3が年齢給，家族給，勤続給で占められている。家族構成も勤続年数も年齢とかなり相関がある点から，電産型賃金はほぼ年齢により決定されるものであった。

　1960年から75年までは高度成長期で，勤続年数が技能伸張の指標となっており，主に勤続年数にもとづく年功給が主流であった。企業が持続的に成長するとともに，低賃金の若年労働者が豊富に存在していたため，オイルショック（1973年および1979年）までは雇用調整をすることなく，年功賃金を運用することができた。

　なお，1960年代前半に一部の重厚長大産業において，米国型の**職務給**が導入されたが，ジョブ・ローテーションを中心とする日本の雇用慣行に適合しないなどの理由から，幅広く普及するには至らなかった（243ページ参照）。

　1960年代の後半，日本の経済成長が一段落をする一方で，若年労働者の不足を契機に初任給相場が上昇し，企業の人件費負担が高まり，企業経営を圧迫し始めた。そこで，1969年に日経連（現・日本経済団体連合会）が能力主義人事

【図表2-27】日本における賃金の変遷

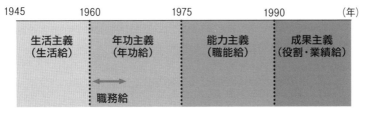

(出所) これからの賃金制度のあり方に関する研究会編『今後の業績・成果の評価制度のあり方』雇用情報セン
　　　ター，1999年，12頁をもとに一部修正。

への転換を標榜し，職能資格制度を中心とする能力主義的人事制度が本格的に
導入されることとなった。さらに1975年を境に，2度のオイルショックを経験
した日本企業の成長は鈍化し始め，**年功的賃金**は硬直性を帯び，機能しなくな
り始めた。そこで，職能資格制度が大企業を中心に急速に普及した。

　こうした**職能給**も1990年代前半のバブル経済の崩壊により，成果主義賃金に
移行し始めた。**年俸制**や役割・業績給に代表される**成果主義賃金**は，その後の
減速経済の中で大企業を中心に多くの企業に導入されている。

　賃金の決定要素という点では，「職務内容」「職務能力」「業績・成果」「年
齢・勤続年数」が現在でも主要な要素である。しかしながら，大企業の管理職
を中心に，仕事の内容と能力・業績による賃金決定が一般化している。

（3）賃金管理

　企業が労働市場から労働力を調達し，賃金を支払い，効率的な経済活動を展
開していくためには，賃金を適正に管理していかなければならない。**賃金管理**
（wages management）は，その運用いかんによって企業の経済活動の効率性
が損なわれたり，あるいは従業員の働く意欲（モチベーション）を低下させて
しまう危険性がある点などから，人的資源管理においても重要な役割と位置づ
けを占めている。賃金管理の内容としては，❶賃金額の管理，❷賃金体系の管
理，❸基本給の管理，❹賞与・退職金の管理，という4つが挙げられる。

❶賃金額の管理

　賃金を適正な水準に保っていくためには，賃金額の管理が重要である。賃金額の管理には，総額賃金管理と個別賃金管理の2種類がある。

a）総額賃金管理

　総額賃金額は，企業の支払い能力によって決定される。企業の支払い能力は一般に，適正人件費率と呼ばれており，総額賃金を適正に管理するためには，人件費コストをこうした適正人件費率以内に収めなければならない。つまり，総額賃金管理の目的は，適正人件費と社会的な水準との調整にある。

　古くは，物的労働生産性（生産量÷従業員数）や労働分配率（人件費÷付加価値額）などから総額賃金を算出していたが，計算が複雑である。簡便な方法としては，業種ごとに異なる売上高人件費比率を調べ，これと自社の売上高から適正と考えられる総額賃金を求める場合もある（売上高人件費比率＝人件費÷売上高）。

b）個別賃金管理

　総額賃金が適正に管理・運用されていても，それが従業員個々人に公正に配分されるとは限らない。総額賃金が従業員に公正に配分されるためには，従業員の中で基準となる年齢の者を選んで，その賃金額を**モデル賃金**とし，年齢別標準生計費などを参考に，世間のモデル賃金と比較しながら合理的に決めていかなければならない。このようにして決められた賃金を「実在者モデル賃金」と呼び，実際の実在者の賃金はこのモデル賃金を基準に全体のバランス（均衡）を考慮しながら決定される。

　モデル賃金には，これ以外に「理論モデル賃金」がある。これは学校を卒業し直ちに入社し，その後順調に昇格・昇進するとともに，世帯形成も標準的に営まれる社員像をモデルにする。個々の企業における個別の賃金を決定する場合は，実在者モデル賃金のほうが実態に即していると考えられている。

❷賃金体系の管理

　企業が採用する複数の種類の賃金の組み合わせと，その配分のしくみを**賃金体系**と呼ぶ。図表2−28からもわかるように，賃金体系は，始業時から終業時までの所定就業時間から所定の休憩時間を除いた所定労働時間の労働に対して

【図表2－28】賃金体系

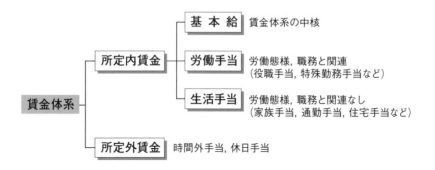

支払われる「所定内賃金」と，残業や休日出勤など所定労働時間を超えた労働
に対して支払われる「所定外賃金」から成り立っている。

　所定内賃金は，基本的賃金である基本給とそれを補足・補完する付加的賃金
である諸手当から成り立っている。基本給は賃金体系の中核で，賃金配分の中
心的基準でもあり，平均的には所定内賃金の80～90％を占めるとされる。基本
給は時間外手当や賞与・退職金の算定基礎にもなっており，その設計・運用を
誤れば，人件費全体に大きな影響を及ぼす。一方，諸手当には，労働態様や職
務の質に関係する付加的賃金としての労働（勤務）手当，労働や職務と関連の
ない生活手当，通勤費や福利厚生費などの**フリンジ・ベネフィット**（付加的給
付）がある。

❸基本給の管理

　基本給は賃金体系の中で最も重要な項目である。基本給は所定内賃金に占め
る比率がきわめて高く，賞与や退職金，さらには時間外手当の算定基礎となっ
ている。賃金管理の良否は基本給の設計・運用・管理に大きく影響される。

　基本給のタイプには，その構成要素を同種のもので構成した「単一型体系」
と異なったもので構成した「併存型体系」の２種類がある（図表2－29）。単一
型体系には，基本給の部分が職務や職務遂行能力などの仕事的要素によって決
められる「仕事給」，年齢・勤続・学歴などの属人的要素によって決められる
「属人給」，仕事要素，属人要素を総合的に勘案して決められる「総合給」があ

【図表2−29】基本給の類型化

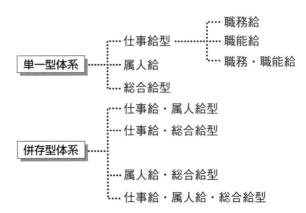

（注）　単一型体系：基本給の項目が1つのもの，または2つ以上あるもののうち，それぞれの項目が同種の型
　　　　　　　　　　（仕事給，属人給，総合給のいずれか）で構成されている。
　　　　併存型体系：基本給の項目が2つ以上あるもののうち，それぞれの項目が異なった型で構成されている。
（出所）　独立行政法人労働政策研究・研修機構ホームページ（労働統計用語解説）をもとに作成。

る。日本の基本給は単一型の総合給型が多く，中小企業においてはその傾向が強い。

　それに対し，大企業の基本給は併存型体系の中の仕事給・属人給がきわめて多いとされる。その理由として，日本の賃金は年功的賃金の流れを汲んでおり，伝統的に基本給設計の原則として，労働対価の原則と生活保障の原則の2大原則を維持してきたことが挙げられる。

　生活保障の原則は従来の年功的要素を含んだ属人給で，生計費の維持をめざした年齢給や本人給などとして設計されている。労働対価の原則の部分は仕事給における職務給，職能給が中心となっている。以下では，そうした2つの原則のうち，労働対価の原則にもとづき設計される職務給，職能給について詳しく解説をしていく。

a）職務給の管理

　職務給とは，職務の重要度，困難度，責任度などによって決められる賃金で，米国において普及している。職務給の特徴は，職務の相対的序列付け（ランク付け）を行う職務評価（job evaluation）にもとづき決定されるため（図表2−4参照），「同一職務（労働）＝同一賃金」の原則に立った賃金という点にある。

わが国においても，労働力不足への対応，技術革新による労働の質的変貌などを背景に，1960年代前半に富士，八幡（日本製鉄の前身），日鋼の鉄鋼大手3社をはじめとし，鉄鋼，電機，製紙産業などに導入された。

しかし，次のような理由から，職務給がわが国の基本給としてそれほど普及するには至らなかった。

①職務評価の前提となる職務の標準化が困難であった

②最低のジョブ・グレード（職務上の階層）で生活できるまでに賃金水準は高くなかった

③賃金が労働対価の原則で決定されることを労使とも実感として持っていなかった

④ジョブ・ローテーションを中心とする日本的雇用慣行と適合しなかった

このように，日本にはそれほど普及しなかった職務給であるが，外資系企業や金融機関などを中心に現在でも多くの企業で導入されている。そこで，以下では職務給の代表的モデルであるヘイ・システムを取り上げて説明する。

ヘイ・システムにおいては，職務遂行には「知識・経験」が必要であり，それを駆使して「解決策」を見い出し，その解決策にもとづいて「行動を起こし成果をあげる」と考える（図表2−30）。ヘイ・システムでは，この3要素にも

【図表2−30】ヘイ・システムにおける仕事のステップと職務評価要素

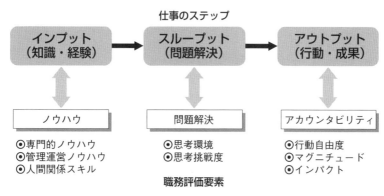

（出所）今野浩一郎『勝ちぬく賃金改革』日本経済新聞出版社，1998年，126頁。

【図表 2 −31】 職務等級と職務給の関連（ヘイ・システム）

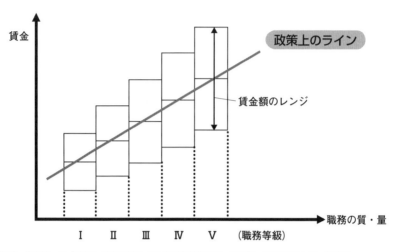

賃金

政策上のライン

賃金額のレンジ

職務の質・量

Ⅰ　Ⅱ　Ⅲ　Ⅳ　Ⅴ　（職務等級）

（出所）　今野浩一郎『勝ちぬく賃金改革』日本経済新聞出版社，1998年，133頁をもとに一部修正。

　とづいて職務評価を行う。たとえば，知識・経験はノウハウと位置づけられ，専門的ノウハウ，組織を管理運営するノウハウ，人間関係スキルの３つの視点から評価される。問題解決は，上から指示された方向性に厳密に従う定型業務の段階から抽象的に規定された環境までの段階を評価する思考環境，反復的な条件から未知的な条件までの段階を評価する思考挑戦度にもとづき評価される。最後のアカウンタビリティは，職務における行動自由度，企業の最終成果に対する責任程度の大きさ（マグニチュード），最終成果責任に対する関連度を示すインパクトの３つの視点から評価される。

　こうした要素による職務評価にもとづき，職務給表が作成される。職務給表を作成するにあたっては，図表２−31のような複数の職務等級を設定し，それぞれの職務等級ごとの賃金額の範囲（レンジ）を設定する。

　このように，ヘイ・システムに代表される職務給は科学的かつ合理的な側面を有している。しかしその一方で，①職務分析や職務評価に膨大な時間を要する，②配置転換が制約となり，多能工化やゼネラリスト育成に向けた人材育成が難しい，③経営環境の変化に伴う組織・職務の改編に適応しづらい，などの

問題点も見受けられる。

b）役割給のしくみ

　職務給と類似した制度に**役割給**がある。役割給とは，企業内での「役割」の大きさに応じて賃金を配分するしくみであり，日本企業特有の職務給のバリエーションである。役割給は，企業内で規定された「役割等級」にもとづいて決められている。役割等級を職務価値の大きさで格づけするという方針は職務等級と同じだが，各ポストの職務価値を細かく比較するのではなく，「部長」「課長」といった大きなくくりで格づける。そのため，ジョブ・ローテーションがしにくくなるという職務給のデメリットは回避できる。

　職務給も役割給も，ポストや役割に賃金を紐づけるため，職務や役割の定義が変化しない限り，担当者の年齢や経験年数が伸びスキルが伸長したとしても賃金は伸びず，総額賃金も上昇しない。その点では，総額賃金のコントロールがしやすくなる。

c）職能給の管理

　職能給とは職能資格制度における職務遂行能力の段階を表す資格（等級）によって決まる賃金であり，日本版能力主義賃金と称されている。資格等級ごとに金額を設定し，職能給表が作成される。同一等級でも職務遂行能力には幅があるため，金額は等級ごとに下限から上限までの幅を持って設定される。従業員個々人は人事評価により職務遂行能力が評価され，その幅（レンジ給）の中のどこか（号俸）に位置づけられる。従業員が職能給を増やそうと思えば，職務遂行能力を向上させ，等級のレベルを上げ，昇格しなければならない。そうした点から，職能給には従業員の自己啓発，能力開発への意欲を高める効果があると考えられる。職務給が「同一職務＝同一賃金」であったのに対し，職能給は「同一能力＝同一賃金」と表すことができよう。

　このような職能給は，ポスト職務給として1975年前後から大企業を中心に普及し始めた（図表2−27参照）。職能給が普及した理由としては，次のようなものが挙げられる。

　①職能給は属人的色彩が強く，職務給のように特定の職務と直接結びつかないので，賃金の変動を伴わずに従業員の配置転換が行える。つまり，ジョブ・ローテーションを中心とする日本的雇用慣行と合っている

②各職能等級内に幅の広い号俸が設けられており，職務遂行能力の上昇がな
くとも，最低限の定期昇給が可能である

③職務給に比べて作成手続が容易である

　しかし，第2章第1節（3）（職能資格制度の今日的意義とその限界）で説
明したように，この制度が本質的に持つ職能把握の曖昧さが人事評価の甘さを
生み出し，結果として職能給の運用が年功的なものになっている。最近のコン
ピテンシーによる評価や年俸制，役割給の導入などは，職能給が内包するこの
ような欠点を克服する観点から登場したものと考えられる。

❹賞与・退職金の管理

　一般的に，日本における**賞与**は年収に占める割合が欧米よりも大きいとされ
る。また，**退職金**に関しても大きなちがいがみられ，日本では退職一時金と退
職年金の併用が多いのに対し，欧米では退職年金制度が発達しており，退職一
時金が支払われる場合でもその金額は大きいものではない。

a）賞与の管理

　賞与とは，ボーナス，一時金ないしは臨時給与などとも呼ばれ，毎月の賃金
に加えて支給される特別給与のことをいう。賞与に関しては，労使でその役割
や性格が異なっている。企業サイドからみれば，賞与は企業業績や利益への従
業員の貢献に対する報奨としての性格，つまり，利潤分配的性格が強い。

　一方，労働組合サイドからみれば，本来，毎月支払われるべき賃金の一部が
期末に支払われるに過ぎないと考えられる点から，賃金の後払いとしての性格
が強い。さらに，賞与には，江戸時代における商家の奉公人に対する盆・暮の
「もち代」を原型とする精勤・皆勤手当としての恩恵的・慣行的性格もあると
考えられている。

b）退職金の管理

　退職金とは，企業が退職時に従業員に支払う特別給付で，従来は退職一時金
が中心であったが，現在では一時金と年金の2つの支払形態が多い。賞与と同
様に，退職金の性格にもいくつかの考え方がある。まず1つ目は企業サイドが
主張する功労報償説で，従業員の企業に対する功績や長期勤続に対する恩恵的

な給付とする考え方である。2つ目は労働組合サイドが主張する賃金後払い説で，他にも老後や失業中の生活安定のための生活保障説がある。今日の退職金はどれか1つの考え方にもとづいているというよりは，これらの性格をあわせ持っていると考えられる。

①退職一時金の管理：一般に，**退職一時金**は〔算定基礎給×支給率×退職事由係数〕の方式で算定される。算定基礎給を勤続年数とともに上昇する基本給をベースとすると，従業員の高齢化や賃上げなどの影響により，退職金の原資が著しく増大する。

それに対して企業は，退職一時金の増加を抑制するための施策をとってきている。その対策の1つは「退職金の算定基礎給の見直し」である。これは，定期昇給やベースアップによる賃上げの一部を手当や調整給（第2基本給）に組み入れることで，算定基礎給の増大を抑制することをねらいとしている。

もう1つは「基本給絶縁方式」である。これには勤続別定額制を中心とする別表方式と職能資格制度にリンクさせるポイント方式がある。

ポイント方式では，次のような算式で退職金を支給している。

退職金＝退職金ポイントの積立て合計×単価×会社都合支給率

上記方式におけるポイントは社員等級ごとに定められ，ポイント累計に対する利息ポイントを加算する。こうしたポイント制は，個人別の業績や評価を反映させることができると同時に，基本給と退職金を切り離して無関係に運用することができる。

こうした2つの方式に加えて，最近では退職金の支払いに必要な原資を月例賃金に組み込んで支給する「退職金前払い方式」を導入する企業もある。前払い方式導入のねらいとしては，所得増により人生設計の幅が広がる，雇用の流動性を高める，会社負担の平準化，退職金がもらえなくなるリスクの回避，退職金に関する個人の選択の反映などが考えられる。しかし，退職金を前払いすることにより，企業にとっては税，社会保険料の負担の増加につながる。

②退職年金（企業年金）の管理：退職金の年金化は，退職金負担額の長期分

散化，外部金融機関への信託による退職金の保全措置効果などにより増加しつつある。企業年金の形態としては，**確定給付型年金**と**確定拠出型年金**がある。確定給付型年金は，外部金融機関における運用実績にかかわらず，確定した金額を年金として給付する。確定拠出型年金は，積立額の運用利回りにより将来の給付年金額が変動する。

確定拠出型年金は，労働市場の流動化に対応できる年金のポータビリティが可能である点，公的年金に対する不安などから，とくに大企業で普及している。確定拠出型では，企業が拠出する額を定めそれを運用する。ただし，確定拠出型年金は従業員の自己責任による資産運用で年金額が決まるため，従業員に対する事前説明や資産運用に関する従業員教育が必要である。

❺今後の賃金管理の方向性

a）キャリア・ステージに応じた賃金制度の導入

従業員の高齢化と経済の低成長により，日本企業がとってきた職能資格制度による能力給は行き詰まりを見せている。今後は，多くの企業が能力主義と成果主義の調和したフレキシブルな賃金制度に移行していくと考えられる。たとえば図表2−32のようなキャリア・ステージに応じた賃金制度も1つのモデルである。

この例では，シニア・ステージにおいて，仕事軸が役割給として導入されて

【図表2−32】キャリア・ステージに応じた賃金制度（例）

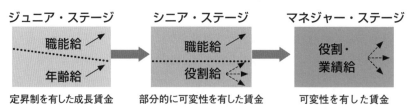

※図中の→は賃金の上昇，下降を意味している。

（出所）成果配分賃金研究委員会編『21世紀における日本の人事賃金制度』(財)日本生産性本部，1994年，57頁をもとに一部修正。

いる。役割給は役割のグレードや役割の遂行度によって賃金が変動するため，賃金に部分的に可変性を持たせることを可能にしている。さらに，マネジャー・ステージでは，成果軸の視点を取り入れた役割・業績給が導入されており，毎年新たに更新されるゼロ・ベース型賃金となっている。

b）仕事・成果に応じた賃金制度を補完するサブシステムの充実

役割給や職務給，年俸制のような仕事・成果に応じた賃金制度が多くの企業に普及するには，それを補完するサブシステムの充実が必要となる。仕事や責任に応じた賃金格差を認めるのであれば，個人がその自発的意思によって能力開発をし，キャリア計画を作ることができるようにしなければ，不公平感が募る。また，評価者の評価能力や公平性に対して被評価者が信頼感を持つことも重要である。

実際に，日本生産性本部の調査によれば，成果主義的賃金制度を導入する企業では，「コンピテンシー」「社内公募制」「キャリア開発支援の取り組み」「管理職に対する360度評価」「苦情処理制度（評価に対する異議申し立て）」「従業員へのメンタルヘルス対応」などの導入が高い比率で回答されている。

一方で，従業員の配置転換が能力開発と適材適所配置に重要であることは変わりないといえる。役割等級が管理職を中心に導入され，賃金制度が職務価値やそこでの実績を強く反映するようになっても，この方針は変わらないだろう。そのため，役割等級や職務等級制度の中にも，能力開発を促進する制度を補足することが大きな課題となろう。

c）長期的インセンティブを組み入れた賃金制度の導入

これまでの日本の賃金管理においては，毎年の昇給や賞与などの短期的なインセンティブを従業員に提供することが重要視されてきた。このような短期的インセンティブでは，良質な人材の引き留めや従業員の著しい貢献に応えられないばかりでなく，会社全体の短期収益志向を排除することができない。今後は，**ストック・オプション**や **ESOP**（イソップ）などの長期的インセンティブがこれまで以上に必要になってくる。

ESOP とは "employee stock ownership plan" の略で，米国版従業員持株制度と呼ばれている。これは日本における従業員持株制とは異なっており，全額企業拠出の退職給付型（年金型）の持株プランである。

（4）福利厚生

❶福利厚生の目的と内容

　福利厚生とは，労働者の福祉向上をめざして，従業員およびその家族を対象に現金給与以外のかたちで企業が給付する諸施策で，従業員の生計費を補完するものである。その主なねらいは従業員の定着性やモラールの向上，労使関係の安定，生産性の向上などにある。

　福利厚生の内容は，健康保険，厚生年金保険，雇用保険など社会保険制度にもとづき法的に義務づけられた**法定福利厚生**と，住宅補助，医療・保健，慶弔・共済，財産形成など，企業の独自の裁量に任された**法定外福利厚生**から構成されている。労働費用に占める比率は，法定福利厚生が圧倒的に高く，高齢化とともに福利厚生費は年々上昇傾向にある。

　従業員の生活を保障するとともに，労使関係の安定化に寄与してきた福利厚生も，社会保険料の負担増，従業員の福利厚生に対するニーズの多様化などから，その意義を見直す動きが出始めている。

❷福利厚生の変化

　福利厚生の近年における変化の1つは**カフェテリア・プラン**の導入である。カフェテリア・プランとは，従業員に一定の福利厚生総枠（クレジット）と給付の選択肢を与え，従業員個々人が必要性に応じて給付を選択するしくみを意味しており，そのねらいは福利厚生費の増加抑制と多様な従業員ニーズへの対応にある。最近では，従来福利厚生費支出の中心となりがちであった住宅補助をメニューの一部とし，一方でライフスタイルにあわせた多様な選択をアウトソーシングによって可能とする傾向が注目される。

　もう1つの変化は，法定外福利厚生費用の抑制である。高齢化や年金・医療財政の逼迫に起因する法定福利厚生費用の負担増は企業経営を圧迫し始めている。そこで，総人件費管理の視点から法定外福利厚生の見直しが急務となっている。費用対効果と従業員ニーズとの適合性の両面から法定外福利厚生の給付内容の見直しや統廃合を図っていかなければならない。その際には，労使間での協議や福利厚生の理念・目的の再定義が必要である。

2 労働時間管理

（1）労働時間管理の目的と課題

❶労働時間管理の目的

労働時間管理とは，労働者が企業に提供する労働力の総量を，企業側のニーズおよび労働者側のニーズを満たすよう適切に管理することである。

企業側のニーズとは，業務の繁閑に応じて労働力の需要と供給のタイミングを対応させることである。たとえば，ホテルやゴルフ場などのように季節や曜日によって業務の繁閑が異なるのであれば，それにあわせて労働者数または1人当たりの労働時間数も増減させなければならない。また，経済不況による労働力需要の減少に対しては，供給も減少させることが必要となる。このように，労働力の需要と供給のタイミングをうまく対応させることが労働時間管理の第1の目的である。

一方の労働者側のニーズとは，健康を害することなく，仕事と生活とがうまく両立できるような労働時間を実現することである。たとえば，長時間営業の小売店や飲食店で交替制勤務（シフト制勤務）を導入するのは，労働者の生活に必要な時間（睡眠，食事時間など）や自由時間を確保するためである。このように，労働者の健康が保持され，家族・友人などと過ごす時間や自己啓発の

【図表2－33】労働時間管理の目的

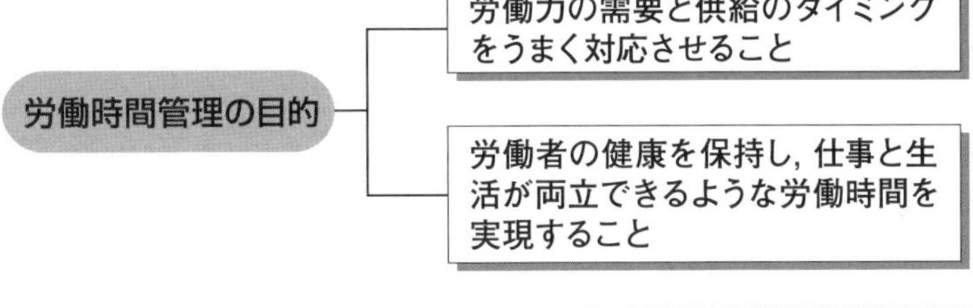

労働時間管理の目的
- 労働力の需要と供給のタイミングをうまく対応させること
- 労働者の健康を保持し，仕事と生活が両立できるような労働時間を実現すること

時間などを確保することが，労働時間管理の第2の目的である（図表2−33）。

❷長時間労働の弊害

わが国の労働時間は欧米先進国と比較して長いとされている。

長時間労働は，疲労回復を妨げ心身の健康問題の原因となるだけでなく，労働生産性，ワーク・ライフ・バランス（仕事と生活との調和）などに影響を及ぼす（265ページ参照）。

そのため，労働時間の短縮（時短）が労働時間管理上の第1の課題となる。これまで，日本の労働時間が長い原因としては，①所定労働時間の長さ，②所定外労働時間（残業）の長さ，③年次有給休暇の未消化，などが指摘されてきた。

労働時間管理上の第2の課題として，労働時間の柔軟化が挙げられる。これは，労働力需要の変動（業務の繁閑）に柔軟に対応するという企業側の目的と，仕事と生活が両立できる労働時間を実現するという労働者側の目的の双方を果たすうえで不可欠となる。後述する変形労働時間制やフレックスタイム制，裁量労働制などは，労働時間の柔軟化を実現しようとする制度である。

（2）労働時間の基本概念

労働時間を適切に管理するためには，労働時間についての法律にもとづいた正しい理解が欠かせない。

❶労働時間と休憩時間

a）労働時間

労働時間について，図表2−34に整理してみよう。この図は，9時始業，17時終業の企業で，22時まで勤務した場合を例にとってある。

「拘束時間」とは，出勤から退勤までの全時間を指し，休憩時間も含まれる。この場合は，9時〜22時までの13時間が拘束時間となる。

「労働時間」とは，使用者の指揮監督のもとにある時間をいい，必ずしも現実に精神や肉体を活動させていることを要件としていない。したがって，使用者の命令があればいつでも作業ができる状態で待機している時間なども労働時

間に含まれる。一般的には，拘束時間から休憩時間を除いた時間をさす。つまり，この例では12時～13時の1時間を除いた12時間が労働時間となる。

法定労働時間とは，文字どおり法律，つまり労働基準法に定められた労働時間のことである。わが国では特例措置を除き，1週40時間，1日8時間が法定労働時間である。したがって，図表2－34の場合，休憩時間1時間を除いた9時～18時の8時間が法定労働時間となる。

所定労働時間とは，就業規則等で定めた始業から終業までの時間のうち，休憩時間を除いた時間をいう。所定労働時間は，法定労働時間の範囲内で定めなければならない。図表2－34の場合，休憩時間1時間を除いた9時～17時の7時間が所定労働時間である。また，図表中の法定内残業時間（1時間）と時間外労働時間（4時間）をあわせて「所定外労働時間」という。

b）休憩時間

「休憩時間」とは，拘束時間中ではあるが，勤務からは解放され，労働しないことが保障されている時間をいう。

労働者を心身ともにリフレッシュさせる必要から，労働基準法では労働者に「休憩」を与えることを使用者の義務として定めている。具体的には，同法第34条で，労働時間が6時間を超える場合には少なくとも45分，8時間を超える場合には少なくとも1時間を労働時間の途中に与えなければならない，と定め

【図表2－34】労働時間等の概念（例）

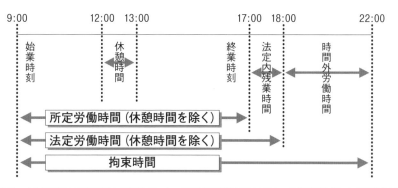

（出所）中央職業能力開発協会編『ビジネス・キャリア検定試験標準テキスト　労務管理2級』中央職業能力開発協会，2007年，3頁。

ている。

　ところで，休憩時間の与え方には原則がある。まず，上述のように労働時間の「途中で」休憩時間を与えなければならない。所定労働時間が7時間で引き続き2時間の労働をさせた後で休憩時間を1時間与えても，これは休憩時間とは認められない。また，休憩時間は，一部の業種を除き，原則として同一事業場内の労働者に「一斉に」与えなければならない。さらに，休憩時間は「自由に」利用させなければならない。ただし，企業の施設内で休憩をとる場合，使用者が安全や規律を保つうえで一定の制限を加えることは，休憩の目的を損なわない限り，差し支えないとされている。

❷休日と休暇

a）休　　日

　「休日」とは，労働契約上，労働義務のない日をいう。使用者は労働者に対して，毎週少なくとも1回の休日を与えなければならない（労働基準法第35条）。これを**法定休日**という。他方，週休2日制，国民の休日や年間の休日として定めた休日のうち，法定休日以外の休日を「法定外休日」という。

　労働基準法には，いつを休日とすべきかを定めた規定はないが，就業規則には，いつを休日とするかを必ず特定しなければならない。

b）振替休日と代休

　就業規則によって休日が特定されていたとしても，現実には，業務の都合上やむを得ず労働者を休日に出勤させることが発生しうる。このような場合に労働者を他の日に休ませる方法としては，休日を振り替えること，または代休を取得させること，という2つの方法がある（図表2−35）。

　「振替休日」とは，あらかじめ定められている休日を労働日とする代わりに，その前後の特定の労働日を休日とするよう，事前に振り替えることをいう。休日の振り替えが事前に行われた場合には，その休日（この例では14日）は労働日となり，休日労働にはならないので，割増賃金支払いの対象にはならない。

　振替休日と混同しやすいものに「代休」がある。代休とは，休日労働や長時間の時間外労働，深夜労働が行われた場合に，その代替措置として，以降の業務閑散期や労働者の希望する日など，特定の労働日の労働を免除することをい

【図表2－35】振替休日と代休

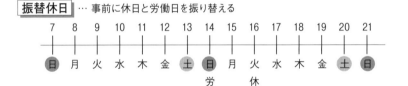

振替休日 … 事前に休日と労働日を振り替える

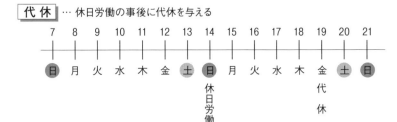

代 休 … 休日労働の事後に代休を与える

う。代休の場合，すでに行われた休日労働や時間外労働，深夜労働が事後に代休を与えることによって帳消しになるものではない。したがって，割増賃金支払いの対象となることに留意する必要がある（257ページ参照）。

c）休　　暇

「休暇」とは，労働義務のある日に，労働者からの請求によってそれを免除するものである。休暇は，法律が定める「法定休暇」と，法律の定めによらずに企業が任意に規定する「法定外休暇」に分けられる。

法定休暇として代表的なものに，**年次有給休暇**（年休）がある。これは，労働者に対して，休日のほかに毎年一定日数の休暇を有給で付与するものである。雇入れの日から6か月間，8割以上出勤して継続勤務した労働者には最低10日付与され，その後は勤続年数によって20日まで付与される。

年休は，原則として労働者が請求した日に付与しなければならない（労働者の「時季指定権」）。また，年休をどのような目的に使うかについても労働者の自由である。ただし，その日に休まれると業務の正常な運営に支障を来たすおそれがある場合には，別の日に年休を取ってほしい旨を伝え，変更させること

【図表2－36】年休付与の原則と時季変更権

原　則	●労働者が請求した時季に付与しなければならない（労働者の時季指定権） ●年休の利用目的は労働者の自由であり，その目的を聞き出して，その利用目的によって付与したりしなかったりすることはできない
時季変更権	●その時季に休まれると，業務の正常な運営に支障を来たすおそれがある場合にのみ認められる ●その場合，年休の利用目的を聞き，別の時季に年休を取ってほしい旨を伝え，そのように変更させることができる

ができる。これを使用者の「時季変更権」という（図表2－36）。

　なお，年休は日単位で取得することが原則であるが，事業場で労使協定を締結すれば，1年に5日分を限度として時間単位で取得することができる。年休を日単位で取得するか，時間単位で取得するかは，労働者が自由に選択することができる。

　その他の法定休暇としては，生理休暇，産前産後休業，育児休業・介護休業などがある。

　法定外休暇として代表的なものは，慶弔休暇である。これは，労働者本人または親族の冠婚葬祭の際に付与するものである。その他にも，一定の勤続年数に達した際に付与するリフレッシュ休暇を導入している企業がある。

❸時間外労働・休日労働・深夜労働
a）「36協定」による時間外労働と休日労働

　労働基準法では，法定労働時間を超えて労働することを**時間外労働**，法定休日に労働することを**休日労働**と定めている。

　そして，時間外労働や休日労働は本来臨時的なものであり，必要最小限にと

どめるべきであるとの観点から，使用者が労働者にそれらの労働を命じるためには，労働基準法第36条にもとづいて「時間外労働・休日労働に関する協定」を労使間で締結する必要がある。この協定は一般に**３６協定**（サブロク）と呼ばれており，使用者と，労働者の過半数で組織される労働組合，その労働組合がないときは労働者の過半数を代表する者との間で締結し，所轄の労働基準監督署長に届け出ることになっている。

b）**割増賃金の支払い**

使用者が**割増賃金**を支払わなければならないのは，次の３つの場合である。すなわち，

　①法定労働時間を超えて労働させた場合……時間外労働

　②法定休日に労働させた場合……休日労働

　③深夜（午後10時から午前５時までの間）に労働させた場合……深夜労働

労働基準法上割増賃金を支払わなければならない時間外労働とは，１週40時間・１日８時間という法定労働時間を超える部分である。したがって，**図表２－34**の例において，所定労働時間が７時間の場合，終業時刻の17時を超えても法定労働時間である８時間の範囲内（18時まで）であれば時間外労働には該当しない（法定内残業）。つまり，17時から18時までの１時間については通常の賃金を支払えばよく，18時以降が割増賃金支払いの対象となる。ただし，実際には17時から18時までの１時間も時間外労働として処理し，割増賃金を支払っている企業もある。

また，時間外労働に対しては通常の賃金の25％以上，休日労働に対しては35％以上の割増賃金の支払いが必要である。また，深夜労働をさせた場合には25％以上の割増賃金の支払いが必要である。加えて，労働時間が法定労働時間を超えて深夜に及んだ場合には，深夜労働分（25％以上）＋時間外労働分（25％以上）＝50％以上の割増賃金の支払いが必要となる。あるいは，休日労働が深夜に及んだ場合には，深夜労働分（25％以上）＋休日労働分（35％以上）＝60％以上の割増賃金の支払いが必要となる。

なお，長時間労働を抑制し，労働者の健康確保やワーク・ライフ・バランスを実現するという観点から，１か月60時間を超える部分の時間外労働について

は，割増賃金率は50％以上となっている（2023年4月1日から企業規模にかかわらず適用）。

（3）労働時間の柔軟化を志向した諸制度

❶労働時間の柔軟化が求められる背景

　先に本節（1）で述べたとおり，労働時間の柔軟化が労働時間管理上の課題となっている。この背景には，季節や曜日による業務の繁閑に応じて，労働時間の配分を柔軟に決めたいという企業側のニーズがある。また，開発，設計，デザインなど，一律的な労働時間制度のもとでは働きにくい業務が増えているという事情もある。一方の労働者側も，自分の生活のリズムや仕事の進捗状況にあわせた働き方をして，仕事と生活を調和させたいというニーズが強くなっている。

　このようなことを背景として，労働基準法が徐々に改正され，労働時間の柔軟化につながる労働時間制度が創設されてきた。以下では，変形労働時間制と裁量労働制を取り上げて説明する。

❷変形労働時間制

　変形労働時間制には，1か月単位の変形労働時間制，1年単位の変形労働時間制，1週間単位の非定型的変形労働時間制，そしてフレックスタイム制がある。

a）1か月単位の変形労働時間制

　1か月単位の変形労働時間制では，1か月以内の一定の期間を平均したときの1週間当たりの所定労働時間が法定労働時間（40時間）以内であれば，特定の週や特定の日に法定労働時間を超えることがあってもよい。これを実施する場合には，必ず就業規則に具体的な内容を定めておかなければならない。繁忙期が月初に集中するなど，月内の一定の時期や一定の曜日に業務が集中する企業などでは，この制度の導入を検討するとよい。

b）1年単位の変形労働時間制

　1年単位の変形労働時間制では，最長1年の期間を平均して1週間当たりの労働時間が40時間以内であれば，特定の時期に週40時間を超えて，または1日

8時間を超えて所定労働時間を定めることができる。業務が減少している時期には所定労働時間を短くすることが可能で，業務の繁閑時期に応じて労働時間を調整できる。この制度は，リゾートホテルや百貨店など季節によって業務の繁閑の差が大きい企業などに適している。

c）1週間単位の非定型的変形労働時間制

1週間単位の非定型的変形労働時間制では，日ごとの業務量の繁閑が著しく，さらに繁閑の度合いが定型的でない場合，当該企業の就業規則による所定労働時間に規制されないで，週ごとに各日の労働時間を指定することができる。なお，この変形労働時間の適用は常時使用する労働者が30人未満の旅館，料理店，飲食店，および小売業に限って対象としている。1週40時間の範囲では10時間まで労働させることができる（労働基準法第32条の5第1項）。また，業務を担当させる労働者には，あらかじめ1週間の各日の労働時間を通知しなければならない（労働基準法第32条の5第2項）。

d）フレックスタイム制

変形労働時間制の1つの形態である**フレックスタイム制**は1日の所定労働時間の長さを固定的に定めず，1週，1か月等というように一定の期間の総労働時間を定めておいて，労働者はその総労働時間の範囲で各労働日の労働時間を自分で決めて働くという制度である。

フレックスタイム制にすれば，日または週によって法定労働時間を超えて労働する場合が生ずるが，一定の要件を満たした場合はフレックス制の採用が認められている（労働基準法第32条の3）。一定の要件とは次の内容である。

①就業規則その他これに準ずるものに始業・終業の時刻を労働者の決定にまかせることを定めること

②書面による労使協定（協定当事者の要件は３６協定の場合と同様）

- 対象労働者の範囲
- 清算期間（3か月以内）
- 清算期間中の総労働時間（清算期間中の法定労働時間の範囲内）
- 1日の標準労働時間
- コアタイムまたはフレキシブルタイムを定める場合には（定めるかどうかは任意），その開始および終了時刻

【図表2−37】フレックスタイム制のモデル

（出所）厚生労働省労働基準局賃金時間課編『労働時間ハンドブック（改訂版2001）』全国労働基準関係団体連
　　　合会，2001年。

　上記の要件を満たした場合には，労働者が自己決定により1週間の法定労働時間を超えて，またはある日に1日の法定時間を超えて業務に従事したとしても，清算期間を平均して，1週間の労働時間が法定労働時間を超えない限り，時間外労働とはならない。したがって，割増賃金の支払い対象とはならない。

　フレックスタイム制におけるメリットは柔軟に労働時間を決められることにあるが，基本的には「いつ出勤してもよい時間帯」（フレキシブルタイム），「必ず労働しなければならない時間帯」（コアタイム），「いつ退社してもよい時間帯」（フレキシブルタイム）の3つから構成されている（図表2−37）。

❸裁量労働制

a）裁量労働制とみなし労働時間

　裁量労働制は，技術革新の進展，経済のサービス化，情報化の進行など労働を取り巻く環境変化の中で，就業形態の弾力的運用を目的として制度化された。裁量労働制には，専門業務型（労働基準法第38条の3）と企画業務型（労働基準法第38条の4）の2種類がある。こうした裁量労働制が成立する要件としては，①労働者の裁量にゆだねる必要があること，②使用者の具体的な指揮監督になじまないこと，③通常の方法による労働時間の算定が適切でない業務が増加していること，などが挙げられる。これらの要件は，業務内容の専門性や特殊性によって，使用者が業務遂行計画を事前に定め，労働者による業務の遂行

を管理・監督しにくいことによっている。そのため，裁量労働制では，実際に働いた労働時間ではなく，事前に定められた時間数（みなし労働時間数）を労働したものとみなす**みなし労働時間**が適用される。

　専門業務型と企画業務型の裁量労働制のいずれを実施するにあたっても，労使委員会を設置して，対象業務と対象労働者の範囲，みなし労働時間数などを決議し，所轄の労働基準監督署長に届け出なければならない。また，対象労働者の同意を個別に得なければならない（専門業務型でも2024年から）。

b）専門業務型裁量労働制

　専門業務型裁量労働制とは，業務の性質上，業務の遂行手段や方法，時間配分などを大幅に労働者にゆだねる必要がある業務について，労働者に実際にその業務に就かせた場合，その日の労働時間にかかわらず，労使であらかじめ定めた時間を働いたものとみなす制度である。なお，本制度の対象となる業務は，法令により19業務が特定されている（図表2－38）。

【図表2－38】専門業務型裁量労働制の対象業務

1．新商品・新技術の研究開発，人文科学・自然科学の研究の業務	10．証券アナリストの業務
	11．金融商品の開発の業務
2．情報処理システムの分析，設計の業務	12．大学における教授研究の業務
3．取材，編集の業務	13．公認会計士の業務
4．デザインの考案の業務	14．弁護士の業務
5．プロデューサー，ディレクターの業務	15．建築士の業務
6．コピーライターの業務	16．不動産鑑定士の業務
7．システムコンサルタントの業務	17．弁理士の業務
8．インテリアコーディネーターの業務	18．税理士の業務
9．ゲーム用ソフトウェアの創作業務	19．中小企業診断士の業務

c）企画業務型裁量労働制

企画業務型裁量労働制とは，事業の運営上重要な決定が行われる企業の本社などにおいて，企画，立案，調査および分析の業務を行う労働者を対象に，業務の遂行手段や方法，時間配分を大幅に労働者にゆだねることとした場合に，一定時間を労働したとみなすことができる制度である。

一方で，このみなし労働時間は労働時間の適用除外ではないため，みなし労働時間が法定労働時間を超える場合には，時間外割増の支給対象となる。さらに導入手続が厳格に定められ，適用職務も限定されるなど，広範には普及していない。

d）高度プロフェッショナル制度

近年，政府は働く個人が多様で柔軟な働き方を自分で「選択」できるようにする「働き方改革」を推進している。そのための法整備として，2018年に「働き方関連法」（働き方改革を推進するための関係法律の整備に関する法律）が公布された。この法律によって，「労働基準法」，「労働安全衛生法」，「労働者派遣法」などの改正が行われる。

そうした改革項目の1つであり，新しく創設される**高度プロフェッショナル制度**とは，一定以上の年収があり，専門的かつ高度な職業能力を持つ労働者を対象として，労働時間にかかる制限を撤廃するものである。労使委員会の決議や労働者本人の同意を前提として，年間一定日数以上の休日確保や健康・福祉確保の措置を講ずることを条件として，労働基準法に定められた労働時間，休憩，休日および深夜の割増賃金に関する規定を適用しない制度である。

この制度の対象職種や業務は限定されており，金融商品の開発業務やディーリング業務，アナリスト業務，コンサルタント業務，研究開発業務などが該当する。高度プロフェッショナル制度は，専門業務型裁量労働制と似てはいるが，休日や休憩の規制がない，残業代の支給対象とならない，対象業務がかなり限定されているなどのちがいがある。

3 職場のストレスとメンタルヘルス

（1）企業・職場におけるストレス，メンタルヘルス

❶ストレス，メンタルヘルス対策に取り組む意義と目的

現代はとてもストレスフルな時代である。こうした環境下で，企業がストレス，メンタルヘルス対策に取り組む意義や目的について，企業の社会的責任，法令遵守，リスク・マネジメント，ワーク・ライフ・バランス，生産性向上という5つの観点がある。

a）企業の社会的責任

従業員は企業にとって重要な利害関係者（ステークホルダー）である。したがって，従業員のストレスやメンタルヘルスの問題に企業が取り組むことも，CSR（企業の社会的責任）の一環である。従業員が心身ともに健康で，目標に向かって意欲を持ち，能力を最大限に発揮しながら活き活きと働けるように職場環境を整備することは，企業の本来的な責務といえる。

b）法令遵守

従業員の健康管理問題に関しては，図表2－39に示した公法的規制と私法的規制の両方を知っておく必要がある。公法的規制としての「労働安全衛生法」などは，最低の労働条件基準を定める取締法規であり，これらに違反した場合には一定の範囲で刑事罰の対象とされる。他方，私法的規制としての「安全配

【図表2－39】従業員の健康管理問題に関する2種類の規制

規　制	規制の根拠	規制に違反した場合
公法的規制	労働安全衛生法など	一定の範囲で刑事罰
私法的規制	安全配慮義務 （ないし健康配慮義務）	民事上の損害賠償責任

【図表 2 −40】 4 つのメンタルヘルスケア

4 つのケア	活動主体	主な活動内容
セルフケア	労働者自身	ストレスへの気づき，ストレスへの対処，自発的な相談
ラインによるケア	管理監督者	職場環境等の把握と改善，労働者からの相談対応
事業場内産業保健スタッフ等によるケア	産業医等，衛生管理者等，保健師等，心の健康づくり専門スタッフ（精神科医，心療内科医，心理職等），人事労務管理スタッフ	労働者・管理監督者に対する支援，具体的なメンタルヘルスケアの実施に関する企画立案，個人の健康情報の取扱い，事業場外資源とのネットワークの形成やその窓口
事業場外資源によるケア	事業場外でメンタルヘルスの支援を行う機関や専門家	事業場のメンタルヘルスケアに対する支援，各種サービスの提供

（出所） 厚生労働省「労働者の心の健康の保持増進のための指針」2006年をもとに一部修正。

慮義務」ないし「健康配慮義務」に違反し，疾病の発生・罹患に至った場合には，企業は当該従業員に対して民事上の損害賠償責任を負う。

　この安全配慮義務は，2008年3月から施行された労働契約法の第5条で，「使用者は，労働契約に伴い，労働者がその生命，身体等の安全を確保しつつ労働することができるよう，必要な配慮をするものとする」と明文化された。さらに2014年6月には労働安全衛生法の一部改正があり，労働災害の未然防止に向けた取り組みの1つとして，ストレスチェックの実施が事業者に義務づけられ，2015年12月から施行された。

　こうした法令を反映した，メンタルヘルス対策に関する国（厚生労働省）の指針としては，「労働者の心の健康の保持増進のための指針」がある。この指針では「4つのメンタルヘルスケア」（図表2−40）という枠組みを示したうえで，これらのケアを継続的かつ計画的に行うことの重要性を強調している。また，**メンタルヘルスケア**の具体的な進め方として，以下のような取り組みを積極的に推進することが効果的であるとしている。

●メンタルヘルスケアを推進するための教育研修・情報提供

●職場環境等の把握と改善

● メンタルヘルス不調への気づきと対応

● 職場復帰における支援

c）リスクマネジメント

　前述のとおり，企業が安全配慮義務ないしは健康配慮義務に違反し，従業員に損害を与えた場合には，企業に民事上の損害賠償責任が生じる。従業員が強いストレスを感じたりメンタルヘルスを悪化させたりして，精神的に不安定な状態で仕事をしていれば，集中力や判断力の低下を招き，思わぬ事故やミスを起こすことにもつながる。その結果，事故やミスを起こした本人はもちろんのこと，場合によっては，他の従業員や顧客，地域住民など第三者の安全と健康を脅かすことにもなりかねない。

d）ワーク・ライフ・バランス

　近年，仕事と生活の調和（**ワーク・ライフ・バランス**）の重要性が叫ばれている。2007年12月には，仕事と生活の調和推進官民トップ会議によって，「仕事と生活の調和（ワーク・ライフ・バランス）憲章」が策定されている。ストレス，メンタルヘルス対策に取り組むことは，健康で豊かな生活のための時間の確保をめざすワーク・ライフ・バランスの実現にもつながる。

　個人がワーク・ライフ・バランスのとれた働き方をすることは，企業にとっても，決してマイナスにはならない。プライベートに費やす時間を生み出すための創意工夫が，仕事の生産性向上につながる可能性がある。また，プライベートを充実させることによって，そこから得られた何かが新たな気づきとなって，仕事に好影響を与えることも期待できる。

e）生産性向上

　従業員がメンタルヘルスを悪化させていれば，集中力や注意力が低下し，結果として仕事の生産性も低下する。また，その従業員が休職するようなことになれば職場の戦力ダウンは避けられないし，残った従業員の負荷も高まる。このように，メンタルヘルスの悪化による労働力の損失は決して小さくない。

　最近では，従業員の健康や満足感と組織の生産性を両立させることは可能であり，むしろ両者には相互作用があり互いに強化することができるとする考え方が示されるようになった（図表2−41）。これは，米国立労働安全衛生研究所（National Institute for Occupational Safety and Health：NIOSH）が提示した

【図表 2 −41】 NIOSH の健康職場モデル

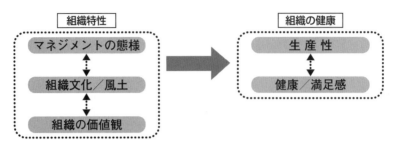

（出所） Sauter, S. L., Lim, S. Y., & Murphy, L. R., Organizational Health : A New Paradigm for Occupational Stress Research at NIOSH, 産業精神保健, 4(4), 1996, pp. 248-254.

考え方で，「健康職場モデル」と呼ばれている。

　この考え方に従えば，従業員の健康や満足感を維持・向上させることが，組織の生産性向上に寄与する。つまり，従業員が心身ともに健康で満足感が高ければ，目標に向かって意欲を高め，持てる能力を最大限に発揮することができる。そして，そのことが組織の生産性向上や高業績につながることが期待できる。ここに，企業がストレス，メンタルヘルス対策に取り組む意義がある。

❷ストレス，メンタルヘルス対策の活動内容と主体

　図表 2 −42は，ストレス，メンタルヘルス対策における活動目的と活動主体をマトリックスによって示している。

　活動目的の第一次予防は，メンタルヘルス不調が発生しないよう，未然防止に努めることが目的である。厚生労働省が示している「労働者の心の健康の保持増進のための指針」（メンタルヘルス指針）の重点も，この第一次予防にある。その対象は，すべての従業員である。第二次予防は，メンタルヘルス不調の早期発見と対処が目的である。不調の早期発見と適切な対処が，早期回復につながる。第三次予防は，すでにメンタルヘルス不調になっている従業員を対象に，適切な治療を受けさせることや，休職者の職場復帰を支援することが目的である。

　また，活動主体は，従業員個人，ライン管理者，人事労務部門という 3 つに区分できる。従業員個人にはセルフ・マネジメント（もしくはセルフケア），

【図表2－42】 ストレス，メンタルヘルス対策の活動内容

活動目的／活動主体	第三次予防（治療と職場復帰，再発防止）	第二次予防（早期発見と対処）	第一次予防（未然防止および健康増進）
従業員個人（セルフ・マネジメント）	ストレスへの気づきと対処		
	治療	自発的な相談	生活習慣の改善
ライン管理者（職場のマネジメント）	労働者に対する相談対応		
	職場復帰支援	事例性の把握	職場環境等の評価と改善
人事労務部門（組織全体のマネジメント）	方針の立案・表明と計画の作成		
	職場復帰支援	ストレスの把握と指導	人事施策の再検討
		相談体制の確立	教育研修

(注) 図中の各活動内容は1つの活動目的のみに対応するとは限らないが，概念整理の便宜上，主たる活動目的の位置に各活動内容を図示した。
(出所) 髙橋修・松本桂樹『活き活きとした職場をつくるメンタルヘルス・マネジメント』産業能率大学出版部，2007年，34頁。

ライン管理者にはストレスやメンタルヘルスの問題に関して，適切に職場をマネジメントすること，そして人事労務部門には，組織全体の視点に立ったマネジメントが求められる。したがって，ストレスチェック制度も，医師などによる面談やその結果を考慮した対処を効果的に行い，起こってしまった不調に対応するとともに，組織として第一次予防を強化し，メンタルヘルスへの対応体制を形成する観点から行うものである。ストレスチェックの結果により従業員に不利な対応を行うことは禁じられている。

❸従業員個人主体の活動（セルフ・マネジメントもしくはセルフケア）
a）ストレスの予防

個人レベルの予防の基本は，休養や睡眠を十分にとること，健康的な生活習慣を確立することである。また，心身をリラックスした状態へと導くリラクゼーションも有効である。

b）ストレスへの気づきと対処

ストレスに気づくポイントは，自分の「いつもと違う」様子に気づくことである。たとえば，だるくて疲れやすい，食欲がなくなる，悲しくて憂うつな気分になるなど，自分自身の時系列的な変化をとらえるようにする。

また，「コーピング」と呼ばれるストレス対処法を習得することや（274ページ参照），家族や友人，会社の上司や同僚などからの「ソーシャルサポート」（社会的支援）を活用することも，ストレスにうまく対処するうえで有効である。

c）自発的な相談

「いつもと違う」様子が2週間以上継続する場合には，家族や，会社の上司，産業保健スタッフ（産業医や保健師など）に自ら相談するなどの早期対処が必要となる。

d）治　　療

メンタルヘルス不調が疑われる場合には，速やかに専門医を受診して治療を受けることが，早期回復につながる。

❹ライン管理者主体の活動（職場のマネジメント）

a）職場環境等の評価と改善

メンタルヘルス不調者を出さないために，日頃から職場の状況と問題点を把握し，職場環境等の改善を行う。なお，ここでの「職場環境等」とは，物理的な職場環境（換気・照明・騒音・温度・湿度，作業レイアウトなど）のみならず，労働時間，仕事の量と質，職場の役割分担，職場の人間関係，職場風土などを含む。また，職場目標や方針に対する従業員の理解度が低いと不安傾向や疲労傾向が高いことが報告されている。さらに，組織風土も従業員のストレスやメンタルヘルスに影響を与える。たとえば，強制・命令が強く封建的であり，かつ合理的なマネジメントもなされていない風土の職場では，最も職務満足感が低く，精神健康度が低く，グループ間対人葛藤や役割葛藤が強く，上司の支援が低かったことが明らかにされている。代表的な職場・職務レベルのストレッサー（ストレスを引き起こす要因）としては，図表2−43が挙げられる。

【図表 2 −43】 職務レベル・職場集団レベルのストレッサー

原因となる項目	原　因　の　詳　細
作 業 内 容 及 び 方 法	① 仕事の負荷が大きすぎる。あるいは少なすぎる。 ② 長時間労働である。あるいはなかなか休憩がとれない。 ③ 仕事の役割や責任がはっきりしていない。 ④ 従業員の技術や技能が活用されていない。 ⑤ 繰り返しの多い単純作業ばかりである。 ⑥ 従業員に自由度や裁量権がほとんど与えられていない。
職　場　組　織	① 管理者・同僚からの支援や相互の交流がない。 ② 職場の意思決定に参加する機会がない。 ③ 昇進や将来の技術や知識の獲得について情報がない。
職場の物理化学的環境	① 重金属や有機溶剤などへの曝露。 ② 好ましくない換気，照明，騒音，温熱。 ③ 好ましくない作業レイアウトや人間工学的環境。

（出所）　川上憲人・原谷隆史「職場のストレス対策 第 2 回 職業性ストレスの健康影響」産業医学ジャーナル，
　　　　22，1999年，51頁。

b）事例性の把握

　たとえば，遅刻・早退・欠勤が増える，同僚との言い争いが目立つなど，業務遂行上支障となる（本人や周囲が困っている）具体的な事実のことを「事例性」と呼ぶ。ライン管理者が事例性を把握すること，言い換えれば，図表 2 −44に示すような部下の異変や「いつもとちがう」様子や仕事ぶりに気づくことが，早期発見につながる。

c）相談対応

　部下からの自発的な相談に，ライン管理者として対応する。まずは部下の話をよく聴いたうえで，適切な情報を提供し，必要に応じて社内の産業保健スタッフへの相談や社外の専門医への受診を促す。

d）職場復帰支援

　メンタルヘルス不調による休職者に対する職場復帰支援は，自社で定められた職場復帰支援プログラムのステップごとに，産業保健スタッフや人事労務管理スタッフと連携しながら行う。

【図表 2 −44】「いつもとちがう」様子や仕事ぶりの例

様　　子	仕事ぶり
服装・身だしなみが乱れる	遅刻・欠勤・早退などが通常でなくなる
眠そうな様子	高い事故発生率
やつれた表情	以前は正確にできた仕事にミスが目立つ
挨拶をしなくなる	ルーチンの仕事に手こずる
食事をとらなくなる	職務遂行レベルが良かったり悪かったりする
メニューを選べない	取引先や顧客から苦情が多い
雑談を避ける	同僚との言い争いや気分のムラが目立つ
昼寝・居眠りが増える	平均以上の仕事ができない

（出所）　大阪商工会議所編『メンタルヘルス・マネジメント検定試験〔Ⅱ種ラインケアコース〕〔第 3 版〕』中央
経済社，2013年，205-206頁。

❺人事労務部門主体の活動（組織全体のマネジメント）

a）方針の立案・表明と計画の作成

　ストレス，メンタルヘルス対策を実効あるものとするためには，経営者が全社的な方針を表明することが出発点である。人事労務部門は，その方針の立案と表明を補佐する。そのうえで，具体的な活動計画を作成する。

　企業組織レベルの組織特性と従業員のストレス反応とは相関するとされている。すなわち，組織としての健康管理体制が充実している，経営指針が従業員にはっきりと示されている，雇用調整やリストラ（人員削減）の心配がなく雇用が安定している，従業員の能力開発やキャリア形成に対する組織からの支援が充実している，従業員の評価や処遇が中長期的な時間軸で行われていると，ストレス反応が低いという関連性が見い出されている。

b）人事施策の再検討

　ストレス，メンタルヘルス対策の視点から，自社がすでに導入している人事施策の現状と問題点を把握し，必要に応じて改善を行う。また，未導入の人事施策の導入を検討する。

c）教育研修

　第一次予防を目的として，従業員やライン管理者に対して，ストレスやメンタルヘルスに関する基礎知識，ストレスへの気づき方や対処方法などを教育す

る。また，メンタルヘルス不調に対する誤解や偏見を減らすなどの意識啓蒙を行うことも大切である。

d）ストレスの把握と指導

産業保健スタッフが，質問紙調査や面談によって従業員のストレスを把握し，結果のフィードバックと指導を行う。

e）相談体制の確立

精神的困難やストレスを持つ従業員が利用しやすい相談経路を確立し，それを社内に周知する。

f）職場復帰支援

厚生労働省が示している「心の健康問題により休業した労働者の職場復帰支援の手引き」などを参考にしながら，自社の実態に即したかたちで，職場復帰支援プログラムやルールを策定する。

（2）ストレス，メンタルヘルスに関する基礎知識

❶ストレス発生のメカニズム

a）ストレスの概念

ストレスという言葉は日常的に用いられるが，正確には**ストレッサーとストレス反応**を分けてとらえる必要がある（図表 2 −45）。ストレッサーは原因側，ストレス反応は結果側であると理解するとよい。たとえば，「私にとって，来月の検定試験がストレスだ」といった場合，実はストレッサーのことを意味し

【図表 2 −45】ストレッサーとストレス反応

概　　念	定　　義
ストレッサー	個人にとって，心理的あるいは身体的な負担となるような出来事や要求のこと。「ストレス要因」ともいう
ストレス反応	ストレッサーによって引き起こされた心理的反応，身体的反応および行動的反応のこと
ス ト レ ス	「ストレッサー」と「ストレス反応」をあわせて，「ストレス」と総称する

【図表2−46】ストレス発生のメカニズム

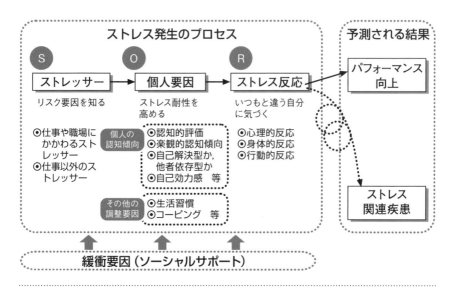

ている。また、「最近、仕事が忙しくてストレスが溜まる」という場合には、ストレス反応のことをさしている。

b）ストレス発生のプロセスと予測される結果

　それでは、私たちが仕事や日常生活でストレスを感じるのは、どのようなメカニズムによるものなのか。ここでは、図表2−46に示したS−O−Rの枠組み（S：刺激、O：生体、R：反応）にもとづいて説明する。

　何らかの「ストレッサー」（S）が生体（O）に加わると、心理面・身体面・行動面での「ストレス反応」（R）が起こる。このストレス反応の強さは、年齢や性別、認知傾向、生活習慣、コーピングの仕方など「個人要因」の影響を大きく受ける。また、上司や同僚、家族など周囲からの支援である「ソーシャルサポート」は、ストレス反応や疾病（ストレス関連疾患）の発生を防ぐ緩衝要因となる。そして、このようなストレス発生のプロセスを適切にコントロールすることができれば、仕事のパフォーマンス向上という効果が期待できる。しかし、それがうまくいかず、ストレッサーがいくつか重なったりストレス反応が長期にわたって持続したりした場合には、疾病に至ることもある。

❷ストレスに強くなるためのポイント

ストレス発生のメカニズムを理解することによって，以下に示すようなストレスに強くなるためのポイントが見えてくる。

a）自分の中で起こるストレス反応に気づく

ストレスを主体的にコントロールできるようになるためには，ストレッサーの影響に目を光らせるのと同時に，ストレッサーに直面したときに，今自分がどのように反応しているかという，自分の中で起こるストレス反応に対しても自覚的でいる必要がある。

ストレッサーによって引き起こされたストレス反応は，心理的反応，身体的反応，行動的反応の3つの側面に分けられる。

b）ストレス耐性を高める

あるストレッサーが，すべての個人に対してストレス反応を引き起こすとは限らない。何らかのストレッサーが加わったときに，どの程度まで心理的・身体的・行動的ストレス反応が生じることなく耐えられるかという「ストレス耐性」には個人差がある。したがって，ストレス耐性に影響を与える個人要因を把握できれば，ストレスに強くなるためのヒントを得ることができる。ここでは，個人要因の中でも代表的なものを紹介しておく。

①認知的評価：心理学的ストレス研究者のラザルス（Lazarus, R. S.）によれば，何らかの出来事や要求に直面した場合の認知的評価は，「無関係」「無害・肯定的」「ストレスフル」の3種類に区分される。このうち，「ストレスフル」と評価された場合のみがストレッサーとなる。このように，出来事や要求に対する認知の仕方が，ストレス反応に大きな影響を与える。

②楽観的認知傾向：米国の心理学者であるセリグマン（Seligman, M. E. P.）によれば，楽観的な認知傾向は無力感に陥るのを防ぐが，悲観的な認知傾向は無力感を拡大してしまう。無力感とは，「自分が何をしようと事態は変わらない，無駄だ」というあきらめの考えのことであるが，この無力感が低パフォーマンス，不健康，うつ病といった状態を引き起こすという。

③自己効力感：自己効力感（セルフ・エフィカシー）とは，ある行動を起こす前にその個人が感じる，「自分は，それをうまくできそうだ！」という遂行可能感のことである。この自己効力感が高い人は，物事をポジティブ

【図表2－47】 4種類のソーシャルサポート

分　　類	内　　容
情緒的サポート	「やる気」を起こさせ情緒的に安定させることが目的。声をかける，慰める，励ます，笑顔で対応するなど。
情報的サポート	問題解決に役立つ情報を与える。的確な指示や解決法を与える。専門家を紹介するなど。
道具的サポート	看病する，お金を貸す，仕事を手伝うなど，実際に手助けをするサポート。
評価的サポート	心理的な安定をもたらすために，仕事ぶりや業績などを適切に評価する。日頃のフィードバックや適切な人事考課など。

（出所）　大阪商工会議所編『メンタルヘルス・マネジメント検定試験公式テキスト〔Ⅱ種ラインケアコース〕〔第3版〕』中央経済社，2013年，161頁をもとに一部修正。

に考えることができ，失敗に対する不安を感じることなく積極的に行動できるとともに，身体的にも健康な状態にあり，心理的ストレス反応が低いといわれている。

④生活習慣：ストレス耐性に個人差が生じる要因として，生活習慣も挙げられる。たとえば，質の良い睡眠の確保，規則正しく栄養のバランスがとれた食事，定期的な運動などは，ストレスに負けない健康な身体をつくるための要因となる。

⑤コーピング：ストレッサーとそこから生起した情動を処理するために，内的・外的資源を有効に利用して行われる認知的努力および行動的努力のことを**コーピング**という。コーピングがうまくいけば，ストレス反応は生起しないか，たとえ生起したとしてもその程度は低くなる。逆にコーピングに失敗すると，慢性的なストレス反応が引き起こされることになる。

　コーピングは「問題焦点型コーピング」と「情動焦点型コーピング」の2つに大別される。問題焦点型コーピングとは，問題解決に向けて情報収集する，計画を立てる，具体的に行動するなどの，ストレッサーとなっている問題状況自体を解決しようとする具体的な努力をさす。また情動焦点型コーピングとは，生起した情動を除去したり低減したりするような努力を意味する。

ｃ）ソーシャルサポートを充実させる

　家族や友人，あるいは上司や同僚などの周囲からの支援を**ソーシャルサポート**（社会的支援）という。同じストレスフルな状況にさらされていても，ソーシャルサポートを十分に得ている人はストレス反応が和らぐ。それに対して，ソーシャルサポートが不十分な人は，ストレス反応の悪化を進行させてしまいがちである。ソーシャルサポートは，**図表2−47**のように4種類に分類することができる。

 # 4 労使関係と労働組合

（1）労使関係と法的枠組み

❶労使関係とは

　労使関係とは，使用者と労働者の間に存在する利害対立を調整したり解消したりする過程のことである。労使関係には，使用者と個々の労働者との関係を示す**個別的労使関係**と，使用者と労働組合などとの関係を示す**集団的労使関係**がある。

　企業の人的資源管理に関するさまざまな制度は，使用者（経営者）だけで自由に設計し運用できるわけではなく，労使関係によって規制を受ける。たとえば賃金水準は，労働組合がある企業では，労働組合との団体交渉や労使協議を通じて決定される。

❷労働三権と労使関係法令

　日本国憲法第28条では，「勤労者の団結する権利及び団体交渉その他の団体行動をする権利は，これを保障する」と定め，労働者が団結を通じて，自らの雇用と生活条件の維持向上を図ることが保障されている。この第28条が規定する団結権，団体交渉権，団体行動権を総称して**労働三権**という（図表2−48）。

【図表 2 −48】 労働三権

権　利	内　　容
団　結　権	労働者が自ら希望する労働組合を結成し，これに参加する権利
団体交渉権	労働者が労働組合を通して，使用者または使用者団体と交渉する権利
団体行動権	労働者が要求を実現するために，争議行為に訴え，就労しないことにより使用者に対抗する権利

【図表 2 −49】 不当労働行為

行　　為	内　　容
不 利 益 取 扱 い	労働者が労働組合の組合員であることや，労働組合の正当な行為をしたことなどを理由に，その労働者を解雇したり，その他の不利益な取扱いをしたりすること
黄犬(おうけん)契約	労働者が労働組合に加入しないこと，もしくは労働組合から脱退することを雇用の条件にすること
団 体 交 渉 の 拒 否	正当な理由がなく団体交渉を拒否すること。したがって，使用者には団体交渉応諾義務が生じる
支配介入・経費援助	労働組合の結成・運営に対する支配介入や経費援助。ただし，最小限の広さの組合事務所の供与などは，経費援助にあたらないとされている

　そして，労働三権に対応する法律が労使関係法令であり，「労働組合法」と「労働関係調整法」がその中心である。集団的労使関係の核となる法律が「労働組合法」である。この法律によって，労働組合を結成する際に，いかなる許認可も届出も必要とされない（自由設立主義）。また，労働組合による正当な争議行為は，刑事処罰の対象とされず（刑事免責），損害賠償を請求されることもない（民事免責）。そして労働組合法では，使用者による図表 2 −49のような行為は，**不当労働行為**として禁止されている。

　「労働組合法」を補完し，争議行為の一部制限や労使間の集団的紛争の調整手続きを定めた法律が，「労働関係調整法」である。この法律では，労働争議

が紛糾した場合，労働委員会による調整手続としてあっせん，調停，仲裁という３つの方法が規定されている。労働委員会とは，労働争議の調整や不当労働行為の審査などを行う行政委員会であり，公益委員・使用者委員・労働者委員の三者から構成される。また，争議行為を制限・禁止するものとして，たとえば，安全保全施設の正常な維持・運行を妨げる争議行為の禁止などが規定されている。

（２）労働組合の機能と組織形態

❶労働組合の目的と機能

a）労働組合の目的と要件

労働組合とは，「労働者が主体となって自主的に労働条件の維持改善その他経済的地位の向上を図ることを主たる目的として組織する団体又はその連合団体」をいう（労働組合法第２条）。つまり，労働組合を結成する目的は，労働条件を維持改善したり，その他の経済的地位の向上をめざしたりすることにある。

そして，この第２条で規定されている主体性・自主性・目的性・団体性を労働組合の４要件といい，この４要件を満たしていない組織は労働組合として認められず，労働組合法に定められた保護を受けることはできない。

①主体性：組織の主体が労働者である。

②自主性：労働者が自主的に組織し，会社から組織的に独立している。

③目的性：組織の主目的が，労働条件の維持改善など経済的地位の向上にある。政治運動や共済事業が主目的でない。

④団体性：規約や役員など，団体としての体裁を整えている。

b）労働組合の機能

労働組合の具体的な機能には，要求機能・監視機能・共済機能という３つの機能があるとされる。

①要求機能：労働組合の基本的機能としての要求は，所定の目的を実現するために方針としてまとめられる。それぞれの労働組合の闘争方針の中核となるものを設定し，団体交渉の場面でその実現のための協議・話し合いを行う。

②監視機能：労働組合は経営状況とその推移について関心を持ち，実態を把握しておかなければならない。そのことを通じて，社会的観点，労働者の観点から監視していく。もし社会的正義，労働者権利に背反するような事態には，監視的機能を発揮し，いわゆる労働組合としての社会的責任を遂行していく。

③共済機能：労働者の生活安定は，労働組合の経済的要求と呼応した必要要件である。経済情勢の変動する中で，労働者が相互に協力して共済機関を設立する，あるいは福祉充実のための活動を推進するなどの動きは，重要な機能となっている。

❷労働組合の組織形態

a）3つの組織形態

労働組合の最も基本となる組織は，単位組合（略して，単組）である。単位組合は，使用者との交渉，組織内の意思決定，組合費の管理などの権限を有している。この単位組合の組織形態の主なものとしては，①職業別組合，②産業別組合，③企業別組合の3つがある。

①職業別組合：所属する産業や雇用される企業を問わず，同一職業・同一職種の熟練工を組合員とする労働組合である。労働組合の原初的形態とされる職業別組合の目的は，その交渉力を背景に組合員の労働条件の維持・改善を図ろうとする点にある。

②産業別組合：熟練度や職種の違いを問わず，同一産業に属する労働者を組合員とする労働組合である。20世紀における機械化された大量生産方式の発達に伴って増加した半熟練・不熟練労働者を組織化する必要性から誕生した。今日の欧米諸国における最も代表的な組織形態である。

産業別組合の要求・交渉方式は，その強大な組織力を背景として，個別企業の経営状況や労働事情にかかわらず，産業レベルでの統一要求・交渉の形態をとる。そして，要求・交渉によって妥結した内容は，同一条件で組合員に適用される。

③企業別組合：熟練度や職種の違いを問わず，特定の企業または事業所ごとに，その企業の正社員を中心に組織化する労働組合である。後述するよう

に，日本の労働組合においては支配的な組織形態である。

企業別組合の特徴としては，以下の点が挙げられる。

a．一般社員によって構成される労働者の組合である

b．同一企業に従事する労働者であり，その職種の区分なく全職種にわたるものである

c．組合員資格が当該組合が組織された企業の正社員であることから，組合役員は当該企業の社員から選出される形態となっている

d．在籍する企業の社員資格を有しながら組合役員の活動を継続する事例が多い

e．当該企業の経営状況，業績内容などについて理解していることから，要求・交渉時において協力的側面をとることがある

f．日常活動として労使間でコミュニケーションを重視する取り組みを進め，定期的な労使協議制の運営で成果をあげている

b）労働組合の組織レベル

以上のような組織形態をとる単位組合を中心にして，労働組合は図表2−50のように，国レベル−産業（または職業）レベル−企業レベルという3層構造で組織化されている。

【図表2−50】労働組合の組織レベル

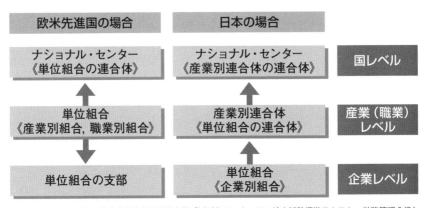

（出所）今野浩一郎著，中央職業能力開発協会編『ビジネス・キャリア検定試験標準テキスト　労務管理3級』中央職業能力開発協会，2007年，145頁。

　欧米先進国の場合，産業（職業）レベルの産業別組合もしくは職業別組合が単位組合となっており，それらの単位組合を構成員とする連合体（**ナショナル・センター**）が国レベルでつくられ，企業レベルには単位組合の支部が設置されるという構造をとっている。

　それに対して日本の場合は，企業レベルの企業別組合が単位組合となっており，それらの連合体として産業別連合体が産業レベルでつくられ，さらに国レベルでは，産業別連合体を構成員とする連合体としてナショナル・センターがつくられている。

（3）団体交渉，労使協議制と労使紛争

❶団体交渉

a）団体交渉とは

　団体交渉とは，労働者が自ら選んだ代表者（労働組合）を通して，雇用や労働条件に関して，使用者ないし使用者団体と交渉することをいう。一般的に考えて，経済的優位に立つ使用者との間で労働者個人が個別交渉を行っても，対等な立場で交渉できる見込みは少ない。そこで，このような不利な状況を克服するために団体交渉を行うわけである。

　図表2－48でみたように，わが国では，憲法第28条によって労働三権の1つとして団体交渉権が認められている。また，労働組合法第7条では，使用者が正当な理由がなく団体交渉を拒否することを不当労働行為として禁止している。したがって，使用者には団体交渉応諾義務が生じる。しかし，労働組合の要求をそのまま受け入れる義務は使用者にはなく，団体交渉の決裂は団体交渉の拒否にはあたらない。

b）団体交渉の形態と交渉事項

　わが国の団体交渉の形態は，企業別交渉が基本である。つまり，個々の企業の使用者（経営者）と企業別組合が自治権を持って，産業別連合体など上部団体からの参加者がいない中で排他的に行われる点が特徴である。

　団体交渉における交渉事項は一般的には，労働者の雇用・労働条件や労使関係に関する事項で，使用者が対処可能なものと解される。具体的な交渉事項は個々の労使が決める。

❷労使協議制

a）労使協議制とは

労使協議制とは，労働者の代表と使用者が，企業経営上の諸問題，とりわけ労働者の雇用，労働条件や生活上の利害関係に影響する諸問題について，情報や意見を交換するしくみである。労働組合がなくても労使協議制を設置することは可能である。

図表2−51は労働組合の存在を前提とする団体交渉と労使協議制との共通点・相違点である。団体交渉が法的に保障された団体交渉権を基盤としているのに対して，労使協議制の設置を定めた法律の規定はなく，労使間の合意によって設置され運用される。

b）労使協議制の付議事項

労使協議機関の場において話し合われる事項としては，雇用・人事に関する事項，労働時間に関する事項，安全衛生に関する事項，賃金に関する事項などがある。

つまり，団体交渉と重複する事項に加えて，安全衛生，経営方針，福利厚生，教育訓練など，団体交渉にはなじまないが労働者の雇用や生活諸条件に大きな影響を及ぼす事項についても幅広く話し合われている。

【図表2−51】団体交渉と労使協議制

	団 体 交 渉	労 使 協 議 制
共通点	労使間のコミュニケーションをはかるための制度である	
相違点	◉労使間の臨時的なコミュニケーション機関である ◉法的に保障された団体交渉権による労使の権利・義務関係に基礎を置く ◉使用者側に団体交渉応諾義務が生じる ◉合意に至らない場合には，争議行為に入る可能性がある	◉労使間の常設的なコミュニケーション機関である ◉法律の規定によるものではなく，労使間の合意にもとづいて運用される ◉使用者側に労使協議応諾義務は生じない ◉意見の一致がみられなくとも，争議行為には訴えない

❸労使紛争

a）個別労働紛争の増加

　労使間の紛争には，労働組合などと使用者との間の集団的労使紛争と，労働者個人と使用者との間の個別労働紛争とがある。そして，**労働争議**という用語は広義には両者を含むが，通常は集団的労使紛争のことを指している。

　近年の日本では，労働争議すなわち集団的労使紛争が減少している一方で，個別労働紛争が増加している。個別労働紛争に関する民事上の相談内容としては，解雇，労働条件の引き下げ，いじめ・嫌がらせ，退職勧奨，出向・配置転換，セクシュアルハラスメントなどが多い。その背景としては，不況に伴う企業倒産や解雇などをめぐるトラブルの増加や，労働者個々人の働きぶりで処遇が決まる成果主義的賃金制度に象徴される人的資源管理の個別化の進行，さらにパートなど非正規雇用の増大などが挙げられよう。

b）個別労働紛争の解決

　このような個別労働紛争の発生を減らしたり未然に防いだりすることは，今後，人的資源管理上の大きな課題の１つとなるであろう。企業内での対応をはかる場合には，労使で構成する苦情処理機関を設置することも解決策の１つである。たとえば，上司による人事考課の結果に納得できないような場合に，こうした苦情処理機関が受け皿となる。

　また，企業外の紛争解決制度としては，都道府県労働局が行う**個別労働紛争解決制度**と**労働審判制度**がある。前者は，2001年に成立した「個別労働紛争解決促進法」にもとづくものであり，労働局による総合労働相談制度，労働局長による助言・指導，紛争調整委員会によるあっせんという３つから構成されている。紛争調整委員会によるあっせんは，裁判に比べて手続が迅速かつ簡便であり，無償であることに特徴がある。後者の労働審判制度は，地方裁判所において，３回の審理による調停をめざすものである。

| 参考文献 |────────────────────────────────

今井保次「健康な職場の実現」日本労働研究雑誌，520，2003年，58-69頁。

今野浩一郎『勝ちぬく賃金改革』日本経済新聞出版社，1998年。

今野浩一郎・佐藤博樹『人事管理入門〔第2版〕』，日本経済新聞出版社，2009年。

今野浩一郎著，中央職業能力開発協会編『ビジネス・キャリア検定試験標準テキスト　労務管理3級』中央職業能力開発協会，2007年。

今野浩一郎監修，中央職業能力開発協会編『ビジネス・キャリア検定試験標準テキスト　労務管理2級』中央職業能力開発協会，2007年。

大阪商工会議所編『メンタルヘルス・マネジメント検定試験公式テキスト〔Ⅱ種ラインケアコース〕〔第3版〕』中央経済社，2013年。

小倉一哉「日本の長時間労働─国際比較と研究課題」『日本労働研究雑誌』労働政策研究・研修機構，2008年，4-16頁。

加藤讓治・小池伴緒『生産性と労使関係』日本生産性本部，1974年。

厚生労働省「労働組合基礎調査」各年版。

厚生労働省「労働者の心の健康の保持増進のための指針」2006年。

財団法人シニアプラン開発機構『日本型カフェテリアプランの実際』ぎょうせい，1996年。

財団法人社会経済生産性本部メンタル・ヘルス研究所『産業人メンタルヘルス白書2008年版』財団法人社会経済生産性本部，2008年。

笹島芳雄『賃金』日本労働研究機構，2001年。

新谷勝『新しい従業員持株制度』税務経理協会，2008年。

鈴木不二一「労使関係管理」，今野浩一郎監修，中央職業能力開発協会編『ビジネス・キャリア検定試験標準テキスト　労務管理2級』中央職業能力開発協会，2007年，191-312頁。

髙橋修・松本桂樹『活き活きとした職場をつくるメンタルヘルス・マネジメント』産業能率大学出版部，2007年。

髙橋修・大谷光彦・森田一寿「民間企業の職場環境と従業員のストレス反応との関連性」『産業・組織心理学会第24回大会発表論文集』2008年，33-36頁。

都留康・久保克行・阿部正浩『日本企業の人事改革─人事データによる成果主義の検証』東洋経済新報社，2005年。

東狐貴一「1997〜2016年「日本的雇用・人事の変容に関する調査」にみる日本企業の人事制度の変化と今後の展望」『労政時報』第3936号，2017年，46-63頁。

野村総合研究所研究創発センター編『トータル・コンペンセーション』野村総合研究所，1998年。

服部治・谷内篤博編『人的資源管理要論』晃洋書房，2000年。

平野文彦編『人的資源管理論』税務経理協会，2000年。

福井里江・原谷隆史・外島裕・島悟ほか「職場の組織風土の測定─組織風土尺度12項目版（OCS-12）の信頼性と妥当性」産業衛生学雑誌，46，2004年，213-222頁。

正亀芳造「労使関係」奥林康司編著『入門人的資源管理〔第2版〕』中央経済社，2010年，196-211頁。

森五郎監修，岩出博著『Lecture 人事労務管理』泉文堂，2007年。

森五郎編『労務管理論』有斐閣，1994年。

谷内篤博『日本的雇用システムの特質と変容』泉文堂，2008年。

労務行政研究所編『職務基準の人事制度』労務行政，2017年。

Sauter, S. L., Lim, S. Y., & Murphy, L. R., Organizational Health : A New Paradigm for Occupational Stress Research at NIOSH, 産業精神保健, 4(4), 1996年, pp. 248-254。

第 4 章

人と組織に関する
マネジメント理論

ポイント

●20世紀初頭に生まれた伝統的管理論（科学的管理法や管理過程論）は，その後，人間関係論や近代的管理論へと受け継がれていったが，現在でも製造現場やマネジメントに活かされている。

●1960年代〜70年代にかけて多くの研究成果が得られたモチベーション理論は実践的な成果を残しており，管理者研修などで必ず取り入れられるテーマとなっている。

●環境変化の激しい現在においては，とくに変革力のあるリーダーの存在が注目されており，リーダーシップ論が注目されている。

▌ キーワード ▌

科学的管理法，管理過程論，管理原則，ホーソン実験，
人間関係論，インフォーマル組織，欲求階層理論，
Ｘ理論／Ｙ理論，動機づけ／衛生要因理論，
モチベーションの期待理論，マネジリアル・グリッド，
SL 理論，リーダーシップのコンティンジェンシー理論

1 伝統的な管理論

20世紀初頭に，現在のマネジメント理論の基礎となり，実務でも活かされている実践的な管理論が生まれた。ここではテイラーの**科学的管理法**と，ファヨールの管理過程論を取り上げる。

（1）テイラーの科学的管理法

❶テイラーの生い立ちと職歴

1911年に『科学的管理の原理』を著し，「科学的管理法の父」と呼ばれるように，経営管理論の礎を築いた人物が**テイラー**（Taylor, F.W.）である。

1856年に米国東部のフィラデルフィアに生まれ，敬虔なクエーカー教徒である父母のもと，勤勉さをよしとする家庭環境で育ったテイラーは，米国だけでなく，フランスやドイツなど海外でも教育を受けたが，眼を悪くしてハーバード大学への進学を断念した。そして，日給で働く現場の作業者からキャリアをスタートし，20歳代半ばで現場監督者である職長となった。一方で，工学修士の学位を得るなど研究にも熱心で，製造機械や作業工程の改善のほかに多くの特許を取得し，後にコンサルタントとして活躍した。

❷組織的怠業と成り行き管理

テイラーが工場で職長をしていた当時，製造現場では**組織的怠業**が蔓延していた。同時に，管理面では，個々の監督者や作業者の勘と経験に頼る**成り行き管理**が行われていた。

また，賃金面では，作業の出来高に応じて賃金を支払う単純出来高払い制が採用されていたが，監督者が1日の公正な仕事量を把握しておらず，出来高払いの根拠となる賃率の基準が定まっていなかった。そのため，生産性が上がって生産量が増えると賃金も生産量に比例して上がってしまうことになる。そこで，監督者はたびたび賃率の切り下げを行って賃金総額を抑えようとしたこと

から，労働者の賃金に対する不満が組織的怠業の原因の1つとなっていた。

❸時間研究と動作研究

テイラーはまず，労働者が1日に達成すべき標準作業量である**課業**を算定しようと試みた。そのために，時間研究と動作研究を行った。

a）時間研究

時間研究とは，現在の現場改善活動でも行われている手法で，ストップウォッチを用いて，作業に必要な標準時間を測定することである。テイラーによる時間研究では，「最善の方法」と「最適な道具」を用いて標準作業時間が求められた。

そして，「一流の労働者」が健康を損なうことなしに継続して行うことのできる作業スピードを基準として，標準作業量となる「課業」を導き出した。ここで「一流の労働者」とは，「人並み外れた高い能力の持ち主」という意味ではなく，「作業に対する適性と意欲を備えた労働者」という意味である。テイラーは，管理者が果たすべき重要な職務の1つは，作業者個々の適性にあった仕事を見つけて，「一流の労働者」になるよう動機づけたり，支援をしたりすることである，と考えていた。

b）動作研究

動作研究も時間研究と同様に，現在の現場改善活動でも用いられている手法であり，個々の作業を細かな動作に分解し，無駄な動作を省いたり，別の動作に置き換えたりすることによって，効率的な作業方法を探求することである。

❹テイラーが考案した管理制度

a）差別出来高払い制度（賃率を異にする出来高払い制度）

テイラーは，従来の単純出来高払い制度に代えて，**差別出来高払い制度**を採用した。これは，課業を達成できた労働者には高い賃率を適用し，課業が達成できなかった労働者には低い賃率を適用する制度である。

b）計画部の制度

テイラーは，時間研究や課業の設定など，科学的分析や計画立案の仕事を**計画部**という部門に集中させた。そのねらいは，計画部の持つ「計画機能」と，

作業に携わる現場の労働者の果たす「執行機能」を明確に分離することにあった。当時の工場労働者の多くは未熟練工であり，計画機能と執行機能を分離することが，生産効率を向上させるには望ましい方法であると考えられた。

その一方で，現場監督者として経験が豊富であったテイラーは，現場の労働者であっても，単に流れ作業を行うだけでなく，生産性の向上に役立つアイデアを持っていることは承知していた。そこで，作業者の意見や提案に耳を傾け，実際に効果があるかどうかを試し，実際に効果があれば，提案した労働者には報酬を与えるべきである，と考えていた。

c）職能的職長制度

テイラーは，工場管理の面では，従来の万能的職長制度に代えて，職長の仕事を専門化させた**職能的職長制度**を提唱した。万能的職長制度は，1人の現場監督者（職長）が多数の労働者に対して指示・命令を出す，当時主流だった管理体制である（図表2-52）。

テイラーは，計画機能と執行機能をそれぞれ4つに細分化し，それぞれの係に専門性の高い職長を配置した。計画機能は，順序や手順を決める係，指図票を作成する係，時間や原価を算出する係，工場訓練をする係に分けられた。一方の執行職能は準備係，速度係，検査係，修繕係に細分化された。そして，各々の職能に職長を置いた。

1人の職長が必ず1つの職能だけを担当するとは限らないが，職能が専門化されたことによって職長の負担は軽減されただけでなく，職長の養成や確保が

【図表2-52】テイラーの科学的管理法における諸制度

	従来の管理体制	テイラーの科学的管理法
製造現場の管理	勘や経験に頼った成り行き管理	科学的算定による課業の設定 時間研究や動作研究
賃金	単純出来高払い	差別出来高払い制度
組織	計画機能と執行機能が混在	独立した計画部の設置 （計画機能と執行機能の分離）
工場の管理体制	万能的職長制度 （なんでもこなせる職長）	職能別職長制度 （専門性の高い職長）

容易になった。しかし，専門領域があまりに細分化されたため，結局は現場で発生するさまざまな問題に対応できるような管理者の育成ができず，この職能的職長制度はあまり普及しなかったという。

d）テイラーの科学的管理法と現代のマネジメント

20世紀初頭に科学的管理法を生み出し，米国経営学のルーツともいえるテイラーの考え方は，現在でも工場や事務作業におけるマネジメントにおいて，次のようなかたちで活かされている。

①時間研究や動作研究などの分析手法は，現在のVE（value engineering），VA（value analysis）と呼ばれる改善手法に継承されている。VEとは企画開発段階において製品の機能に見合ったコストダウンを図る活動のこと，VAとは量産段階にある製品について品質を損なわない範囲でコストダウンを図る活動のことである。

②職能的職長制度の基礎となる職能の専門化という考え方は，ライン・アンド・スタッフ組織におけるスタッフ部門の役割に活かされている。

③科学的管理法は，単純化（simplification），標準化（standardization），専門化（specialization）という改善手法を基本とするが，これらの要素は現在でも**合理化の3S**と呼ばれ，生産工程や事務作業の改善などで用いられている。

④テイラーは，基本的には労使協調による改善や現場への権限移譲を唱えていたが，これは現在の**小集団活動**や**KAIZEN活動**に受け継がれている。

（2）ファヨールの管理過程論

ファヨール自身が自ら**管理過程論**を主張したわけでなく，後に彼の考え方やそれを発展させた人たちの考え方がまとめて管理過程論と呼ばれるようになった。

❶ファヨールの考え方とアプローチ

テイラーと同時代に，別々の場所で経営管理の基本的な考え方をまとめた人物が**ファヨール**である。彼は1841年，コンスタンチノープル（現トルコのイスタンブール）に生まれたが，フランス中部出身で製鉄所の技師を勤めていた父

を持つ。ファヨール自身は当時花形産業であった鉱山の技師となり，その後，1888年からは約30年間，専門経営者として活躍し，多角化経営を進めて優良企業を築き上げた。彼は，長年にわたる経営者としての経験を理論化して『産業ならびに一般の管理』（1916年）を著した。「近代経営論の真の父」や「管理原則の父」と呼ばれ，後の管理過程論や管理原則論の先駆者とされる。

❷ファヨールと経営管理

a）経営にとって不可欠な活動

ファヨールは，企業はさまざまな活動が有機的につながっている組織体であると考え，企業経営に不可欠な活動として，次の6つを挙げている。

① 技術活動（生産，加工）

② 商業活動（購買，販売，交換）

③ 財務活動（資本の調達と最適な使用）

④ 保全活動（財産と従業員の保護）

⑤ 会計活動（財産目録，貸借対照表，原価，統計など）

⑥ 管理活動（計画化，組織化，命令，調整，統制）

これらの中で，ファヨール自身は①〜⑤の業務的な活動と，⑥管理活動を明確に区別していた。

b）管理原則

企業などの組織を運営していくには，組織を束ねて目的を遂行するための**管理原則**が必要とされる。ファヨールが自らの経験を通して，代表的な管理原則として，以下の14の項目を挙げている。

① 分　業：労働の専門化によって能率向上を図ること

② 権限・責任：上司は命令する権限を有するが，同時に権限行使に伴う責任を担うこと

③ 規　律：企業と従業員の協約を尊重しながら規律を確保すること

④ 命令の一元性：部下はただ1人の上司から命令を受けること

⑤ 指揮の一元性：個々の活動についての指揮者と計画は1つだけであること

⑥ 個人的利益の全体的利益への従属：企業全体の利益を優先させること

⑦報　酬：公正で労働意欲を高めるだけの労働の対価を支払うこと

⑧集権化：分権化と集権化という相反する原理をどの程度行うかは，企業環境や上司と部下の関係における程度問題であること

⑨階層組織：命令の一元性を尊重しながらも，組織全体として迅速な伝達を確保するために「架橋」が用いられること（図表2－53参照）

⑩秩　序：物的秩序（設備の設置場所など）と人的秩序（人材の配置）は適材適所で行うこと

⑪公　正：従業員に対する思いやりを持って公正に物事を行うことで，公正さが実現すること

⑫従業員の安定：仕事に慣れるまでは異動は行わず，従業員としての地位を安定させること

⑬創　意：自ら考えて実行に移すことを奨励すること

⑭団結心：過度の分業に陥ることなく，組織としての一体感を持つために，従業員の分裂や文書の濫用を避けること

c）階層組織と架橋

　上記に挙げたファヨールの管理原則のうち，⑨に登場する**架橋**とは，2つ以上の指揮系統を持つ組織における，同じ階層どうしのコミュニケーションを意味している（図表2－53）。

　たとえば，Eという階層にいる人が別の部署で同じ階層にいるeとの間で何

【図表2－53】ファヨールの考えた「架橋」の役割

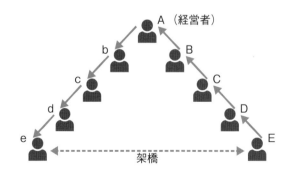

かを決めることになったとする。もしも，管理原則の1つである「命令の一元性」に忠実に従うとすれば，E→D→C→B→A（経営者）→b→c→d→eのようなルートをたどることになり，Eからeへの情報伝達が遅れてしまい，しかも，途中で情報がゆがめられてしまう可能性もある。

そこで，2つの組織階層の中で同じような階層にある者どうしがコミュニケーションをとることによって（架橋の役割），迅速な意思決定を行い，業務を円滑に進めることができるようになる。

❸現代の管理原則と管理者教育の重要性

ファヨールが示した管理原則は，その後，いくつかの要素に集約されていった。現在，一般的に管理原則として考えられている要素は，**①指揮・命令の一元性**，**②専門化**，**③統制範囲の限界**，**④権限・責任の一致**である（4つ目は権限委譲とされることもある）。これらの管理原則のうち，③統制範囲の限界の原則は，英語をそのまま使って「スパン・オブ・コントロール」とか「監督範囲適正化の原則」とも呼ばれる。

ファヨールが管理原則を一般化したことは，管理能力が個人の資質によるものと考えられていた時代には，画期的なことであった。そして，ファヨールは，一定の方法を用いて管理者になる人材を教育する「管理者教育」の重要性を強調した。

❹管理過程論（管理の諸要素）

ファヨール自身は，現在のマネジメントで用いる「管理過程」とか「マネジメント・プロセス」という表現は用いていないが，「管理の諸要素」として，管理活動を担う5つの要素を挙げた。

①計画化：将来のことを探究し，活動計画を作成すること
②組織化：企業における物的および社会的な二重の構造を形成すること
③命　令：従業員を機能させること
④調　整：すべての活動・努力を結合・統一化し調和させること
⑤統　制：すべての事柄が確立された規準や与えられた命令に従って行われるように監視すること

ファヨールによって示された管理職能の分析や管理プロセスの定型化，管理原則の明確化などのアプローチは，「管理過程論」として継承され発展していった（図表2−54）。この管理過程を重視する考え方は，現在のマネジメント・プロセスに通じるものがある（第1部第1章第4節参照）。

【図表2−54】ファヨールの管理過程論（まとめ）

6つの企業活動	14の原則
①技術活動（生産，加工） ②商業活動（購買，販売，交換） ③財務活動（資本の調達と最適な使用） ④保全活動（財産と従業員の保護） ⑤会計活動（財産目録，貸借対照表，原価，統計など） ⑥管理活動（計画化，組織化，命令，調整，統制）	①分　業 ②権限・責任 ③規　律 ④命令の一元性 ⑤指揮の一元性 ⑥個人的利益の全体的利益への従属 ⑦報　酬 ⑧集権化 ⑨階層組織 ⑩秩　序 ⑪公　正 ⑫従業員の安定 ⑬創　意 ⑭団結心
管理過程	
①計画化 ②組織化 ③命　令 ④調　整 ⑤統　制	

ホーソン実験と人間関係論

（1）ホーソン実験

❶ホーソン実験とは

　ホーソン実験は，1924年から1932年という長期間にわたって，米国ウエスタン・エレクトリック社のホーソン工場で行われた大規模な調査・実験の総称である。当初の目的は，作業条件などの労働環境が労働者の作業能率にどれだけ影響するかを明らかにすることであったが，後に，作業条件などの物理的条件よりも，人間関係など当初は想定していなかった要因の影響が大きいことが判明する。

❷ホーソン実験とその成果

　ホーソン実験はいくつもの実験から成っているが，主な実験は以下のとおりであり，実験のたびに経営管理にかかわる新しい発見があった。

a）照明実験

　ホーソン工場において最初に行われた実験は，照明の明るさと個人の作業能率の関係を調べることであった。作業者を，一定の照明のもとで作業を行うグループと，照明を変えるグループに分け，互いの作業能率を比較したが，当初の予想に反して，照明と作業能率の間に明確な相関関係は認められなかった。

　そこで，照明のような作業条件が生産性に影響を与えるという科学的管理法の考え方に疑問が投げかけられた。そして，メイヨー（Mayor, G. E.）やレスリスバーガー（Roethlisberger, F. J.）などハーバード大学の研究者が実験に参加して，「何が生産性に影響を与えるのか？」を明らかにしようとした。

b）継電器組立実験

　継電器（リレー）を組み立てる工程において，6人の女子工員を対象に，賃金の支払い方法，休憩時間，軽食の支給，部屋の温度・湿度など，いくつかの

作業条件を変えて，作業能率への影響を調べた。

　すると，作業条件の改善に伴って生産性は向上したが，作業条件を元に戻しても生産性が低下することはなかった。そのため，先に行われた照明実験と同じように，作業条件と作業能率には明確な相関関係が見い出せなかった。結局，生産性が向上した原因は，次のように分析された。

- 実験対象となった工員は，熟練工など選抜されたメンバーであり，自分たちが選ばれたことにプライドを持って作業をした
- 6人の工員は皆，友人たちであり，仲間意識が強かった
- 工員たちは最初から実験の目的を知らされており，作業の成果が評価されることも知っていた
- ハーバード大学という権威ある大学の調査に協力できるということ自体に誇りを感じていた

　つまり，生産性が向上した原因は作業条件の改善などではなく，仕事への自負，責任感，人間関係（友情），選ばれた集団としての士気（モラール）などであり，そのため，後で作業条件を悪化させても生産性が下がらなかったのだと結論づけられた。

c）面接実験

　職場における監督方法の改善を目的として，2万人を超える従業員に対する面接が行われた。監督者と従業員の面接は自由な雰囲気で行われ，従業員は不平や不満を正直に話すことで自分自身の課題を認識できたという。また，監督者は従業員の考えを知ることができ，リーダーとしての良い訓練を積むことができた。つまり，大規模な面接を実施したこと自体が生産性を向上させることとなった。

　面接実験では，従業員の行動が人間としての感情の影響を大きく受けることが明らかにされた。また，従業員の職務態度を理解するには，彼らを集団的・社会的な存在としてとらえなければならない，ということが明確になった。

d）バンク配線作業観察

　面接調査によって明らかになった，集団内の人間関係をより具体的に調べるために行われたのが，バンク配線作業観察である。

14人の男子従業員が観察対象となり，作業者同士の人間関係が詳細に調査された。この職場では，出来高払い賃金制度が導入されていたため，働けば働くほど賃金が上がるはずであったが，生産高は低迷していた。

調査の結果，「仕事を頑張りすぎるな」「仕事を怠けすぎるな」「上司に告げ口をするな」「偉そうに振る舞うな」といった仲間組織内の暗黙のルールが生産性を抑えていることがわかった。つまり，組織集団には職務遂行上の公式組織だけではなく，個人の関係性などから自然に形成される非公式組織（**インフォーマル組織**）が存在し，これが生産性に影響していることが明らかになった（図表2－55）。

【図表2－55】ホーソン実験とその成果

実験名	実験の成果（わかったこと）
照明実験	• 照明の明暗という単純な作業条件は，労働者の作業能率に影響しない
継電器組立実験	• 仕事への自負，責任感，人間関係などが集団としての士気（モラール）を高める • 労働条件が悪化しても上記の要件が確保されていれば，生産性は下がらない
面接実験	• 従業員の行動は人間としての感情の影響を大きく受ける • 従業員の態度を理解するには，集団的・社会的なアプローチが必要である
バンク配線作業観察	• 仲間集団のような非公式組織（インフォーマル組織）が生産性に影響する

（2）人間関係論

❶ホーソン実験の意義

ホーソン実験が行われる以前は，物理的な作業条件，人材の適性，配置などが生産性に与える影響が，現場マネジメントの中心課題であった。そして，分析の対象は作業者個人であった。

しかし，ホーソン実験をきっかけとして，マネジメント研究は集団や組織を

対象とするアプローチに転換していった。また，従来は合理的な判断をする人間観や職務上の公式組織を前提として管理方法が議論されていたが，ホーソン実験以降は，感情を持つ人間観や職場におけるインフォーマル組織の存在にも着目されるようになった。

❷科学的管理法と人間関係論

ホーソン実験が行われるまでに主流であった科学的管理法は，人間が合理的に行動し，打算的な存在であるという**経済人仮説**に立っていた。しかし，ホーソン実験の結果，人間は職務遂行においても感情に左右され，連帯感をもって行動し，インフォーマルな組織の影響を受けるという**社会人仮説**が注目されるようになった。こうしたアプローチを**人間関係論**と呼ぶが，科学的管理法と人間関係論の特徴をまとめると図表2－56のようになる。

人間関係論は社会心理学者，社会学者，人類学者などの参画を得て発展し，現在の人事施策にもつながるような，提案制度，従業員意識調査（モラールサーベイ），人事相談制度，苦情処理制度などを生み出した。

【図表2－56】科学的管理法と人間関係論の比較

	科学的管理法	人間関係論
理論の前提となる人間に対する考え方（人間観）	・合理的 ・打算的 （経済人仮説）	・感情的 ・連帯的 （社会人仮説）
労働者の動機づけとなる要因	賃金など経済的インセンティブ	仲間との協調などのモラール
組織のとらえ方	職務上の公式組織	非公式組織 （インフォーマル組織）

❸人間関係論に対する批判

ホーソン実験をきっかけとして，従来の科学的管理法にはなかった新たな視点を提供した人間関係論であったが，以下のような批判も受けた。

①人間行動における非論理的・感情的な側面を強調しすぎている

②「労働者が満足していること」と「生産性が高い」が同じであるという前提が誤っている

③人間関係論にもとづいて開発された経営手法は，経営者が労働者を操縦するためのものである

このような批判は，その後の近代的管理論や行動科学的管理論に昇華されていく。

 # 3 近代的管理論

19世紀末～20世紀初頭におけるテイラーの科学的管理法やファヨールの管理原則論を伝統的管理論と呼ぶとすれば，20世紀中期の人間関係論を経て，バーナードやサイモンによって体系化された組織論にもとづく考え方を，近代的管理論と呼ぶことができる。

（1）バーナードの協働体系的組織論

❶バーナードの経歴

バーナードは，苦学してハーバード大学に進学したが中途退学し，アメリカ電話電信会社（AT&T）に入社した。その後，AT&T の関連会社で社長に就任し，21年間経営者の地位にあった。彼がハーバード大学のローウェル研究所で行った公開講義をまとめたものが主著『経営者の役割』（1938年）である。当時の組織論に「バーナード革命」と呼ばれるほどの影響力を持ったバーナードは近代組織論の先駆者とされている。

❷協働体系的組織論

バーナードの組織論は，人々の協働関係をいかに作り出し維持するかという観点から構想されている点に特徴があり，「人間協働の学」と呼ばれている。

バーナードは，人間を自律的な存在であると考えた。そして，1人ひとりの人間の能力には限界があって，その限界を超えて大きな目標を達成するためには組織を作って「協働」する必要があるとした。つまり，企業だけでなく，教会，政党，友愛団体，政府，軍隊，学校など，すべての組織は個人では達成不可能な目的を成し遂げるための**協働体系**ということになる。

バーナードの人間観は，自由な意思や選択力，意思決定力を持ち，経済的動機や社会的動機だけでなく，自己実現への動機を持つ多面的な存在である。科学的管理法が前提とする「経済人仮説」や，人間関係論が前提とする「社会人仮説」に対して，バーナードが前提とする人間観は**全人仮説**と呼ばれている。

❸公式組織が成立するための3要素

バーナードは，企業や政府，NPOなどの公式組織が成立するための要素として，①共通目的，②貢献意欲，③コミュニケーションの3点を挙げた（図表2－57）。

①共通目的の存在は，公式組織が成立する前提条件であり，組織に属する多数の人々の努力を結集し，同じ方向に向かって進んでいくためには共通する目的は不可欠である。②貢献意欲は，個々のメンバーが自らの知識や能力を提供しようとする意志を示し，組織の目的が実現するために欠かせない。③コミュニケーションは，異なる利害関係を持った多くの人々が関係し合う組織において必要な調整活動である。

【図表2－57】公式組織が成立するための3要素（バーナード）

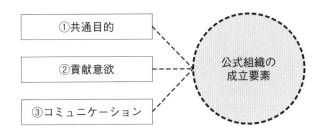

❹組織存続の条件

　多くの組織は成立するだけでなく，その目的を達成するために存続する必要がある。バーナードは，組織が存続するために「組織の有効性」と「組織の能率」を高め，組織からの誘因≧個人の貢献という関係を維持していくことが必要であると考えた。

　組織の有効性（有効性：effectiveness）とは，協働体系としての組織が掲げる目的が達成されたかどうか，という客観的な評価である。一方，**組織の能率**（能率：efficiency）とは，バーナード独特の用語であり，組織が協働体系を維持するに足るだけの満足をメンバーに提供する能力である。

　組織は協働体系ではあるが，あくまで個人の集合体である。そのため，協働体系から満足を引き出せないメンバーは，自分の貢献を控えるか（積極的に活動しない），協働に参加することをやめてしまう（組織を辞める）。組織が個人に提供する誘因と，個人が組織に提供する貢献のバランスがとれて初めて個人は満足し，協働体系が維持され，組織が存続する（「誘因≧貢献」の関係）。

（2）サイモンの意思決定論的組織論

❶サイモンの経歴

　バーナードの理論を継承し，組織論や経営学だけでなく，経済学，政治学，心理学，コンピュータ科学，認知科学などの幅広い分野で研究成果を残したのが，**サイモン**（Simon, H. A.）である。

　組織論の分野における彼の代表的著作は『経営行動』（1945年）や，マーチ（March, J. G.）との共著『オーガニゼーションズ』（1958年）である。また，「人工知能の父」としても知られるサイモンは，1975年にはコンピュータ分野のノーベル賞と言われる「デューリング賞」を，1978年にはノーベル経済学賞を受賞している。

❷経営人仮説

　テイラーの科学的管理法における人間観は，合理的で打算的な「経済人仮説」，人間関係論における人間観は，感情的で集団行動を重んじる「社会人仮説」であった。そして，バーナードの人間観は，自由な意思や選択力，意思決

定力を持つ存在と考える「全人仮説」である。これらに対して，サイモンが前提とした人間観は**経営人仮説**（または管理人仮説）と呼ばれる。

経営人仮説とは，ある程度の自由な意思や選択にかかる意思決定力を持っている一方で，情報収集能力には限界があり，すべての情報や結果を知ることはできないという人間像である。経営者や管理者が行う意思決定は，専門性，権限関係，コミュニケーション，インフォーマルな関係性から影響を受ける**制約された合理性**にもとづいている。

つまり，実際の組織には経済人仮説が前提とするような完ぺきな合理性というものがなく，経営者や管理者は限られた情報の中で意思決定を行わなくてはならない。最終的な意思決定については，経済人仮説では常に最善の選択ができるが（**最適化原理**），経営人仮説では主観的に納得できるような満足のいく意思決定を行う（**満足化原理**）と考える点に特徴がある。

❸論理実証主義にもとづく意思決定論的な組織論

サイモンは，バーナードと同じように組織を協働体系であると考える一方で，意思決定の複合体系であると考える意思決定論的な立場をとった。

サイモンによれば，組織は「意思決定とその実行のプロセスを含めた，人間集団におけるコミュニケーション及び関係のパターン」であり，「相互関係を持つ役割のシステム」である。そして，意思決定に至るにはさまざまな前提があるが，この前提を，客観的，経験的に正しいということがわかる**事実前提**と，人によって正しいかどうかが異なる**価値前提**に明確に区分した。たとえば，経営者や管理者は目的を定めて行動し，リーダーシップを発揮するが，何を目的とするかということは人の価値観や状況によって異なる，価値前提である場合が多い。

サイモンは，価値前提と事実前提を明確に区別したうえで，仮説や理論から価値前提を排除し，科学的に説明可能な事実前提だけにもとづいて意思決定を行うべきであるという「論理実証主義」の立場をとった。ただし，人間の意思決定における合理性の限界を前提とする「経営人仮説」という面をあわせ持っている。

❹マーチ＝サイモンの意思決定循環プロセス

サイモンはマーチとともに，満足化原理にもとづく人間の行動に関する**適応的動機行動モデル**を提示した。

適応的動機行動モデルによれば，人間は「満足」が低いほど，「代替案の探求」を行い，「代替案の探求」を行うほど，「報酬の期待値」は大きくなる。そして，「報酬の期待値」が大きいほど，「満足」の度合いが大きくなるという関係がある（図表2−58における左側のサイクル）。一方で，「報酬の期待値」が大きいほど，「欲求水準」が高くなり，「欲求水準」が高いほど，「満足」は低くなるという関係がある（図表2−58における右側のサイクル）。

このとき，「報酬の期待値」から「欲求水準」を引いたものがマイナスである場合に，人間は不満足を感じて代替案の探求を行うようになる。つまり，欲求水準よりも報酬の期待値が小さい場合に，人間は代替案の探求を行うのである。逆に，欲求水準よりも報酬の期待値が大きい場合，人間は満足しているので，代替案の探求を行わない。これが組織における個人の意思決定行動の基本にあるとされる。

【図表2−58】 マーチ＝サイモンの意思決定循環プロセス

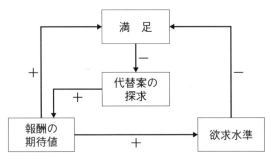

（出所） 中橋國蔵・柴田悟一責任編集『経営戦略・組織辞典』東京経済情報出版，2001年。

4 モチベーション理論

バーナードやサイモンの近代的管理論と並んで，20世紀中期に研究が進んだマネジメントの分野が**モチベーション理論**である。モチベーション理論は，人間を動機づける要因を考える「内容論」に始まり，その後，人間がどのような過程で動機づけられるかを考える「プロセス論」に発展していく。

組織メンバーをどのように動機づけ，やる気を引き出して組織目的の達成や生産性の向上をめざすか，というテーマは，現在の企業組織においても実務上重要なテーマであるが，内容論やプロセス論の研究成果には経営者や管理者が学ぶべきことが多い。

（1）モチベーションの内容論

モチベーションの研究は，「何が人を動機づける要因なのか？」を明らかにしようとする「内容論」から始まった。内容論としては，❶マズローの欲求階層理論，❷マグレガーのＸ理論／Ｙ理論，❸ハーズバーグの動機づけ／衛生要因理論がよく知られている。

❶マズローの欲求階層理論

a）5つの欲求階層

マズロー（Maslow, A. H.）は，個人を動機づける欲求を，5つの階層に分けてとらえた（**欲求階層理論**）。そして，人間は低次の欲求からより高次の欲求へと階層を上るように欲求を高めていくと考えた。

5つの欲求階層とは，以下のとおりである（図表2−59）。

①生理的欲求：食欲や睡眠など人間の生存にかかわる欲求

②安全欲求：身の危険を避け，自己保存や安心を確保する欲求

③社会的欲求：集団への帰属や仲間との人間関係，愛情などを求める欲求（愛情と所属の欲求とも呼ばれる）

【図表 2 −59】 マズローの欲求階層理論

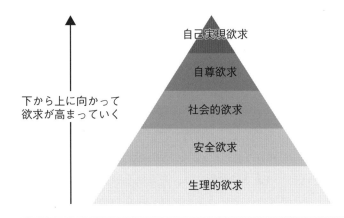

④自尊欲求：他人から自分の存在や自分が優れていることを認めてほしいという欲求（自我の欲求，承認欲求とも呼ばれる）

⑤自己実現欲求：自分らしく生き，自分の能力や可能性を発揮したいという欲求

b) マズローの欲求階層理論の特徴

　マズローの欲求階層理論によれば，働く人にとって，まず何よりも生命を維持するために生理的欲求が満たされなければならないが，その欲求が充足されると関心は安全欲求に移る。そして，安全欲求が満たされた人は社会的欲求を抱くようになる。

　マズローは「欲求の方向が不可逆的である」と考えたため，たとえば，社会的欲求を満たしている人に対しては，生理的欲求を満たすような動機づけは効果がなく，自尊欲求を満たすような動機づけを行わないといけないということになる。ただし，最上位にある自己実現欲求だけは，満たされるとさらに関心が強化される成長動機であり，動機づけの効果に限界がないとされている。

　マズローの欲求階層理論は，現在もマネジメント研修などで取り上げられることが多いが，以下のような批判もされている。

　①なぜ，動機づけの要因たる人間の欲求は 5 つにまとめられるのか

　②5 つの欲求はそれぞれ独立したものではなく，相互に依存しているのでは

ないか

③人間の欲求が，低次から高次へという方向へ不可逆的に移行するとは限らないのではないか

❷マグレガーのX理論／Y理論

a）X理論とY理論という人間観

マズローとほぼ同時代人であったマグレガー（McGregor, D.）は，規律や統制，命令などによる，伝統的な管理原則にもとづく動機づけを**X理論**と呼んだ。X理論における人間観とは，人間は生まれつき仕事が嫌いで，できるなら仕事はしたくないと思っており（性悪説的な人間観），強制，統制，命令され，処罰すると脅されない限り，組織の目標を達成するために十分な力を発揮しないというものである。

そして，マグレガーは，人々の生活水準や教育水準が向上し，欲求が高度化してくると，X理論にもとづく命令や統制，規律などの管理手法の有効性が薄れてくるとし，新しい人間観（**Y理論**）にもとづく管理手法が必要であると考えた。Y理論とは，人は生まれつき仕事が嫌いなわけではなく，自分がすすんで身を委ねた目標のためには，自ら努力して働くものであるという性善説的な人間観にもとづいている（図表2－60）。こうしたY理論の人間観は，科学的管理法の経済人仮説，人間関係論の社会人仮説に対して，**自己実現人仮説**と呼ば

【図表2－60】X理論とY理論の比較

	X理論	Y理論
人　間　観	・性悪説にもとづく思考や行動 ・人間は生まれながらに怠け者である ・命令や強制をされないと働かない	・性善説にもとづく思考や行動 ・人間は生来働くことが好きである ・命令されなくても自主的に行動する
管理手法	・命令や指示による管理 ・いわゆるアメとムチの管理	・自主的な目標設定 ・自己啓発と自己管理 ・従業員参画制度 ・目標管理制度

れることがある。

b）マグレガー理論の意義

　マグレガーのY理論にもとづき，現在でも受け継がれている管理手法として
は，自己啓発の支援，従業員の自主性を重んじる従業員参画制度，目標設定や
業績評価を管理者が一方的に行うのではなく，従業員といっしょになって考え
る目標管理制度（MBO）などがある。

❸ハーズバーグの動機づけ／衛生要因理論

a）ハーズバーグの実証的なアプローチと衛生要因

　ハーズバーグ（Herzberg, F.）は，どのような状況で満足感や幸福感を感じ
たかについて，エンジニアや会計士200名ほどを対象とした面接を行った。そ
して，人々が不満を感じる要因と動機づけにつながる要因は，まったく異なる
ことを発見した。たとえば，給与が低いと人々の不満を生むことになるが，給
与を高くしたとしても必ずしも積極的な動機づけは得られない。

　不満を生み出す要因は**衛生要因**と名づけられ，給与のほかに，会社の政策や
管理・監督方法，監督者や同僚・部下との対人関係などが挙げられる。衛生要
因は，働く人たちの不満足を和らげ，働きやすい職場環境を保つために必要で
あるが，衛生要因を強化しても，積極的な動機づけを生むものではない。「衛
生」と名づけられたのは，身の回りの衛生環境を 調 えて清潔にしたからと
いって，病気にかからないことにはならない，という事象に 喩 えたからである。
つまり，衛生的であることは，病気にならないという面では，必要条件ではあ
るが十分条件ではない。同じように，衛生要因は働く人の満足に対して必要条
件であるとはいえるが，動機づけるための十分条件にはなっていないのである。

b）動機づけ要因

　「衛生要因」に対して，働く人の満足を生み出し，積極的な動機づけにつな
がる要因は，**動機づけ要因**と呼ばれる。動機づけ要因には，達成感，承認，仕
事そのもの，責任，昇進，成長がある。企業が従業員を動機づけようとすれば，
これらの要因に働きかけなくてはならない（図表 2 −61）。

　ハーズバーグは，伝統的な科学的管理法や人間関係論にもとづくモチベー
ション向上策は，作業条件や監督者，同僚・部下との対人関係など，衛生要因

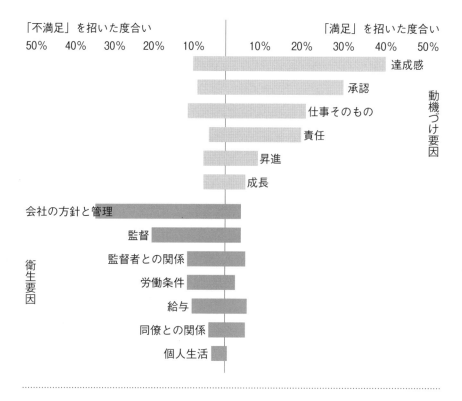

【図表2－61】ハーズバーグによる動機づけ要因と衛生要因

「不満足」を招いた度合い
50%　40%　30%　20%　10%

「満足」を招いた度合い
10%　20%　30%　40%　50%

達成感

承認

仕事そのもの

責任

昇進

成長

動機づけ要因

会社の方針と管理

監督

監督者との関係

労働条件

給与

同僚との関係

個人生活

衛生要因

の改善に偏ったものであると考えた。そして，動機づけ要因にもとづく管理の実践方法として**職務充実**が重要であるとした。職務充実とは，管理者や従業員の職務権限と責任範囲を拡大し，裁量の幅を広げるような，権限移譲（**エンパワーメント**）で意欲を高めようとする人事施策である。

（2）モチベーションのプロセス論（過程論）

マズローの欲求階層理論に代表されるモチベーションの内容論は「何が人を動機づける要因となるのか？」を探るアプローチであった。ところが，動機づけ要因は誰にも共通するものであるため，「なぜ同じ要因を与えられても人によって動機づけのレベルが異なるのか？」を説明することができなかった。こ

の問題に対して，動機づけが生じるプロセスやメカニズムを明らかにしようとする，過程論というアプローチが生まれていく。

モチベーションの過程論の代表的なものには，❶公平理論と強化理論，❷期待理論がある。

❶公平理論と強化理論

アダムス（Adams, J. S.）は，人は他人と比べて自分が公平に処遇されていると感じれば働く意欲を高めるが，不公平に扱われていると感じれば意欲を失うという**公平理論**を展開した。また，人は報酬を得ようとして行動し，報酬が得られれば行動を終了するが，人を動機づけるには報酬を得られる行動を強化すればよいという仮定に立つのが，学習心理モデルに基づく**強化理論**である。

しかし，動機づけの過程論としてよく知られているのは，**ヴルーム**（Vroom, V.）に代表される「期待理論」である。

❷期待理論

期待理論はヴルームによって体系化され，後に，ポーターとローラー（Porter, L. W. & Lawler, E. E.）によって修正された。

ヴルームの考えをわかりやすくまとめると，人間が動機づけられるプロセスには，「期待×道具性×誘意性」という関係がみられるという（図表2－62）。

【図表2－62】ヴルームの期待理論

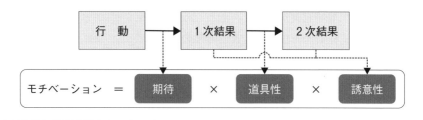

ここで「期待」とは，努力することによってある行為水準に到達できるとする本人の確信度である。また，「誘意性」とは，個人がとった行動がもたらす結果に対する魅力の度合いを意味する。そして，「道具性」とは，最初に得ら

れる第1次結果がさらなる結果（第2次結果）をもたらしうる程度である。

ヴルームの期待理論に従えば，努力をすれば良い成果が得られるという確信があり，その努力の結果得られる成果が十分に魅力的であり，その結果を得ることが最終的な目標につながっていると考えられる場合に，人は動機づけられることになる。

たとえば，ある企業の研究開発部門に所属する仮想の社員にとって，第1次結果が画期的な製品を世に送り出すこと，そして，第2次結果が社内で昇進することであるとする。この社員にとって，日々の地道な研究活動における努力が製品開発につながるという確信度が高く（期待がプラス），製品開発という目標がとても魅力的であって（誘意性がプラス），画期的な製品開発を続けることができれば，社内で昇進する確率が高い（道具性がプラス）ということになれば，この社員は十分に動機づけられて一所懸命に働く，ということになる。

反対に，日々の地道な研究活動を粘り強く続けても製品開発を任されることがない（期待がマイナス）とか，製品開発に魅力を感じない（誘意性がマイナス）とか，この会社では製品開発に成功した人が昇進できなかった事例がある（道具性がマイナス）といった場合，この社員は動機づけられないということになる。

ヴルームの期待理論が前提としているのは，自分の行動の結果として報酬を獲得できる確実性や，その報酬が自分にとって持つ価値の大きさを考慮して努力の大きさをコントロールという計算高い功利的な人間観といえる。

5 リーダーシップ論

リーダーシップは，企業だけでなく，スポーツチームや学校，行政機関など，目的や目標を持つ集団や組織に広く求められるものである。こうした組織がその目的を達成するためには，個々のメンバーの動機づけだけでなく，リーダーシップが効果的に発揮されることが必要である。

企業組織におけるリーダーシップについては，これまでに「特性論」「行動論」「コンティンジェンシー理論」などのアプローチで研究が行われてきた。

（1）リーダーシップの特性論

「どんな人がリーダーに適しているのか？」とか「リーダーにふさわしい資質とは何か？」という問いに答えるのが**特性論**（または資質論）である。特性論は，成功した優れたリーダーが備えている個人的特性を明らかにするというアプローチが多いが，「リーダーシップの有効性は，リーダーの個人的特性によって規定される」という仮説にもとづいている。

たとえば，ストックディル（Stockdill, R. M.）は，1904年から1948年まで120件以上の調査を検証した結果，リーダーに求められる資質として，次のような特性を挙げた。

①知性，機敏性，，発言力，決定力などの一般的特性

②知識や体力に関する実績

③信頼性，忍耐力，自信，責任感

④活動力，社会性

⑤他者からの好感

しかし，「優れたリーダー」に共通した個人的特性があるとは限らない。また，同じ企業経営者であっても，業界特性や企業の成長ステージ（創業間もないか，成長段階にある，安定しているか）に応じて求められるリーダー像は異なるはずである。そのため，1940年代後半以降のリーダーシップ研究は，リーダーの個人的特性ではなく，リーダーの行動パターンやリーダーシップのスタイルを明らかにするものに移っていった。ただし，現在でも「リーダーにふさわしい資質や特性は何か？」ということが議論されることは多い。

（2）リーダーシップの行動論

リーダーシップの特性を議論するだけでなく，優れたリーダーに共通してみられる行動パターンを明らかにしようとするアプローチを行動論という。

行動論の代表的な研究には，❶システム4理論，❷マネジリアル・グリッド

理論，❸PM理論がある。

❶システム4理論

a）リーダーシップの4つのタイプ（システム1～システム4）

　リッカート（Likert, R.）は，1940年にプルデンシャル生命保険株式会社において ホーソン実験と同じような大規模な実験を行い，賃金などの労働条件を同じにして，リーダーたる管理者の存在が生産性に与える影響を調べた。その結果，組織におけるリーダーシップのタイプを4つに類型化した（図表2－63）。これらのうち，最も優れたリーダーシップのタイプは，集団参画型である**システム4**であると結論づけられた。

【図表2－63】リッカートのシステム4

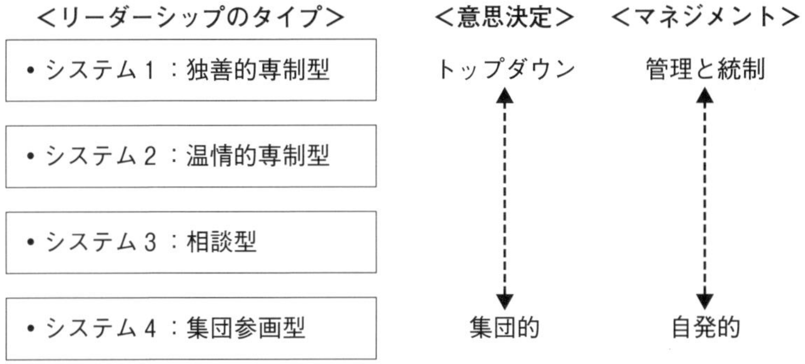

<リーダーシップのタイプ>　　　<意思決定>　<マネジメント>

・システム1：独善的専制型	トップダウン	管理と統制
・システム2：温情的専制型	↕	↕
・システム3：相談型		
・システム4：集団参画型	集団的	自発的

　システム1（独善的専制型リーダーシップ）とシステム2（温情的専制型リーダーシップ）は，独善型か温情型というの程度のちがいはあるにせよ，トップダウンによる厳格な管理と，統制にもとづく服従を求めるリーダー像である。このようなリーダーのもとでは，短期的ならば高い生産性を実現することは可能な場合があるものの，コミュニケーションが成り立たず，上司や会社に対する不満や不信感が生じ，結果として生産性の低下を招くことになる。システム3（相談型リーダーシップ）では，部下にも意思決定への参加が認められ，上司から部下への配慮もあるが，それらは限定的である。

　しかし，システム4（集団参画型リーダーシップ）では，すべてのメンバー

が自発的に高い目標を掲げ，集団による意思決定が行われる。リーダーは，自分が組織の中で支持され，価値ある存在とみなされているという実感を持つことができる（支持的関係の原則）。

b）連結ピンとしてのリーダーの役割

　リッカートは，グループダイナミックス（集団力学）の研究にも従事しており，集団参画型が最も優れたリーダーとなる理由として，管理者の**連結ピン**としての役割に着目した。

　連結ピンは，下部組織においてはリーダーであるが，より上位にある組織においてはそのメンバーとして下部組織とのつなぎ役となる存在である（図表2－64）。リーダーが連結ピンの役割を担うことができれば，組織全体のコミュニケーションが活性化して上司に対する好意的態度や高い信頼感が生まれると同時に，組織メンバーの集団帰属意識も高くなり，高い生産性を維持できるという。

【図表2－64】リッカートの連結ピン

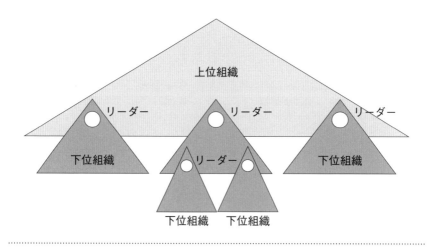

❷マネジリアル・グリッド理論

a) オハイオ研究とマネジリアル・グリッド

　1945年に開始されたオハイオ州立大学における研究（**オハイオ研究**）では，「構造づくり」と「配慮」という2つの観点でリーダーの行動パターンが類型化されうることが見い出された。ここで，「構造づくり」とは，メンバー個々に仕事を割り当てて明確な業績水準を示し，規則や手続きに従うことを求めるリーダーの行動である。一方の「配慮」とは，部下の意見を聞いたり，相談に乗ったり，彼らを支援したりするリーダーの行動である。

　オハイオ研究の成果を踏まえて，ブレーク（Blake, R. R.）とムートン（Mouton, J. S.）は，リーダーシップのタイプを「業績に対する関心」と「人間に対する関心」という2つの軸で規定し，格子状の**マネジリアル・グリッド**にまとめた。

【図表2－65】マネジリアル・グリッド

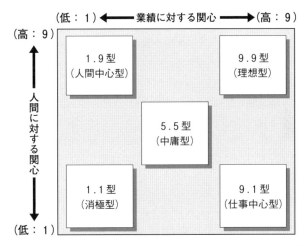

（出所）　Blake, R.R. & Mouton, J.S., *The Managerial Grid*, Gulf Publishing Company, 1978, p.11.

b) マネジリアル・グリッドによるリーダーのタイプ分け

　マネジリアル・グリッド理論では，2つの軸がその程度に応じて1から9の段階で示され，以下の典型的な5つのタイプに区分される（図表2－65）。

- 1.9型：人間中心型リーダー

（部下との人間関係を重視する一方で，業績に対する関心のない上司）
- 9.1型：仕事中心型リーダー

（仕事優先で，部下との人間関係を軽視する上司）
- 5.5型：中庸型リーダー

（部下との人間関係も，仕事に対する関心もほどほどにという上司）
- 9.9型：理想型リーダー

（人間関係，仕事ともに関心が高い積極的な上司）
- 1.1型：消極型リーダー

（部下との人間関係にも業績にも関心がない極度に消極的な上司）

　もちろん，「業績に対する関心」と「人間に対する関心」の両方を兼ね備えた9.9型（理想型）が最も有効なリーダーであるが，実際には，9.9型の理想のリーダーはなかなか存在しない。ブレークとムートンは，管理者がどのタイプかを自ら知ったうえで，研修や異動などを行いながら理想の9.9型に近づけていくというアプローチを提唱した。

【図表2−66】PM理論

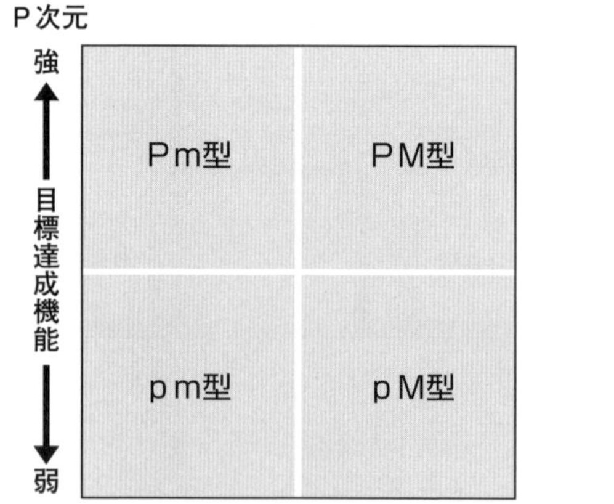

（出所）　三隅二不二『リーダーシップ行動の科学』有斐閣，1978年。

❸PM 理論

マネジリアル・グリッド理論と同じような考え方にもとづき，「課題遂行（目標達成）」（performance）と「集団維持」（maintenance）という 2 つの基準にもとづいてリーダーシップの類型化を行ったのが三隅二不二の PM 理論である。PM 理論では，それぞれ「高い」「低い」というレベルを組み合わせた 4 つのリーダーのタイプが示されている（図表 2 −66）。

「pm 型」「Pm 型」「pM 型」「PM 型」のうち，「PM 型」リーダーのもとで，メンバーの満足度と生産性が最も高くなることが実証的に示されている。

（3）リーダーシップのコンティンジェンシー理論

コンティンジェンシー理論は「有効な組織や管理のあり方は状況によって異なる」という考え方にもとづく研究の総称であり，1970年代以降，経営管理論や組織論の分野で活発となった考え方である。ここで，コンティンジェンシー（contingency）とは，「状況による」とか「条件次第で変わる」といった意味である。

リーダーシップ研究の分野におけるコンティンジェンシー理論として最もよく知られているのが，❶フィードラーの条件適合理論，❷ハーシーとブランチャードの SL 理論である。

❶フィードラーの条件適合理論

フィードラー（Fiedler, F. E.）は，「一緒に働くのが一番苦手な相手」を意味する LPC（least preferred coworker）という指標（スコア）で計測し，状況次第でどのようなリーダーシップが適しているかを明らかにしようとした。

どんなリーダーが望ましいかは，①リーダーとメンバー間の信頼関係，②仕事の構造化（課題が明確になっているかどうか），③リーダーの職制上のパワー，という 3 つの要件次第であるというのが，フィードラーの考え方に特徴的な点である。

実証的な調査・分析の結果，図表 2 −67に示すように，リーダーとメンバーの関係が良好で，仕事が高度に構造化され（課題が明確であり），リーダーの職制上のパワーが強い状況では，LPC スコアの低い，業績志向型のリーダー

が望ましいことがわかった。これとは逆に，リーダーとメンバーの関係が悪く，仕事が構造化されておらず（課題が不明確であり），リーダーの職制上のパワーが弱い状況においても，同じように，LPC スコアの低い，業績志向型のリーダーが望ましいとされた。

一方で，リーダーとメンバーの関係，仕事の構造化，リーダーの職制上のパワーの組み合わせが極端でない状況においては，LPC スコアの高い，人間関係志向型のリーダーが高い成果をあげていることが明らかになった。

LPC スコアが高いリーダーは，人間関係の維持に重点を置く人間関係志向型であり，反対に LPC スコアが低いリーダーは目標達成志向が強く，業務遂行に重点を置く業績志向型である。

【図表 2 −67】フィードラーの条件適合理論

メンバーとの関係	良				不良			
構造化の程度	高い		低い		高い		低い	
権限の強さ	強	弱	強	弱	強	弱	強	弱
リーダーにとっての状況	← 有利		～	中間的	～		不利 →	
望ましいリーダー	業績志向型 ～ 人間関係志向型 ～ 業績志向型							

❷ハーシーとブランチャードの SL 理論

ハーシー（Hersey, P.）とブランチャード（Blanchard, K. H.）は，集団を構成するメンバー（部下）の成熟度によって有効なリーダーのタイプが異なるという **SL 理論**（situational leadership theory）を提唱した。ここで，「集団メンバーの成熟度」とは，集団や組織に所属するメンバーの職務遂行能力や意欲・態度などを表している。

ハーシーとブランチャードは，先に述べたオハイオ研究で導き出された「構造づくり」と「配慮」という 2 つの基準に倣い，リーダーの行動を「指示的行動」と「協力的行動」という 2 つの軸の高低レベルに応じて，4 つのタイプに分類した（図表 2 −68）。

SL 理論によれば，メンバーの成熟度がまだ低い状況では仕事志向の強い

「指示的リーダーシップ」が有効である。それが，部下の成熟度が増すにつれ，人間関係志向を強めた「説得的リーダーシップ」が有効となり，さらにメンバーの成熟度が高くなると，仕事志向と人間関係志向の双方ともに弱めた「参加的リーダーシップ」が有効となる。そして，メンバーの成熟度がきわめて高い状況では仕事志向も人間関係志向も低いレベルにある「委任的リーダーシップ」が有効になるという。

【図表2－68】ハーシーとブランチャードのSL理論

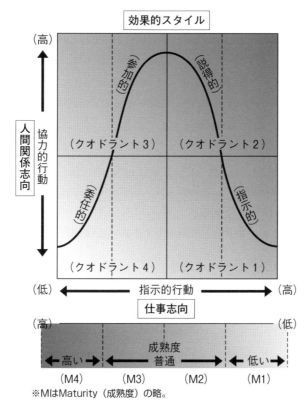

（出所） P. ハーシー＆K. H. ブランチャード著，山本成二・水野基・成田攻訳『行動科学の展開』日本生産性本部，1978年。

（4）近年のリーダーシップ論

　リーダーシップに関する研究や理論化は，コンティンジェンシー理論以降も続いている。ここでは，リーダーのパワーの源泉がどこにあるか，についての考察を挙げておくが，第1章第3節で取り上げたコッターのリーダーシップに関する考えも，こうした比較的新しいリーダーシップの研究に属する。

❶リーダーのパワーの源泉

　1960年代頃，心理学者のフレンチ（French, J. R. P. Jr.）とレイブン（Raven, B. H.）は，組織のリーダーが持つパワーの源泉について研究し，①報酬勢力，②強制勢力，③参照勢力，④正当性勢力，⑤専門性勢力，という5つの**社会勢力**（social powers）を見い出し，後に⑥情報勢力を追加した（図表2−69）。

　①報酬勢力：リーダーから部下へ報酬を与える能力を基礎とする社会的パ
　　　　ワー
　②強制勢力：リーダーに従わなかった場合の罰に対する部下の予測から生じ
　　　　る社会的パワー
　③参照勢力：準拠勢力とも訳され，部下がリーダーと同一視したいという感
　　　　情から生じる社会的パワー
　④正当性勢力：リーダーからの指示などが正当な権利にもとづくと受け止め

【図表2−69】リーダーのパワーの源泉

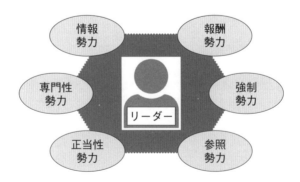

る部下の認識にもとづく社会的パワー

⑤専門性勢力：リーダーが持つ専門的な知識などにもとづく社会的パワー

⑥情報勢力：影響の受け手が送り手（リーダー）とは別の組織単位にいる場合の影響力であり，内容的には専門性勢力に近い

| 参考文献 |

三隅二不二『リーダーシップ行動の科学』有斐閣，1978年。

A. H. マズロー著，小口忠彦監訳『人間性の心理学』産業能率短期大学出版部，1971年。

C. I. バーナード著，山本安次郎・田杉競・飯野春樹訳『新訳 経営者の役割』ダイヤモンド社，1968年。

D. マグレガー著，高橋達男訳『企業の人間的側面』産業能率短期大学，1966年。

F. ハーズバーグ著，北野利信訳『仕事と人間性』東洋経済新報社，1968年。

F. E. フィードラー著，吉田哲子訳『リーダー・マッチ理論によるリーダーシップ教科書』プレジデント社，1996年。

F. J. レスリスバーガー著，野田一夫・川村欣也訳『経営と勤労意欲』ダイヤモンド社，1965年。

F. W. テイラー著，有賀裕子訳『新訳 科学的管理法─マネジメントの原点』ダイヤモンド社，2009年。

G. E. メイヨー著，村本栄一訳『新訳 産業文明における人間問題』日本能率協会，1967年。

H. ファヨール著，山本安次郎訳『産業ならびに一般の管理』ダイヤモンド社，1985年。

H. A. サイモン著，桑田耕太郎ほか訳『経営行動─経営組織における意思決定過程の研究─』ダイヤモンド社，2009年。

J. G. マーチ＆H. A. サイモン著，土屋守章訳『オーガニゼーションズ』ダイヤモンド社，1977年。

P. ハーシー＆K. H. ブランチャード著，山本成二・水野基・成田攻訳『行動科学の展開』日本生産性本部，1978年。

R. リッカート＆J. G. リッカート著，三隅二不二監訳『コンフリクトの行動科学─対立管理の新しいアプローチ』ダイヤモンド社，1988年。

R. R. ブレーク＆J. S. ムートン著，上野一郎訳『期待される管理者像』産業能率短期大学，1969年。

索　引

326

●索
引

マネジメント検定試験（旧称：経営学検定試験）

マネジメントに関する基礎・専門的知識，経営課題解決能力が一定水準に達していることを全国レベルで資格認定する検定試験です。Ⅲ級，Ⅱ級，Ⅰ級のグレード構成と新設「マスター」資格の構成となっています。

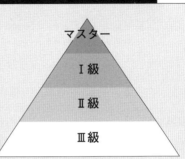

マスター

Ⅰ級

Ⅱ級

Ⅲ級

◆試験のレベル・試験形式（公開試験は CBT 試験で実施）

※試験形式や試験内容，試験日，試験会場など変更になる場合がございます。最新の情報については，マネジメント検定 HP（https://www.mqt.jp/）にて，詳細をご確認ください。

グレード	レベル	試験形式	
Ⅲ　級	・経営学（マネジメント）に関する基礎・基本的知識を習得しているかを判定。 ・経営学やマネジメント関連学部の大学生が，習得しておくべきレベルの知識が求められます。	①出題形式 ②試験時間 ③受　験　料 ④受験資格	多種選択問題（4肢択一）50問 60分 6,600円（消費税込み） 制限なし
Ⅱ　級	・マネジメントに関する知識，課題を解決するために必要となる知識を習得しているかを判定。 ・ビジネスパーソンが身につけるべき経営知識，問題解決に関する知識が求められます。	①出題形式 ②試験時間 ③受　験　料 ④受験資格	多種選択問題（4肢択一）100問 120分 11,000円（消費税込み） 制限なし

Ⅰ 級	・ビジネスシーンで直面する諸課題に対して，最適な理論や思考法をもとに，解決策を提案できる知識を習得しているかを判定。 ・Ⅱ級公式テキストの全分野に加え，最新のビジネストレンド等にも対応できる課題解決力が求められます。	①出題形式 事例研究問題（記述式） ②試験時間 60分 ③受 験 料 22,000円（消費税込み） ④受験資格 制限なし
マスター	未定。詳細は決定次第，順次 HP に掲載予定。	

●試験日

・公開試験（Ⅲ級・Ⅱ級・Ⅰ級）

毎年 6 月〜 7 月と11月〜12月の期間で，Ⅲ級，Ⅱ級は約 1 か月，Ⅰ級は約 2 週間を予定しています。

・団体試験（対象：Ⅲ級試験のみ）

大学等において試験実施を検討する場合，「Ⅲ級試験」実施についてご相談を承ります。原則，公開試験期間内，会場確保，試験監督の手配，10名以上の受験者が必要となります。

●試験会場

・「Ⅲ級」,「Ⅱ級」,「Ⅰ級」試験は，全国350か所以上の CBT 試験機関の全国テストセンターで実施します。

◆お申し込み方法

マネジメント検定 HP（https://www.mqt.jp/）の受験案内を確認いただき，所定の手続きにてお申し込みください。

◆お問い合わせ先

一般社団法人日本経営協会　検定事務局

〒151-0051　東京都渋谷区千駄ヶ谷 5 − 31 − 11

TEL　03 − 6632 − 7137　FAX　03 − 6632 − 7152

https://www.mqt.jp/　　E-mail：m-ken@noma.or.jp

●編者紹介

一般社団法人日本経営協会（NOMA）

　昭和24年（1949年）通商産業省（現・経済産業省）認可の社団法人日本事務能率協会として創立。昭和46年（1971年）に名称を現在の「日本経営協会」に改称し，平成23年（2011年）4月に一般社団法人へ移行。2019年に創立70周年を迎え今日に至る。

　創立以来一貫して，わが国経営の近代化と効率化のための啓発普及を活動の柱としており，経営・人間・科学の調和を推進することで，持続可能な社会の発展に貢献することを基本理念としている。「明日の日本の経営を顧客とともに Innovation し続ける」ことを存在意義に掲げ，大規模コンベンションの開催や経営コンサルティング，人材育成支援等を行っている。

＊NOMA とは，NIPPON OMNI-MANAGEMENT ASSOCIATION の略称です。

公式ホームページ
https://www.noma.or.jp

※「マネジメント検定」は，一般社団法人日本経営協会の登録商標です。

マネジメント検定試験公式テキスト（II級）

マネジメント実践1

2023年3月10日　第1版第1刷発行
2024年12月20日　第1版第3刷発行

編　者	一般社団法人 日 本 経 営 協 会
発行者	山　本　　　継
発行所	㈱中 央 経 済 社
発売元	㈱中央経済グループ パ ブ リ ッ シ ング

〒101-0051　東京都千代田区神田神保町1-35
電　話　03(3293)3371(編集代表)
　　　　03(3293)3381(営業代表)
https://www.chuokeizai.co.jp
印　刷／東光整版印刷㈱
製　本／誠　製　本　㈱

©2023
Printed in Japan